［体育・スポーツ・健康科学テキストブックシリーズ］

アスリート・コーチ・トレーナーのための トレーニング科学

～トレーニングに普遍的な正解はない～

山本　正嘉 著

市村出版

はじめに

　「科学的なトレーニング」という言葉がしばしば使われます．響きがよいために，意味が曖昧なまま，無造作に使われすぎているように思います．そして，実践者であるアスリート・コーチ・トレーナーも，その支援者である研究者も，この言葉に振り回されているように感じます．

　改めて，科学的なトレーニングとは何でしょうか？　私は体育大学でトレーニング科学という授業を担当しています．学生たちにこの質問をすると「科学的に効果のあることが証明された方法で行うこと」という答えが多く返ってきます．この答えは一面では正しいのですが，抜け落ちている大切なことがあります．

　それは，科学は普遍性を求めるために個別性を切り捨ててしまう性質がある，ということです．科学的に効果の証明されたトレーニング法とは，平均値的には正解であっても，個人にとっては必ずしも正解ではありません．特に，レベルの高いアスリートほどそう言えます．

　アスリートやコーチは，一般的な正解は頭に置いた上で，自分の個別性に合致する独自の答えを見いださなければなりません．研究者の側でも，その点をきちんと実践者に伝えなければなりません．しかし両者とも，これまでは普遍的な正解を求めることに注意が向きすぎていました．

　その結果，トレーニング科学は知識体系としては著しく発達しました．しかし，各人が現場で活用する「実践の学」という面では停滞しています．アスリートについていえば，自分で考えるべき個別性の部分も，科学が答えてくれるものと考える人が増えたように感じます．これでは科学が宗教のようになってしまいます．

　このような背景を受けて本書を執筆しました．平均値的な正解の紹介は最小限にとどめ，実践現場の人が科学の考え方を活用しながら，自らの手で競技力向上を実行していけるように構成しました．特に，アスリートが本書を参考にしながら，現状の改善に取り組んで頂けたら，こんなに嬉しいことはありません．

　体育・スポーツの分野で学ぶ大学生や専門学校生には，入門的な教科書かつ教養書となるようにも配慮しました．スポーツ分野に進みたいと考えている高校生やその保護者，スポーツやトレーニングの一般的な愛好者，そして研究者にも読んで頂ければと思います．

　二つとはない自分の身体を，自身の手でよりよく変えるためのヒントとして，本書が役立つことを願っています．

2020年11月25日

山本　正嘉

本書の使い方

■ 本書全体について

　　トレーニングの教科書や専門書はすでに数多く刊行され，雑誌やインターネットにも膨大な情報が出回っています．それらをただ覚えていくだけでは情報中毒を起こしてしまいます．本書では，情報を自分で取捨選択して活用するための，生きた教養（リテラシー）を学ぶことを最大の目的とし，そのうえで最小限の教科書的な知識も得られるように構成しました．Ⅰ部とⅢ部がリテラシー，Ⅱ部が教科書的な部分になります．

■ 脚 注

　　私たちは「トレーニング」や「科学」といった用語を何気なく使っています．しかし人によって定義がまちまちで，それがトレーニング科学に対する理解を混乱させています．そこで，鍵となる用語については脚注の形で，本書としての考え方を示しました．これが最も正しいというわけではなく，他の考え方もあることを念頭に置いて読んで下さい．

■ アクティブラーニング＝AL

　　普遍的な正解のないトレーニングの世界で，自分にとっての正解を見つけ出してほしいという願いから，随所にAL課題を設けました．本書で述べた内容を，あなた自身の個別性に当てはめてみようという趣旨なので，決まった正解はありません．その多くは「考えてみよう」となっていますが，できるだけ実行もしてみてください．周りの人とも意見交換をすれば，さらに得られるものが多くなるでしょう．

■ 図 表

　　トレーニング科学の教科書であれば必ず載っているような，古典的な図表を本書でも用いました．ただしそれ以外の部分ではなるべく，著者たちの研究で得たデータや，身近な同僚や学生から借りたデータを載せました．そうすることで，より生きた説明ができると考えたからです．

　　これらのデータを読む際には，あなたにとっては他者の身体から得られた情報だ，ということに留意して下さい．つまり，あなたにとっては正解ではなくヒントを提示しているものと捉え，自分にはどう当てはまるのかと考えることが大切です．

■ 文 献

　　本書をまとめるにあたり，数多くの先人の研究成果を参考にしました．ただし入門的な書という性格を考え，本文中で示した図表とその関連文献に限り，巻末に出典を示しました．入手できるものは読んでみて下さい．原典にあたることで，トレーニング科学の性格がどのようなものかが，さらに理解できるでしょう．

アスリート・コーチ・トレーナーのための
トレーニング科学 〜トレーニングに普遍的な正解はない〜

目 次

I 部 トレーニングを始める前に

　本書は入門的な書なのだから，正解だけを分かりやすく教えてくれるだろう，と期待する人もいるかもしれません．しかし本書の目的は，それとは正反対の所にあります．科学とは正解をまるごと教えてくれるものではないと自覚し，自分にとっての正解を求めようと努力する時に，初めて科学が役立つのだということを訴えたいのです．

　従来の教科書では，正解を覚えることを主眼とした理論の学，という面が強くありました．これを，より実践の学に近づけようとしたものが本書です．答えではなく考え方を学び，自分の実践に活用できる能力を身につけることを目指しています．このような方針から，従来の書とは異なる章立てや内容となりました．

　I 部ではまず，トレーニングとは何か，そして科学とは何かを考えます．その上で，科学的なトレーニングとは何かについての著者の考えを述べ，実例も示します．科学的なトレーニングには普遍性を扱うものと個別性を扱うものとの２種類があり，それらをバランスよく用いることが重要だというのが主旨です．

うさぎ跳びは誤ったトレーニングなのか？

1章　トレーニングに普遍的な正解はない

　　本格的な競技スポーツの歴史は，少なくとも2000年前のギリシア時代まで
遡ることができます．当時は学問としての科学は存在しておらず，アスリート
やコーチは経験や勘を頼りに行っていました．そのような時代から今日まで，
トレーニングの方法は変わらない部分と，変化した部分とがあります．
　　本章では，スポーツやトレーニングに科学が関わるようになった，この数十
年の変化に着目します．短い期間ですが，トレーニングの考え方や方法は大き
く変わったところもあります．このような変化の激しさを考えると，現在正し
いとされているやり方も，絶対的なものではないことが想像できるでしょう．

・トレーニングの常識は時代とともに変わる

　　表I-1は，野球選手のトレーニングに関して，著者が子どもの頃（1960年代）に言
われていたことと，今日言われていることとを対比させたものです．50年あまりで大
きく変わっています．
　　たとえば①は，ピッチャーに対して言われていたことです．昔は，速い球を投げる
ようになるには，全力投球をたくさん行う練習が必要だと信じられていました．しか
し現在では，肩は消耗品であると考えられるようになり，いたずらに多く投げる練習
はしなくなりました．
　　②も，特にピッチャーに対して言われていましたが，今ではその内容が正反対にな
りました．全力投球をすることで筋の組織が損傷し，炎症を起こします．その症状を
軽減するには，冷やす方が効果的だと現在では考えられています．③〜⑦についても，
言われることが正反対になったり，大きく違ってきています．
　　このように考え方が大きく変化した要因として，科学の貢献があげられます．たと
えば①に関しては，全力投球後に筋の壊れ方を調べることによってわかりました．②
については，温めるよりも冷やした方が炎症を軽減できることを，実験で調べること
で明らかになってきたのです．

<AL>　表I-1にあげた①〜⑦の変化が，いつ頃，どのような根拠にもとづいて
　　　　起こったのかを調べてみよう．

・昔のトレーニングは野蛮？

　　表I-1を見て「昔のアスリートは野蛮なトレーニングをしていたのだなあ」と思

表Ⅰ-1　野球選手のトレーニングにおける常識の変化

①～⑦の上段に書いてあることは50年ほど前に言われていたこと，下段（→）は現在言われていることを示す．半世紀の間に，正反対になってしまった内容も多い．

①　投げ込み中心（ピッチャー）
　　→肩は消耗品なので，むやみに投げずに筋力トレーニング等で補強する
②　肩は冷やしてはならない
　　→投球後には筋が壊れて炎症を起こしているので，直後にはアイシングする
③　水泳は肩によくないのでやってはならない
　　→疲労回復やリラックス等に有効
④　走り込み（持久走）中心
　　→持久力も大切だが瞬発力はもっと重要なので，バランスよく行う
⑤　うさぎ跳びで足腰を鍛える
　　→膝関節や骨（腓骨）に悪いので，やるべきではない
⑥　練習中の水分摂取は控える
　　→必要な量は飲むべき
⑦　肉をたくさん食べるのがよい
　　→栄養のバランスを考えて食べるべき

う人は多いでしょう．実際に，誤ったトレーニングによって選手生命を縮めた選手もたくさんいます．したがって昔に比べて現代では，様々な点でよい時代になったとはいえるでしょう．

　では，現代のやり方は最良だと言ってよいでしょうか．この50年でこれだけ大きく変化したのですから，現在もその過渡期にあると考えた方が自然でしょう．50年後の人たちが，私たちが今やっているトレーニングを見た時に，「昔のアスリートは野蛮なトレーニングをしていたのだなあ」と思う日が来るかもしれません．

　私たちは，その時代の常識や流行という色眼鏡をかけてものを見ており，そこから抜け出すことは困難なのです（■脚注）．表Ⅰ-1に示した昔の野球選手の考え方にしても，その時代の常識となっていて，大多数の人が疑うことなく真面目にそう考えていたのです．

　今日でも同じことが当てはまります．「昔のトレーニングは野蛮で，現在のトレーニングが最良」と断定してしまうことは，自分の頭で考えることをやめてしまうことにほかなりません．現代の科学の常識をそのまま信じるという態度は，科学が宗教化することと同じです．

　現在のやり方が最終的な正解であることを証明する手立てはないのです．トレーニングの常識は時代とともに変わるものと考えた上で，自分で自分の正解を探し続け

■脚注）常識とは，ある社会の構成員の大多数が当たり前だと考えて疑わない知識や価値観のことです．その中には不変の真理といえるものもありますが，時代とともに変化したり，同時代でも国（文化）によって違う場合もあります．トレーニング法についても，昔の常識が今の非常識となっていたり，今の常識が将来は非常識になってしまう可能性もあります．科学がその真偽を判定してくれると思いがちですが，それほど簡単ではないことをⅠ部では述べていきます．

ることが大切です．その際，上に述べたように，過去・現在・未来という複数の視点から見ることが役に立ちます．

＜AL＞ 過去に注目されたり流行したが，いつのまにか下火になったり，消えてしまったトレーニング方法やトレーニング機器・用品をあげてみよう．そしてなぜそれが流行し，なぜ下火になったのかを調べてみよう．

・短距離走選手の場合

　　図Ⅰ-1は，陸上競技の短距離走選手の例です．本番で走ったり，そのための練習をする際に意識すべき筋についての時代変遷を示しています．昔は，脚を後ろに蹴って前進することが強調されていました．このため，大腿の前面にある大腿直筋（大腿四頭筋の一部）や，ふくらはぎを構成する腓腹筋の強化に重点が置かれていました．

　　ところが1990年代ごろ，当時の優れた短距離走選手の筋力測定をした結果，大腿の裏側にあるハムストリングスの筋力が予想以上に発達していることがわかり，トレーニング時に意識すべき筋がこちらに移りました．この頃には「大腿裏側の筋を意識し

〈COLUMN Ⅰ-1〉

体育大学生へのアンケート調査に見るトレーニング法の時代変遷

　著者が小〜中学生の頃は当たり前のように行われていたのに，スポーツ科学やトレーニング科学の発達過程で否定されたトレーニング法といえば，うさぎ跳び，膝を伸ばした上体起こし，水分制限の3つが思い浮かびます．

　科学的な検証結果をもとに，これらのトレーニング法に否定的な見解が出され始めたのは1980年頃です．著者はその頃，大学の体育学科で学んでいたので，うさぎ跳びや上体起こしに

関する実験の被検者をよくやりました．

　それから25年ほど経った2004年に，著者が体育大学で担当しているトレーニング科学概論という授業で，2年生を対象に，①小学校時代（1991〜1996年頃），②中学校時代（1997〜1999年頃），③高校時代（2000〜2002年頃）を振り返って，上にあげた3つのトレーニングをやっていたか，というアンケートをしてみました．

　表は「やっていた」と答えた人の割合を示したものです．これを見ると，いずれの実施割合とも時代が新しくなるほど数値が低下しています．科学の研究成果が徐々に浸透していることがうかがえます．しかし同時に，それには長い年月がかかることもわかるのです．

　ところでこの調査には後日談があります．p11のコラムⅠ-3を見てください．

	小学生時代 （1994年前後）	中学生時代 （1998年前後）	高校生時代 （2001年前後）
うさぎ跳び	34%	19%	5%
膝を伸ばした 上体起こし	42%	26%	9%
水分制限	18%	16%	8%

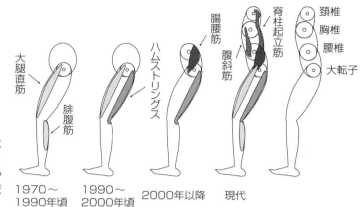

図Ⅰ-1　短距離走選手がトレーニング時に
意識してきた筋の時代変遷（小林，2006）
脚を後方に蹴り出して走るという意識か
ら，真下に踏みつけるという意識に変
わってきている．

て，脚を前から後ろに引っかくようにして走る」と表現されたりもしました．
　現在では，体幹にある腹筋群や脊柱起立筋の重要性が指摘されています．トレー
ニング指導でも「身体の軸を意識して真下に踏みつける」といった言い方に変わりまし
た．選手も体幹のトレーニングを重視するようになりました（p116の図Ⅱ-47も参照）．
　現代では，大腿四頭筋や腓腹筋が重要ではなくなってしまったという意味ではあり
ません．しかし，トレーニングで意識すべきポイントは，このように次々と変化して
きました．したがって今後も変化するかもしれません．

＜AL＞ 昔のアスリートの自伝や評伝を読んで，どのようなトレーニングをしてい
たのかを調べてみよう．そして現代と比べて，どのような共通点や相違点
があるのかを考えよう．

・長距離走選手の場合

　表Ⅰ-2は，長距離走選手が着目してきた能力についての時代変遷です．この順番
で明確に変化してきたとまでは言えませんが，それぞれの時代に多くの人が注目した
指標という意味で示しています（p168のコラムⅢ-2も参照）．
　昔は最大酸素摂取量（$\dot{V}O_2max$）が重視されていました．$\dot{V}O_2max$とは，全力で持久
運動を行った際に，1分間に体内に取り込める酸素の最大量のことです（p126）．酸
素1Lが取り込まれると，約5kcalのエネルギーが生まれるので，$\dot{V}O_2max$が高い人
ほどエネルギーを多量に生み出せます．自動車で言えば排気量のようなものです．
　しかし，$\dot{V}O_2max$が長距離走の成績を決定づけるという考え方が普及すれば，誰も
がこの能力を改善するトレーニングに取り組みます．そして，皆の値が上がってくる
と，競技力に差がつかなくなります．このような段階に来ると，$\dot{V}O_2max$が同じでも
競技力の差を生み出す能力とは何かが模索され始めます．
　その結果，乳酸閾値（LT）に注目が集まりました．ある強度以上の運動をすると
筋の中で乳酸が急激に発生し，その影響で疲労が起こりますが，その境界がLTです

表Ⅰ-2　長距離走選手がトレーニングで注目した能力の時代変遷
エネルギーの出力を改善させる方向から，効率を改善させる方向へと移行してきている．

> 1970年代‥‥‥最大酸素摂取量（V̇O₂max）
> →1980年代‥‥乳酸閾値（LT）
> →1990年代‥‥筋　力
> →2000年代‥‥バネ（ランニングエコノミー）

（p131）．特に，マラソンのような長時間種目では重要です．しかし，皆がLT値を改善するトレーニングに取り組めば，いずれは差がつかなくなってしまいます．その頃には，次の能力として筋力の重要性が指摘されたりもしました．

　現在でも，V̇O₂maxやLTが重要なことは変わりませんが，その上で「バネ」が注目されています．ランニングとは水平方向に連続的に片足ジャンプをする運動なので，バネの能力は重要です．実際に，身体のバネをうまく使えるようなトレーニングをすると，しっかり空気の入ったボールがよく弾むように，エネルギーを節約しながら走れるようになります（p128のコラムⅡ-12参照）．

　上記の変遷を一言でいえば，以前は筋が発揮するエネルギーの大きさを高めることに焦点が置かれていました．しかし現代では，この方向性に限界が見えてきたので，エネルギーの利用効率をよくする方向に目が向いてきたといえます．

＜AL＞ あなたが携わっている種目では，トレーニングの常識がどのように変化してきたのか，またなぜそのように変わってきたのかについて，できるだけ歴史をさかのぼって調べてみよう．またそれをふまえて，今後はどう変わる可能性があるのかを考えてみよう．

・水分補給の場合

　次に，水分補給について考えてみます．最近では地球温暖化の影響で，熱中症にかかる人が増加しました．それを防ぐために，運動中には積極的に水分を補給しようと言われています．しかし著者が子どもの頃には，なるべく飲まないように，という指導が行われていました．

　図Ⅰ-2は，暑熱環境で運動をする際に，水分補給が重要であることを示した古典的な実験です．6時間の坂道歩行をしたときの体温上昇を，水分摂取条件を変えて調べています．その結果，飲まないよりも飲んだ方がよいことや，ただ飲むのではなく積極的に飲んだ方がよい（塩分もとった方がよい）ことがわかりました．

　この実験は1944年にアメリカで行われました．当時は第二次世界大戦の最中でしたから，兵士が暑熱環境で行軍する際に，疲労を避けるためにはどうすればよいのかが研究されたのでしょう．

　しかし，この実験から20年以上が経っているにもかかわらず，著者が子どもの頃にはまだ，水分補給は控えるべきと言われていました．科学の知見がスポーツ現場に普

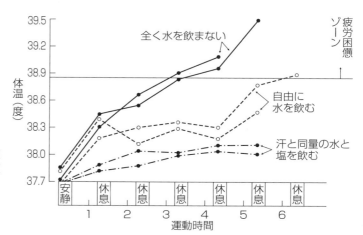

図 I-2　水分摂取と体温上昇との関係
（Pittsら，1944）
　1人の被検者が38度の環境下で，3種類の水分補給条件で2回ずつ，計6回の坂道歩行をしている．この実験結果から，水分摂取をしないことが誤りであることや，ただ飲むだけでは不十分で，積極的に飲む必要があることが読み取れる．

及するには時間を要することがわかります（コラム I-1参照）．
　その間には多くの熱中症の事故が起こりました．裁判になったケースもあります．その判決文には「運動中の水分補給を控えさせる非科学的な指導が事故の原因である」といった表現が出てきます．

・一流選手には通常の基準があてはまらない

　図 I-2のような実験データを見れば，水分制限をすることは誤りだということが理解できます．ただしアスリートの場合，どんな場合でも飲んだ方がよいとは言い切れない，という例を紹介します．
　図 I-3は，競歩の日本チャンピオンと一般的な学生選手とを対象に，図 I-2と同じく3通りの水分補給条件で3時間の運動をさせ，体温上昇を調べた実験です．一般的な学生選手では飲まないと体温が上昇してしまいますが，一流選手では飲もうが飲むまいが，体温はあまり変わりません．
　レベルの高くない一般選手では，汗をかくことで身体を冷やしています．しかし一流選手では汗をあまりかかず，皮膚への血流を増やすことで体熱を捨てているのです．いわば前者は水冷式，後者は空冷式で身体を冷やしているのです．
　激しい運動中に水を飲んでも，腸でそれを吸収しなければならないので，内臓に負担をかけることになります．一流選手ではその負担軽減のため，あまり飲まなくてもよい身体を作っていると見なせます．つまり鍛錬度に応じて，飲まなければならない選手もいれば，飲まなくても大丈夫な選手もいるということです．
　科学の知見はともすると「真か偽か」と単純化して表現されがちです．しかし人間の身体には個別性があって，単純に決めつけることはできないのです．このことは水分補給に限らず，トレーニングに関する全ての知見に当てはまります．

<AL> あなたの小・中・高校時代の指導者は，運動中の水分補給についてどのような指導をしていたかを振り返ってみよう．また周りの人の経験も尋ねて，その様子を比べてみよう．

〈COLUMN I -2〉

なぜ飲むなと言われたのか？

この問題について，著者の大学院時代の同僚であった坂本ゆかり氏が古い文献を丹念に調べて論文を著しているので，それを要約してみます．

1）日本古来の養生思想の影響

江戸時代の代表的な養生書である貝原益軒の『養生訓』に見られるように，日本では昔から，健康のためには欲望をできるだけ抑えることが大切だとされてきた．飲食も欲望の一つとみなされ，多飲多食は戒められた．運動の際にも，口渇感にまかせて自由に水を飲むと，飲み過ぎてしまうと考えられていた．

2）西洋のトレーニング思想の影響

明治時代にイギリス人のお傭い教師によって競技スポーツがもたらされた際に，「水抜き油抜き」というトレーニング法が紹介された．飲食を制限して体内の水分と脂肪とを減らし，体重を軽くして運動能力を高めようとする方法で，最初は身体的な能力を高めるために行われた．しかし，その実行には強い意志が必要なことから，次第に精神力を鍛えるトレーニングにも使われるようになっていった．

3）軍隊の影響

明治時代の陸軍関係の文書には，兵士の行軍に際して水分補給の重要性を指摘したものがある．ただし「飲めない状況もありうるので，そのためのトレーニングも必要である」との考え方から，昭和初期にはどの程度まで水を飲まずに行軍できるか，という実験が行われた．この考え方は合理的なものだが，いつの間にか「飲んではいけない」という教条にすり変わってしまった．

著者が坂本氏から直接聴いたところでは，「飲んではいけないということを，いつ誰がどのような根拠で明言したのかを突き止めようとしたが，最終的にはよくわからなかった」とのことでした．

上記の1）〜3）とも，最初にそれを実行した人は，大きな無理のない範囲内で行おうと慎重に工夫したと思います．しかしそれが伝承されていく過程で，伝言ゲームのように過度に単純化され，教条に変質してしまったのではないか，というのが著者の考えです．このような現象は現代でもしばしば起きていることに注意が必要です．

アメリカのアリゾナ砂漠で，炎天下を人間とロバとが一緒に歩き，脱水の様子を調べている（Dill, 1938）

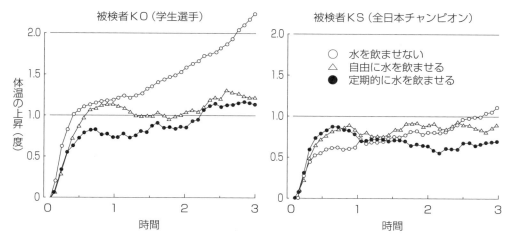

図Ⅰ-3　水分制限時における体温上昇の個人差（伊藤ら，1982）
　　一般の選手と一流選手とでは，水分を制限したときの体温上昇の様子が異なる．

表Ⅰ-3　長距離走時における水分補給の考え方の時代変遷
　　歴史を数十年単位で見ると，「逆戻り現象」が起こっていることも
　　ある．また，科学が現場の後追いをしている場合も少なくない．

> ・1960年代以前（科学の導入以前）
> 「なるべく飲むな」
> 　→脱水による熱中症などのトラブルが多発
> ・1990年代頃（科学の導入以後）
> 「積極的に飲め」
> 　→水中毒（低ナトリウム血症）による事故の発生
> 　　脱水量と同量の水は現実的には飲むことが難しい
> 　　また同量の水を飲まなくても，特に問題は起こらない
> ・2000年代以降頃（科学の検証がさらに進んだ段階）
> 「過度な制限／奨励の概念に縛られず，口渇感に逆らわずに
> 　自由に飲むという，原初的な方法がおそらく最良だろう」
> 　　　　　　　　　　　　　　　　　　　（ランニング学会の指針，2012）

・科学も回り道をする

　　表Ⅰ-3は，長距離ランナー（特にマラソン）の水分補給に関して言われてきたことの時代変遷です．スポーツ科学の導入以前は，飲むなという論調が主流でした．このため脱水によるトラブルや事故が多発していました．

　　その後，図Ⅰ-2のような科学的な検証結果をもとに「積極的に飲むように，できれば失われた水分と同等の量を飲むように」という啓発がなされました．そしてこのような考え方が最近まで続いてきました．

　　しかし現実には，マラソンレース中に脱水量と同等の水分は摂取できないし，それでも問題はあまり起こりません．逆に市民マラソン大会などでは，このような指針に

過剰な反応をして必要以上に水を飲み過ぎた人が，水中毒（低ナトリウム血症）を起こして死亡するという事故が起こったりもしました．

このような経緯を受けて，ランニング学会では最近，マラソンレース中の水分補給についての推奨基準をまとめました．それによると「過度な制限／奨励の概念に縛られず，口渇感に逆らわずに自由に飲むという，原初的な方法がおそらく最良だろう」という表現となっています．

のどが渇いたら自由に飲むということは，スポーツ科学が出現する以前の大昔から実行されてきた，いわば当たり前のやり方です．数十年にわたる科学の研究がたどり着いた結論とは，このような原初的な方法が最も正解に近い，ということを認めることだったのです．科学もこのような回り道をします．また現場の方が万事先行し，それをあと追いで裏付けている場合も多くあります．

その回り道やあと追いも，決して無駄にはならず，後代の人には役立ちます．しかし現場で日々トレーニングをしている人としては，科学が正解に到達するには長い年月がかかること，また現時点で科学が正しいと言っていることでも将来は変わるかもしれない，ということは覚えておく必要があるのです．

<AL>　現在行われているトレーニングやコンディショニングのやり方が最終的な正解であることを証明してみなさいと言われた場合，どうやれば証明できるのかを考えてみよう．

・トレーニングに普遍的な正解は存在しない

ここまでに述べたことをまとめてみます．一つめは，トレーニングの常識は時代とともに変わるということです．現在正しいとされている方法でも，今後もずっと正しいという保証はありません．しかし私たちは，現在の常識や流行という色眼鏡からなかなか自由になれません．これはトレーニング科学に限らず，全ての科学の分野に当てはまることです．

二つめは，水分補給の例（図I-3）からうかがえるように，望ましいあり方は個人によっても違うということです．科学的な実験をもとに作られた推奨基準であっても，それは平均値的，最大公約数的な正解です．人間には個人差があるので，平均値をそのまま適用しても当てはまらないことがよくあります．特にレベルの高いスポーツ選手では当てはまりにくくなります．

もしもトレーニングに普遍的な正解があったとしたら？　という思考実験をしてみるとよいでしょう．みんなが同じメニューをこなし，同じように強くなるとすれば，勝負がつかなくなってしまうでしょう．あるいは，生まれつき体格の大きな人の方が有利になるなど，面白みのない結果になるでしょう．

しかし現実を見ると，どのスポーツでも個性的な選手が活躍し，その意外性が私たちを感動させてくれます．これは個人個人で正解が異なることから生じる現象であり，それこそがスポーツの醍醐味だといってもよいでしょう．

<AL>　もしも，このトレーニングをすれば誰でも必ず強くなれるという方法（万人に当てはまる正解）があったとしたら，どのようなことになるのかについて思考実験をしてみよう．

・常識を変えないと勝てない

　　トレーニングに普遍的な正解が存在しないということは，次のような思考実験によってもわかります．スポーツの最先端のレベルでは，それまでの常識を変えていかないと勝てない宿命があるということです．
　　たとえば，オリンピックで優勝した選手が行ったトレーニングは，その時点では最

〈COLUMN I -3〉

うさぎ跳びは誤ったトレーニングなのか？

　コラムI-1（p4）と同じ調査を，最近（2019年）また行ってみました．3つのトレーニングの経験者はさらに減っているだろうと予想していたのですが，意外にも，うさぎ跳びや水分制限の経験者の割合は増えていました（表）．

　うさぎ跳びの経験者が増えたことについては，北京五輪（2008年）の柔道競技で優勝した石井慧選手の影響ではないかと思います．彼はこのトレーニングを積極的に取り入れ，それが効果的だったと発言していたからです．実際に，うさぎ跳びをやったことがあると答えた学生の多くは柔道選手でした．

　石井選手はインタビューで「非科学の科学」という言葉を使っていました．科学的な検証結果が否定的なことは承知しているが，自身の競技力向上にとっては必要だと考えて注意深く取

	小学生時代 （2009年前後）	中学生時代 （2013年前後）	高校生時代 （2016年前後）
うさぎ跳び	21%	19%	10%
膝を伸ばした 上体起こし	9%	9%	9%
水分制限	14%	15%	15%

り組んだのだ，という意味でしょう．

　同じ頃に新聞で「うさぎ跳びに効果があるの？と尋ねた高校柔道部員を，指導者がカッとなって蹴る」という記事を読みました．生徒にしてみれば，科学で否定されていることをなぜやるのかと，素朴な質問をしたのでしょう．

　このような時に指導者は「一般論としては悪いと言われているが，やり過ぎなどに注意して行えば危険なものではなく，柔道にとっては大切な体力が養成される」といった説明をすべきです．

　世間は科学に対して，白黒（真偽）をはっきりさせてほしいと望みます．科学者の側でも，ある特定の条件下で，少数の対象者から得られた実験データをもとに，白黒を明言しがちです．また，科学者は慎重な発言をしているのに，世間の方で「過度な一般化」をしてしまうケースもあります．

　しかし競技ごとに特異性があり，同じ競技でも選手ごとに個別性があります．どんなトレーニング法についても，万人にあてはまるような普遍化はできません．このことを，現場の人も科学者も十分認識していなければなりません．

良のトレーニング（正解）かもしれません．しかし4年後の大会でも同じことをやって勝てるという保証はありません．他の選手がそれを上回る工夫をして，さらによい正解を出そうと努力するからです．

あなた自身がアスリートであれば，次のように考えてみてください．あなたがこれまでやってきたトレーニングが，よかったのか悪かったのかを証明することはできません．よかったから現在の自分があるとも言えますが，本当によかったらもっと先まで進んでいたかもしれません．それを証明するには，クローン人間を作って比べるしか手立てがないでしょう．

ではどうすればよいのでしょうか？ そこで手がかりを与えてくれるのが，本書で述べていく科学「的」な考え方や手法なのです．「的」とかぎ括弧をつけた理由は，厳格な科学の方法論から見れば不完全だが，科学の考え方も取り入れてより効率のよいトレーニングを実行する，という意味を込めているからです．

その際には，あなたの経験や勘も重要な手がかりになると覚えておいて下さい．経験や勘はしばしば科学と対置され，非科学的なものの代表とされがちですが，決してそうではありません．本書で述べる科学「的」な方法とは，どちらの価値も認めて，両立させようとする考え方です．詳細については次章から考えていきます．

<AL>　一流選手がそれまでのトレーニング法の常識を変えて，パフォーマンスを向上させた例を，歴史をさかのぼって調べてみよう．

[まとめ]
- トレーニングの常識は時代とともに変化していく．したがって，現在正しいとされる知見でも，将来もずっと正しいという保証はない．
- 科学的に正しいとされる知見は平均値的な正解を表すものなので，一般的な選手には当てはまりやすいが，レベルの高いアスリートでは当てはまりにくくなる．
- トレーニング科学の知見とは，ある特定の人たちを対象に，ある条件下で実験をして導かれたものである．したがって，全ての人や場合に当てはまるわけではないことに留意し，あてはまる範囲はどこまでかを考える習慣をつけることが必要である．
- 一流のアスリートでは，その時代の常識を変えていかないと勝てない．したがって，その時代の科学が正しいと認める知見に従うだけでは勝つことはできない．
- 万人に当てはまる正解はないことを自覚し，自分にとっての正解を，自分で見つけていくことが重要である．その際に，科学が用いている方法論が役に立つ．

I 部

2章　トレーニングとは何だろうか?

「トレーニングとは何ですか?」と尋ねられたら，あなたはどう答えますか．日々ハードな練習をすること?　一流選手のやり方を真似て行うこと?　最新の理論を実行すること?　でしょうか．著者から見ると，これらの答えは否です．トレーニングの本質はもっと別の所にあるのです．

　自分では一生懸命に練習をしているつもりでも，よいトレーニングになっている場合と，なっていない場合とがあります．本章では，よいトレーニングを実行するには3つの条件を満たす必要があることを述べます．その上で，トレーニングの原則について考えてみます．

・トレーニングの意味は「引っ張る」こと

　トレーニングという用語については確立した定義があるわけではなく，人によって使われ方はまちまちです（■脚注）．図I-4はその中で，著者が最も気に入っているものです．トレーニングの語源は英語のトレインです．列車という意味ですが，その元には「引っ張る」という意味があります．

　引っ張るというからには，暗黙のうちに現在地と目的地とが想定されています．たとえば，あなたがある大会で入賞したいという目標を立て，現在の自分はそのレベルにはないとします．その場合，目的地と現在地との間にはギャップがあります．その溝を埋める作業がトレーニングである，というのがこの図の意味です．

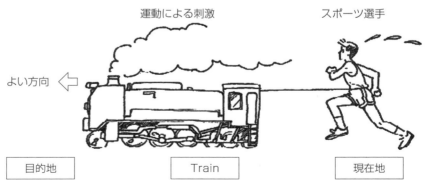

図I-4　「トレーニング」の意味（浅見，1985；下段の文字は著者が加筆）
　現在地から目的地に向かって，できるだけ効率よく近づくための様々な努力をすることが，トレーニングの本来の意味である．

表Ⅰ-4　トレーニングが満たすべき3つの条件
（山本，2011より作成）
　AとBの位置を把握するには，何らかの方法で可視化を行うことが必要になる．Cについても，トレーニングの過程で適宜可視化して確認する必要がある．この可視化をする作業が科学の役割である（Ⅰ部の3章と4章を参照）．

> A：自分の目的地が明確に把握できていること
> B：自分の現在地が明確に把握できていること
> C：現在地から目的地に向かって効率よく近づいていること

　したがってよいトレーニングとは，表Ⅰ-4に示した3条件を満たすことが必要です．毎日一生懸命に練習をしていても，この3条件のどれかが欠けていれば，よいトレーニングとはいえません．実際に，本人は一生懸命にやっているのに，見当違いの方向に努力しているケースもありえます．

　特に，この表のAとBに書いた「自分の」というところが重要です．トレーニングで目指す目的地は人それぞれです．そして現在地もまた百人百様です．したがって，やるべきことは一人ひとり異なります．つまり，トレーニングとはきわめて個別性の高い行為であり，決まり切った正解はないのです．

　いいかえると，他の人がやってよかったトレーニングでも，自分にとっては必ずしもよい訳ではないということです．一流選手が成果を上げたトレーニングを真似ても，あるいは最新の理論を取り入れたとしても，成功するとは限りません．現在の自分が実行して効果を上げているトレーニングでさえ，それが今後もずっとよいという保証はないのです．

■脚注）トレーニングとは体力の改善を図るもの，練習とは技術の改善を図るもの，というように使われる場合もあります．しかし本書では図Ⅰ-4のように，自分の目的地に到達するために行う，意図的な努力の全てをトレーニングと定義します．したがって体力や技術はもとより，戦術や心理面を改善するための取り組み，またそれに役立つ諸知識の学習（机上トレーニング）も含むと考えてください．ただしⅡ部では，練習（＝専門練習）とトレーニング（＝補助トレーニング）というように対置させて使った箇所もあります．

・やるべきことは一人ひとりで違う

　図Ⅰ-5は，前記のことを概念図で示したものです．同じ選手でも，目的とする競技会のレベルが違えば，やるべきことは違ってきます．高いレベルの大会を目指すほど，より高度なトレーニングが必要となることはもちろんです（a）．

　一つのチームで同じ大会を目指す場合はどうでしょうか（b）．この場合，目的地で要求される能力は同じだとしても，それに向かう一人ひとりの選手の現在地の能力は違います．このため，やるべきことも違ってきます．また球技系の選手であれば，ポジションが違えば，求められる能力は少しずつ違うでしょう．

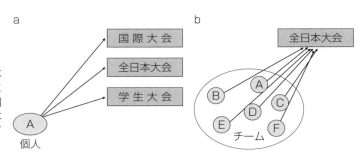

図Ⅰ-5　目的地と現在地との関係
（山本，2011より作成）
　同じ人でも，目的地の競技レベルが異な
れば，トレーニングの経路は違うものに
なる（a）．チームスポーツで目的地が同
じ場合でも，一人ひとりの現在地は異な
るので，やるべきことはそれぞれ違って
くる（b）．

　　矢印の長さと方向は，数学で習ったベクトルのようなイメージです．方向が少し
違っていれば，やるべきことが少し違うことになります．長さについては，長いほど
よりたいへんさが増すという意味になります．
　　チームスポーツなので，みんなで一緒に練習をすることは大事です．しかしそれだ
けでは不十分だということです．全体練習とは別に，自分の弱点を克服したり，長所
を伸ばしたり，ポジションごとの役割に応じた能力を身につける努力，つまり個別性
に着目したトレーニングも行うことが必要なのです．

＜AL＞　あなたの現在のトレーニングが，表Ⅰ-4の3条件や図Ⅰ-5に照らしてよ
いものになっているかを考えよう．そして，そう考える根拠を周りの人に
説得できるかを試してみよう．

・目的地と現在地とを可視化することから始まる

　　図Ⅰ-5のような概念図で表せば，万人一律のトレーニングはないということが，
頭では理解できるでしょう．当然のことにも思えるでしょう．しかしこれを現在の自
分に当てはめてみた時に，それが適切に実行できていると言いうるでしょうか．その
ように言い切れる人は多くはないと思います．
　　競技力が低い人ならば，誰もがやっているようなトレーニングでも成果は出ます．
しかしレベルが高くなるほど，個別性を意識したトレーニングの重要性が増します．
トレーニングの効果が期待通りに出ないと思ったら，図Ⅰ-4,5や表Ⅰ-4に立ち戻って，
適切なトレーニングができているのかを考えてみる必要があります．
　　その時に大切なことがあります．それは自分（たち）の目的地と現在地とを可視化
することの重要性です．目標とする大会で勝つためには，体力，技術，戦術などの能
力がそれぞれどの程度必要なのか，そして現在の自分（たち）の能力がどの程度なの
かを，数値，記号，言語，写真，映像などを用いて明確にすることが必要です．
　　たとえば，持久系のスポーツ選手であれば最大酸素摂取量（p126）を測定してみます．
そして，目標の大会に必要なレベルと照らし合わせて足りなければ，それに近づける
努力をします．これを測る機器がなければ，持久走テストのような代替手段もありま
す．とにかく，目的地と現在地との間にどの程度のギャップがあるのかが具体的に可
視化できれば，適切な対策も立てられるのです．

　一方,「目標の大会で,現在の位置はベスト8だが,次の大会では優勝したい」といった捉え方では,目的地と現在地を可視化しているとはいえません.目標があるように見えても具体性がないので,何をどのように変えていけばよいかがわからないからです.

<AL> 異なる時代・異なる国で刊行されたトレーニング関係の本を読み比べて,その共通点や相違点を考察してみよう.

〈COLUMN I -4〉

「見える」ことの大切さ

　アテネ五輪で,日本のアーティスティックスイミングチームは銀メダルを獲得しました.その指導に携わった井村雅代コーチの談話が印象に残っています.

　大会の3年前,東京に国立スポーツ科学センターが開設され,そこのプールには水中の様子を見ることのできる設備がありました.それ以前は,リフティングをする場合に,水上での様子しか見えないので,失敗すると「みんなだめじゃないの!」と叱っていたそうです.

　しかし水中の様子が見えることで,水上に現れた最終結果の良否に加え,それをもたらした水中での要因が把握できるようになりました.そして「○ちゃんは…を,○ちゃんは…をしないとだめじゃないの」という声かけに変わり,指導の効果が著しく上がったとのことでした.

　このように,それまで見えなかったものが見えるだけでも発展が飛躍するのです.科学=数値という印象がありますが,まずは見えるようにする努力が大切で,数値データで調べるのはその後の話なのです.日本のことわざで「論より証拠」,英語では「seeing is believing」と言われているとおりです.

　他の科学分野でも見えることの重要性は同じです.たとえば,顕微鏡の発明により様々な病原菌が発見され,伝染病の原因がわかりました.それまでは,なぜ急に病気になり死んでしまう

のかがわからず,手の打ちようがありませんでした.

　千円札の肖像画にもなった野口英世は,病原菌を発見する名手でした.しかし,黄熱病を引き起こす菌を発見することには失敗し,苦闘の末にアフリカで黄熱病にかかり亡くなりました.「私にはわからない」が最期の言葉だったそうです.

　現代では,黄熱病の原因は病原菌よりもはるかに小さいウイルスのせいだということがわかっています.ウイルスは電子顕微鏡でなければ見えないので,野口の時代に使われていた光学顕微鏡では目に見えなかったのです.

リフティングの様子(伊藤と本間, 2012)

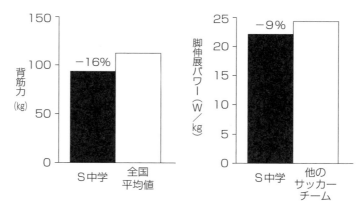

図Ⅰ-6　体力測定による現状の可視化（金高ら，2004）
測定結果を他チームなどのデータと比べることで，指導者の感覚を
裏付けるような数値が出てきた．そして，指導者と研究者とが話し
合う接点も見つかり，解決の糸口がつかめた．

・中学生サッカー選手の例

　　具体例を示しながら考えてみます．著者たちが関わったS中学校のサッカー部のト
レーニングについて紹介します．このチームの指導者と最初のミーティングをした時
に，技術は高いのだが，体格が小さいために相手との接触に弱く，ボールを奪われて
負けることが多いとのことでした．

　　相手との接触に弱いということは，筋力不足の可能性があります．そこで体力測定
をしてみたところ，図Ⅰ-6に示すように，背筋力や脚の筋パワーが他のチームの値や，
全国の一般児童の平均値と比べても弱いことがわかりました．これではいかに技術が
あっても，競技で生かすことが難しいと予想できます．

　　身長を意図的に伸ばすことはできませんが，筋力ならばトレーニングによって改善
が可能です．そこで，自体重を負荷とした様々な筋力トレーニングに取り組んでもら
いました（図Ⅰ-7）．その結果，相手との接触に強くなるとともに，それまではゲー
ム中にうまくできなかった戦術も自然とできるようになりました．

　　このチームでは，それまでずっと技術や戦術に重点を置いたトレーニングをしてき
ましたが，思うように上達しないという悩みがありました．ところが基礎体力を改善
することで，もともと高かった技術が生かされるようになったのです．そして3年後
には見違えるように強いチームになりました．「急がば回れ」ということわざのとお
りです．

　　ここまで簡単に書いてきましたが，実際には3年間に何度も体力測定を行い，ト
レーニングの修正を繰り返しました．あるトレーニングをして一つの課題を解決する
と，それまで隠れていた次の課題が現れてくるからです．体力面の改善がほぼ達成で
きた頃には，精神面や日常生活の過ごし方に課題が見えてきたので，その改善にも取
り組みました（p54）．

　　表Ⅰ-5は，1年目と3年目のチームの体格や体力を比べたものです．メンバーの大

図I-7　体力の弱点を強化するために行った様々な補助トレーニング（金高ら，2004）
　　a：脚筋に過負荷をかけるための腰をかがめたジャンプ．b：上肢・体幹・下肢の筋力を総合的に強化するタイヤ押しダッシュ．c：腹筋群を鍛える運動．d：鉄棒を使って上肢を鍛える運動．bは，昔の子どもが掃除の時に行っていた雑巾がけに似た運動といえる．

表I-5　1年目と3年目のチームの体格・体力の比較（金高ら，2004）
　　身長は以前のチームよりも小さいが，各種の体力は大きく向上している．数値を用いて表すことで，具体的に何%増加したのかもわかる．

測　定　項　目		1998年度チーム（初年度）	2000年度チーム（2年後）	変　化
形態・身体組成	身　長（cm）	163.7	162.0	−1%
	体　重（kg）	50.1	52.6	+5%
	皮下脂肪厚（6カ所の合計：mm）	65.2	57.0	−12%
筋力・筋パワー	脚伸展パワー（絶対値：W）	1107	1572	+42%
	同　上（体重あたり：W/kg）	22.0	29.4	+34%
	背筋力（kg）	92.6	100.1	+8%
	腹筋力（回）	26.6	32.1	+21%

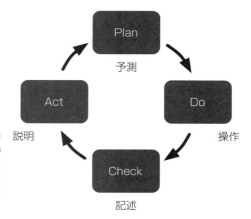

図 I-8　PDCAサイクル
正解のない世界で，失敗を最小限にとどめながら目的に近づくための手段として用いられる．PDCAの繰り返し回数が増えるほどデータが蓄積され，予測はより正確になっていく（記述，説明，予測，操作という用語については次章のp28を参照）．

（図中）Plan 予測／Do 操作／Check 記述／Act 説明

半が入れ替わっていますが，チーム力という観点で比較することができます．身長は相変わらず小さいものの，体重が増えていることがわかります．といっても皮下脂肪厚が減っていますから，筋量が増えたことがうかがえるのです．

＜AL＞ 自分（たち）は現在，どのような目的で，どのように現状を可視化しているかを確認しよう．また今後，さらにどのような可視化をすればよいのかを考えてみよう．

・PDCAサイクル

　　上の例のように，ある予想（仮説）を立ててトレーニングを実行し，効果が得られた点と得られなかった点とを評価して，さらに改良した方法を試し，その結果を再び評価する，という作業を繰り返していくことをPDCAサイクルと呼びます．PDCAとは，Plan・Do・Check・Actの頭文字をとったものです（図 I-8）．

　　この考え方は，工場で製品を作る際に，不良品を減らすための行程管理を目的として考案されました．そして現代では，正解のない世界でよりよい方向性を見出すための手法として，組織の管理運営など様々な分野でも用いられています．

　　前章では，アスリートのトレーニングには普遍的な正解がないと述べました．もっと強い言葉でいえば，間違うことが当たり前の世界です．このような性質を持つトレーニングに対して，PDCAサイクルは失敗を最小限にとどめながら正解に近づくための，強力な手法となります．

　　表 I-6は，前記のサッカーチームの3年間の取り組みを総括したものです．手始めに行った1回目の体力測定だけでも，その結果をもとに指導者と研究者との間で話

＜AL＞ 現在の自分（たち）のトレーニングの取り組みについて，PDCAサイクルの考え方に当てはめることで，より有効に機能する形にできないか整理し直してみよう．

表I-6　現状をデータで表しながらトレーニングを考えることのメリット
　経験や勘（暗黙知）だけに頼ったトレーニングでは，問題点が見えにくい，同じ過ちを繰り返しやすい，他の人がアドバイスできない．うまくいった場合でも，そのノウハウは当事者だけのものにしかならず，第三者が受け継ぐことができない．

- ・問題点が目に見えるようになった
- ・問題点が数量的にわかった
- ・指導者と研究者との接点ができた
- ・指導者と選手との接点もできた
- ・よい方向に進んでいるかを確認できた
- ・同時代の他のチームや，後代のチームにも，参考となるデータや教訓が残った

表I-7　ルーの3原則（ヘッティンガー，1970の記述より作成）
　トレーニングの原則の中で最古のものとされる．適度な刺激が重要だと述べているが，スポーツ選手の場合には，1と2の上限でのせめぎあいとなる．その場合の適度とはどの程度なのかについては教えてくれない．

ルーの3原則（1895年）
1. 筋肉は運動をすれば発達する
2. 運動が強すぎると発達は阻害される
3. 運動が弱すぎると筋肉は萎縮する

し合う接点ができ，問題点を見つけることができました．そして，今後のトレーニングの方向性についても共通理解を持つことができました．
　その後，この体力測定を定期的に行うことで，よい方向に進んでいるかを確認したり，うまくいっていない部分を修正することができました．選手たちにとっても，毎回の体力測定のデータが示されると，前回の値とも比べることができ，励みになりました．
　また3年間の取り組みの終了後，その全容を報告書にすることで，当事者だけではなく他チームへのアドバイスも残すことができました．この報告書はその後，様々なチームが参考にし，思わぬところで感謝の言葉を頂いたこともありました．
　PDCAサイクルに則してトレーニングを行うとともに，その道筋を記録に残すことは，著者が本書で提案する科学的なトレーニングの最重要な部分です．この点については次章で改めて述べます．またⅢ部では，それを自分自身で実行するためのやり方について説明します．

・トレーニングの原則

　話を変えて，トレーニングの原則と呼ばれるものをいくつか紹介します．
　表I-7は，ルーの3原則と呼ばれ，最も古いトレーニングの原則とされています．

ルーはドイツの生物学者で，カエルの筋の研究を元にこの原則を提唱したのですが，人間の筋でもあてはまります．また筋だけではなく，トレーニング一般に当てはまる性質と考えてもよいでしょう．

　この原則を見て皆さんはどのような感想を持つでしょうか．当たり前ではないか，と思う人も多いでしょう．1～3で述べていることは，要するに適度な運動刺激が大事だということです．しかし，自分にとって適度な強度や量はどの程度なのかと尋ねても，具体的なことは教えてくれません．

〈COLUMN I-5〉

4行日記

　下の図は「4行日記」と呼ばれるものです．毎日の終わりに，印象に残った出来事を1つとりあげ，事実→発見→教訓→宣言という4項目に分けて短文にまとめるというものです．この作業を繰り返すことで，現在の課題や，それを解決するための方向性が見えてくるという効果をもたらします．

　4行日記は，一般人が仕事や生活の場面でよりよいあり方を目指したり，自己実現を目指すための手法として考案されました．しかし，アスリートが日々のトレーニングを効果的に進めていく際にも，そのまま役立つ考え方です．

　この4項目を見ると，何事かを実行した上で，気づいたことを文字で可視化し，それを考察することでよい方向性を見つけるという流れになっており，PDCAサイクルとよく似ています．また次章(p28)で述べるように，科学が真理(法則)を求める際にたどる4つのステップ（記述→説明→予測→操作）とも似ています．

　著者が担当しているトレーニング科学概論の授業で4行日記を紹介したところ，実際に実行して競技力が大きく伸びたと報告してくれた学生がいました．また，今まではただ練習日誌をつけるだけだったが，それを4行日誌の流れにあてはめて書くことで，気づきが増えて競技力を向上できたという人もいました．

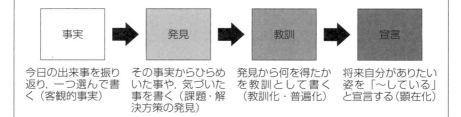

事実 → 発見 → 教訓 → 宣言

事実	発見	教訓	宣言
今日の出来事を振り返り，一つ選んで書く（客観的事実）	その事実からひらめいた事や，気づいた事を書く（課題・解決方策の発見）	発見から何を得たかを教訓として書く（教訓化・普遍化）	将来自分がありたい姿を「～している」と宣言する（顕在化）

(小林, 2002)

★今日の練習中にこんな経験をした	★それはもしかすると，こういうことを意味するのでは？	★したがってここをこうすれば，うまくいくだろう	★明日はその考えを実行し，今までできなかった事ができるようになっている！

<AL>　4行日記を自分でもつけてみよう．

表Ⅰ-8 現代におけるトレーニングの原則の例 (1)（マッカードルら，1986）
　aとdは，ルーの原則を別表現で表したもの．bとcは，誰にでも当てはまる万能な
トレーニング方法は存在しないと言っている．それぞれ重要な基本原則ではあるが，
ここからただちに具体的なトレーニングメニューが引き出せるわけではない．

> a. 過負荷 （overload）
> b. 特異性 （specificity）
> c. 個別性 （individuality）
> d. 可逆性 （reversibility）

図Ⅰ-9 現代におけるトレーニングの原則の例 (2)
（浅見ら，1985）
　表Ⅰ-8と同様，重要な基本原則は述べているが，そこか
ら具体的なメニューが導き出せるわけではない．「過負荷」
と「可逆性」や，「全面性」と「個別性」などは，場合によっ
ては二律背反の関係になることもある．

　表Ⅰ-8は，現代の運動生理学の教科書に載っている原則です．過負荷，特異性，
個別性，可逆性の4つですが，よく考えるとこれも当たり前のことしか述べていません．
aとdはルーの原則を別の表現で表したものです．bやcは，誰にでも当てはまる万
能なトレーニング方法は存在しない，と言っているにすぎません．

　図Ⅰ-9は，現代のトレーニングの教科書によく載っている原則です．全面性，漸
進性，個別性，反復性，意識性と5つあります（これに視覚性という項目を加えて6
つをあげている教科書もあります）．いずれももっともな内容ですが，かといって今
の自分はどうすべきかを具体的に教えてくれるわけではありません．

　これらの原則は，現場での経験則を科学の研究が裏打ちしてできたものです．した
がって最大公約数的な意味あい，つまり誰にでも当てはまる原則を示している，とい
う意味では価値があります．しかし，個々のアスリートが一番知りたいこと，すなわ
ち自分にとっての正解を具体的に教えてくれるものではないのです．

<AL> 自分の現在のトレーニングメニューに表Ⅰ-8や図Ⅰ-9の原則を当てはめる
　　　　と，どのように対応づけられるのか，また現在のあり方に問題点がないか
　　　　を確認しよう．

・物理法則との違い

　　　他の科学分野，たとえば物理学では，もっと確固たる法則が確立しています．その
　　　代表例としてニュートンの法則を考えてみます．これは運動の3法則（慣性，力と加

速度，作用と反作用），に万有引力の法則を加えたものです．

　これらの法則を使うと，次の日食がいつどこで起こるか，また何十年後に現れる彗星のことまで予言できます．宇宙にロケットを飛ばして調査を行い，再び地球に回収することもできます．つまり正確な未来予測ができるのです．

　このような物理法則に比べると，人間に適用されるトレーニングの原則は，あまりにも曖昧で頼りない印象です．これらの原則に従ってトレーニングをしても，目標の大会で確実に勝てるという未来予測はできません．トレーニング科学が発達して，科学があらゆる問題に明快な正解を与えてくれるかのように思いがちですが，物理学の予測能力と比べれば足もとにも及びません．

　この点が十分に理解されず，トレーニング科学の知見も物理法則なみに，正確な予言をしてくれるはずだと過剰な期待をするために，裏切られてしまうのです．トレーニングとは不確定要素の高い世界であり，自分の正解は自分で見いだしていかなければならない，ということをまず自覚することが大切です．

　ただしそれが人間の複雑さであり，トレーニングのやりがいのあるところでもあります．前章（p10）で述べたように，もしも万能なトレーニングがあるとすれば，スポーツは面白味（人間味）のないものになってしまうでしょう．

・正解がないことを前提に考えよう

　トレーニング科学が発達した現在でも，表 I-8や図 I-9のような指針しか示せないし，近い将来にこれ以上の指針を示すことも難しいでしょう．このような状況下で，私たちはどのような態度でトレーニングに取り組めばよいでしょうか．

　著者は，トレーニングにはそもそも普遍的な正解がないこと，そして，自分の正解は自分で見つけなければならないことを自覚するところから始めよう，と学生に言うことにしています．このような覚悟を持てば，科学の知見をうのみにしてしまうこともなく，一人ひとりがもっと真剣に自分の正解を探そうとするでしょう．

　あわせて，正解がどこかにあると思っているから正解にたどり着けない，とも言います．学生を見ていると，どこかによい正解があると思ってあちこち探しているうちに４年間が終わってしまった，という人もいるからです．自分の正解は自身の身体と心の中に埋もれているのであり，それを発掘できるのは自分しかいません．

　今日，トレーニング科学が発達したと言われます．よい面もたくさんありますが，一方で，科学に過度な期待を抱くという弊害も現れてきました．選手やコーチは科学が正解をまるごと教えてくれると思いがちです．研究者の方でも，選手やコーチに具体的な正解を教えなければならない，と考えがちです．

　しかしトレーニング科学と呼ばれる分野では，科学はヒントは提供しても，正解を教えるものではありません．選手・コーチの側でも，研究者の側でも，この点をはっきり認識し，科学はどこまで有用なのか，限界はどこにあるのかについて，共通理解を持つことが大切です．

〈COLUMN I-6〉

正解のない世界に対処するための教養書

「トレーニングに普遍的な正解はない」「正解がどこかにあると思っているから正解にたどり着けない」というのが本書を貫くテーマです。これは著者の独断ではなく、様々な分野の人が述べていることです。以下に、その教養書となりそうなものを紹介します。本書の執筆にあたっても力づけられました。

『99.9％は仮説』（竹内薫，光文社新書，2006）

科学の有用性と限界とをユーモラスに語っています。「試行錯誤と経験によってうまくいくことと、その科学的な根拠が完璧にわかっていることとは別…」「大量の人に短時間で教えるとなると、教科書のようになるべく話を単純化しなければいけないのはわかるのですが、そういったマニュアル的な教え方は危険だという認識は、教える側にも最低限もっていてほしいと思います」などの部分は、トレーニング科学を教える人だけではなく、学ぶ人にとっても必須の心構えです。

『科学的とはどういう意味か』（森博嗣，幻冬舎新書，2011）

科学が絶対的なものになりすぎている風潮を危惧し、科学にどう向き合えばよいのかを提案しています。「大勢の人が、科学に対して思考停止している」「難しいことはいいから、結論だけ言ってという姿勢が、言葉だけですべてを処理してしまう傾向を助長する。そこに危険性がある」などと述べています。「自分の体調というのは、自分にしかわからない。自分の観測が最も正しい。（中略）自分の判断こそ科学的だと思ってよい」という部分も、アスリートの参考になるでしょう。

『超バカの壁』（養老孟司，新潮新書，2006）

現代社会の様々な問題は、身体を置き忘れて、脳（意識）だけで何でも解決できると考える「脳化社会」になってしまったことで生じた、と指摘しています。冒頭に「相談をするときに、具体的な答を期待する人がいる。それはおかしい。自分のことは自分で決めるので（中略）他人に伝えることができるのは考え方だけである」とありますが、これは本書で述べたいことを一言で表現してくれています。また、各人の個性とは意識の中にではなく、身体の中にこそあるとも述べています。

『わからないという方法』（橋本治，集英社新書，2001）

1章の見出しが「わからないは根性である」という吹き出しそうな文言ですが、続いて「二十世紀は、わかるが当然の時代だった。自分はわからなくても、どこかに正解はある、人はそのように思っていた」と述べ、そう考えるのは「二十世紀病」だと指摘しています。わからないからこそ自分で取り組む価値があるというのがテーマですが、アスリートにもこの覚悟と根性が必要です。

このほかに、夏目漱石、鈴木大拙、寺田寅彦、岡潔、小林秀雄、河合隼雄、村上陽一郎といった、東西の思想や文化に精通した碩学の著述や講演録が、本書を書く上での道しるべとなりました。

・トレーニングの原則との付き合い方

　　　　　逆説的な言い方ですが，表Ⅰ-8や図Ⅰ-9に示したトレーニングの原則は，トレーニングにはそもそも普遍的な正解がないこと，したがって自分の正解は自分で見つけなければならないことを自覚した時に，はじめて役に立ってくれるでしょう．

　　　　　PDCAサイクルにあてはめると，あるトレーニングを計画し（plan），実行に移し（do），その成果を検証（check）します．その際，思い通りの結果が出なかった部分について，トレーニングの原則のどれかに抵触していないかを考察し，次にはそこを改善する（act）のです．

　　　　　たとえば，当初の予想では，現在の自分には筋力が不足していると考えて筋力トレーニングをしたが，結果は芳しくなかったとします．その場合，事後にトレーニングの原則と照らし合わせて考察することで，過負荷の部分に問題があったのではないか（例：負荷が軽すぎた）とか，特異性の部分に問題があったのではないか（例：トレーニングすべき筋が違っていた）などの気づきが得られるでしょう．

　　　　　冒頭で述べたように，トレーニングとは間違うことが当たり前の世界です．レベルの高いアスリートでも例外ではありません．というよりもむしろ，レベルが高くなるほど間違う可能性が高くなります．

　　　　　トレーニングの原則とは，答えをまるごと教えてくれるものではありません．しかし，本人が自分で考えようと努力をする時に，トレインの経路を目的地に向けて軌道修正するのに役立ってくれるものなのです．

＜AL＞ 　新旧のトレーニングの教科書を読んで，これまでにどのようなトレーニングの原則が提唱されてきたのかを調べてみよう．またそれらを参考に，自分であればどのようなトレーニングの原則を立てるかを考えてみよう（たとえば「可視化の原則」など）．

［まとめ］
- ・トレーニングとは，目的地と現在地とが明確になって初めて成立する．各人のそれぞれの位置は百人百様なので，トレーニングのあり方も一律ではありえない．
- ・目的地も現在地も，文字，数字，映像などを用いて可視化することで，どの部分にどの程度のギャップがあるのかが把握でき，具体的な対策が立てられる．
- ・トレーニングには普遍的な正解はないので，自分の正解は自分で探さなければならない．その際の方法論として，PDCAサイクルの考え方が役に立つ．
- ・トレーニングの原則として，過負荷，特異性，個別性，可逆性，全面性，漸進性，反復性，意識性などがあげられているが，そこからただちに具体的なメニューが引き出せるわけではない．
- ・トレーニングの原則は，物理法則のような高い予測能力は持たない．しかし，トレーニングで成果が出なかった部分を改良する際には有用な指針となる．

3章　科学とは何だろうか？

　　トレーニングとは何かという問いに続いて「科学とは何ですか？」と尋ねられたら，あなたはどう答えるでしょうか．実は，科学の定義は難しく，それを考える科学哲学という学問分野があるほどです．本書では，トレーニングの現場に役立てるための科学のあり方，という点にしぼって考えることにします．

　　トレーニングにおける科学の役割に対して，過大あるいは過小な評価をする人が少なくありません．このような問題が生じるのは，科学についての解釈が人によってまちまちだからです．本章では，普遍性を扱う科学と，個別性を扱う科学の2種類があるという視点に立って，この問題を整理してみます．

・科学に対する一般的なイメージ

　　「科学的なトレーニング」という言葉がよく使われます．口当たりがよいので無造作に使われていますが，人によって捉え方がまちまちです．このため，混乱を招いたり，本質が見えにくくなっています．本章では以下，「科学」や「科学的」ということの意味について考えてみます（■脚注）．

　　表Ⅰ-9の上段は，科学的なトレーニングという言葉に対して，一般の人が持つイメージを示したものです．この6つの捉え方に対して，あなたはどのような意見を持つでしょうか．著者の考えを言うと，①〜⑤までは明らかに誤り，⑥については一部では正しいがそれだけでは不十分，となります．

　　表の下段に示した①'〜⑥'が，著者の考え方です．科学とは特別な人だけが利用するものではなく，誰にでも実行可能なものだということがわかると思います．また魔法のように便利なものではなく，もっと地味なものであることもわかるでしょう．以下，なぜそうなのかを具体的に説明していきます．

■**脚注**）科学についての説明は非常に難しいことなので，本書では以下の点だけを押さえておいて下さい．「スポーツ科学」や「トレーニング科学」というときの科学とは，一般には自然科学を指します．しかし本書では，もっと広い意味で捉えることにします．万学の祖と呼ばれる古代ギリシアの哲学者アリストテレスは，学問には①理論の学，②実践の学，③制作の学の3種類があると述べています．自然科学とは①の流れを汲むものですが，スポーツの現場では意思や感情を持った人間の，しかも個別性の高い身体を対象に，よい方向に変えようとする営みなので，②や③の考え方も不可欠です．なお本書では，①から得られる知を理論知，②や③で得られた知を実践知と呼び，後者のうちで身体性の高いものを身体知と呼びます．このあたりの考え方については，p190（図Ⅲ-13）に示した姉妹書を参照して下さい．

表Ⅰ-9 「科学的なトレーニング」についてのイメージ
　　　　　上段は一般の人が持つイメージ，下段は本書で著者が主張したいイメージ．

① 科学者がいないとできない
② 高価な機器がないとできない
③ 誰にでもあてはまるような普遍性を持つ
④ それをやるとすぐに強くなれる
⑤ 失敗することがない
⑥ 効果が科学的に証明されている方法で行う

①′ 選手が自分自身でできる
②′ 機器がなくても紙一枚でもできる
③′ 万人共通のトレーニング法はない
④′ 地道な積み上げが必要
⑤′ 失敗もあるが，同じ失敗を繰り返しにくくなる
⑥′ 効果が科学的に証明されている方法は限られている

＜AL＞ 以下の文章を読む前に，表Ⅰ-9の①～⑥の考え方に対するあなたの意見を
まとめてみよう．

・科学に期待するのは予測能力

　　選手やコーチに科学に期待することを尋ねてみると，効率がよいこと，成功率が高いこと，といった答えが返ってきます．一言でいえば，未来に対する予測能力の高さに期待しているといえます．「このようなトレーニングをすれば確実に成功する」という予言をしてくれることを，科学に期待しているのです．

　　科学の代表格は何かと考えた時，物理学を思い浮かべる人は多いでしょう．そう思える理由は，物理学が非常に高い予測能力を持っているからです．前章（p22）でも紹介したように，ニュートンの法則を使えば，天体の運行を予言したり，宇宙に探査機を送って回収することもできます（図Ⅰ-10の左側）．

　　一般の人はトレーニング科学に対しても，物理学のような予測能力があるものと期待します．ところが，これも前章で述べましたが，トレーニングの分野では過負荷，特異性，個別性，可逆性といった漠然とした原則しかなく（p20），これらをもとに精度のよい予測を立てることは困難です（図Ⅰ-10の右側）．

　　このため，トレーニング科学に物理学のような予測能力を期待したものの裏切られ，その結果，科学は役に立たないと考える人も出てくるのでしょう．はじめは科学に過大な期待をし，それがかなわないために今度は過小評価をしてしまうというように，片方の極端からもう片方の極端に行ってしまうのです．

　　トレーニング科学の価値は，どちらの極端でもありません．万能ではないものの，限界を理解して活用すれば強力な助けにもなるものです．大切なことは，現場（選手やコーチ）の側でも，そして研究者の側でも，その有用性と限界とをはっきり認識するとともに，その考え方を共有して科学を活用することです．

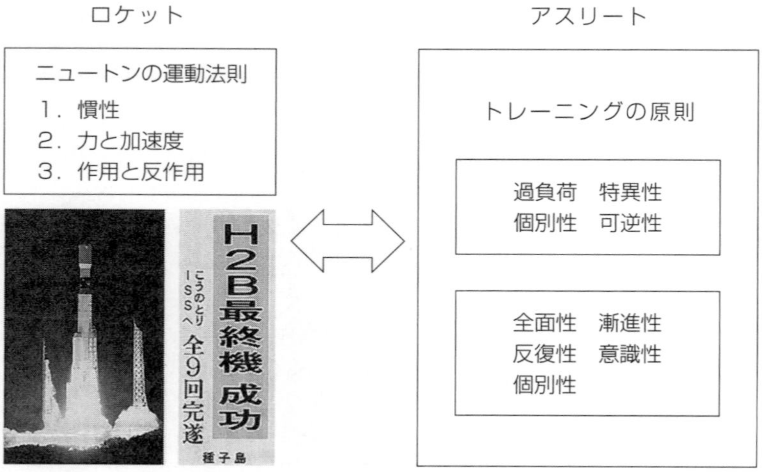

ロケット
アスリート
ニュートンの運動法則
1．慣性
2．力と加速度
3．作用と反作用
H2B最終機成功
こうのとり ISSへ
全9回完遂
種子島
トレーニングの原則
過負荷　特異性
個別性　可逆性
全面性　漸進性
反復性　意識性
個別性

図Ⅰ-10　物理学の法則とトレーニングの原則の対比
両者の未来予測能力には雲泥の差がある．

表Ⅰ-10　科学が法則を見出していく時にたどる4つの段階（Christensen, 1997の記述より作成）
右側の欄は著者が加筆した．科学とは自然界の法則を見つけていく営みであり，見いだした法則を用いてどれだけ未来を予測できるかで，その正しさを確認する．

	筋力トレーニングの場合
1）記述 →ある現象の様子を記述する	1）筋の形と力の関係を調べる
2）説明 →その現象の仕組みを説明する	2）筋力は，筋の断面積に比例することがわかる
3）予測 →その現象に関して，先の結果を予測する	3）筋を太くすれば，筋力も増大すると予想できる
4）操作 →対象に働きかけをして，予測が正しいかを確認する	4）筋を太くするトレーニングをしてみて，筋力が断面積に比例して増大するかを確かめる

<AL>　自分はこれまで，科学とはどのようなものだと考えていたのか，また，トレーニングの場面では科学に何を期待していたのか，について振りかえってみよう．

・科学の方法論：記述→説明→予測→操作

科学はキリスト教圏で生まれました．その本来の目的とは，神が創造したこの世界（とキリスト教では考えています）の仕組み，いいかえると私たちをとりまくさまざまな事象の法則を明らかにすることです．物質の法則を追求するのが物理学や化学，人間を含めた生き物の法則を追求するのが生理学や生物学です．

扱う対象は違っても，科学は表Ⅰ-10の左側のような4つの段階を踏んで法則を求

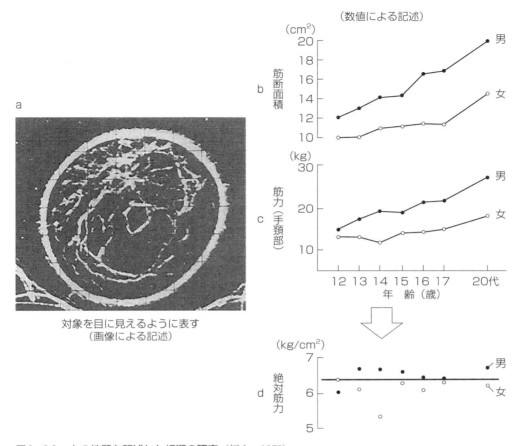

図Ⅰ-11　力の性質を記述した初期の研究（福永，1978）
　筋の形や力を測定により可視化し，両者の関係性を数値化して検討した．その結果，背後に隠れて
いた筋の性質（法則に相当するもの）がわかり，競技力の向上にもつながった．

　めようとします．記述，説明，予測，操作という手順です．トレーニング科学の場合
でいうと，この4段階はどのように当てはまるでしょうか．筋力トレーニングの例で
考えてみます．
　日本のスポーツ界に科学が本格的に導入されたのは，第1回目の東京オリンピック
が開催された1960年代です．当時，東京大学の猪飼と福永が，筋の形態と筋力との関
係について調べていました．図Ⅰ-11aは，当時の最先端技術であった超音波装置を
使って，筋の内部の様子を画像化したものです．
　bは，aの装置を使って測定した，子どもから大人までの男女の筋の断面積です．
cは別途，筋力計を用いて測った最大筋力の値です．b，cの値はどちらも，年齢と
ともに増大しています．また同じ年齢で比べると，男性の方が女性よりも大きい値を
示しています．このような現象は経験的に「当たり前」のことです．
　dは，筋力（c）を筋の断面積（b）で割って，同じ面積あたりの筋力がどれくらい
かを見た結果です．bやcで見られた年齢差や男女差は消失しています．つまり筋は，

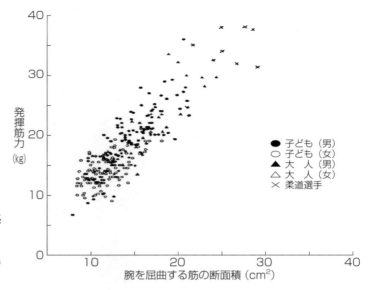

図 I-12　筋の断面積と発揮筋力との関係
（福永，1978）
年齢や性別よりも，筋の断面積の方が，
より直接的に発揮筋力の大きさに関わっ
ていることが読み取れる．

同じ断面積であれば年齢や性別に関係なく，同じだけの筋力を発揮できることを意味
しています．このようなデータが示されれば，当たり前ではなく「なるほど」という
意識に変わるでしょう．

　この図のa，b，cは「記述」，dはそれらのデータから筋の性質を明らかにしてい
るので「説明」に相当します．当たり前に見える現象を数値データで記述し，その関
係性を探っていくうちに，筋の興味深い性質が説明できたのです．法則とまでは呼ば
れていませんが，それに近い関係性の発見といってもよいでしょう．

・法則がわかると発展が加速する

　図 I-12は，前の図と同じ方法で得たデータを，別の表現形式で描いたものです．
横軸には筋の断面積をとり，縦軸には発揮筋力をとって値をプロットすると，全体と
しては高い相関関係を示すことがわかります．

　一方で個々のプロットを見ていくと，筋断面積も発揮筋力も，大まかな傾向として
は男性＞女性，大人＞子どもという関係となるものの，逆転しているケースも見ら
れます．このことから，発揮筋力の大きさには性別や年齢よりも，筋の太さの方がよ
り直接的に影響を与えていることがうかがえます．

　このような性質が発見されると，様々な予測ができるようになります．たとえば，
筋を太くすれば年齢や性別に関係なく，筋力はその分だけ強くなるだろう，と予想で
きます．実際に，多くの研究者がこの予想を確かめるためのトレーニング実験を行っ
た結果，それが正しいことがわかりました（表 I-10の右側）．

　また，筋力が強くなれば競技力の向上にも好影響を与えるだろう，あるいはけがや
故障の予防にも有効ではないか，と予想する人も出てきます．この問題についても多
くの研究が行われ，当てはまるケースも多いことが明らかにされました．

a b

間欠的な全力運動
（5分間）

間欠的な全力ペダリング
（5秒の全力運動＋10秒の休息)×10セット

図Ⅰ-13　柔道競技とそこで求められる持久力のシミュレーション
柔道競技に必要な間欠的なハイパワーの持久力（a）を，自転車エルゴメーターを用いた間欠的な
全力ペダリングでシミュレーションする（b）．

　　　　筋を太くするための具体的な方法については，10回の反復がやっとできるような重
りを負荷してトレーニングをすればよい，という経験則が昔からありました（p86）.
この方法は誰もが実行でき，成果も当たり外れなく得られます．このため現在では，
筋力トレーニングの全盛時代となっているのです．
　　　　ちなみに，筋力が筋の太さに比例するという性質を濫用したものがドーピングで
す．法則がわかると，着目すべきポイントがわかり，より的を得た予測と操作が可能
になります．このため，良きにつけ悪しきにつけ多方面に発展が加速するのです．
　　　　筋の形や力に関する基礎的な研究から始まって，筋力は筋の太さにほぼ比例すると
いう性質が見いだされ，現在ではアスリートの競技力向上に役立っています．これは，
物体の運動の性質を知りたいという知的好奇心から始まって確立された力学の法則
が，現代ではロケット技術などに役立てられているのと似ています．

・科学的に効果の証明されたトレーニングが生まれるまで

　　　　ここまで科学の方法論の有用性を述べてきました．しかし，科学の方法論に則して
ある一つのトレーニング法を生み出すまでには，大変な作業が必要だということも覚
えておいてほしいことです．これについて，著者たちが柔道選手向けのトレーニング
法を開発した研究を例として紹介します．
　　　　柔道選手は試合中に，全力運動を何回も発揮します（図Ⅰ-13a）．そして，この能
力を改善するためには通常，道場で激しい打ち込み稽古を繰り返します．しかし，こ
のような練習も必要である反面，けがをする危険性も高まります．
　　　　そこで，打ち込み稽古を模擬して，自転車エルゴメーターを使って全力ペダリング
運動を反復することで，柔道にも役立つトレーニングができないかと考えました（図
Ⅰ-13b）．この方法ならば，けがに対する安全性は高く，しかも筋や心肺には高い負
荷をかけられそうです．この仮説を以下の二つの研究によって検証しました．

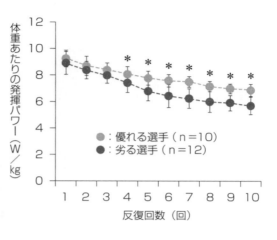

**図Ⅰ-14　柔道の試合で持久力に優れる選手と
そうでない選手のテスト成績**（佐藤ら，2013）
　22名の大学柔道選手が参加した．自転車エルゴ
メーターを用いて，5秒の全力運動を10秒の休
息をはさんで10セット行っている．

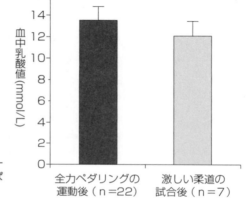

**図Ⅰ-15　全力ペダリング後と柔道の激しい試合後の
血中乳酸値（La）との比較**（佐藤ら，2013）
　左側の値は図Ⅰ-14の実験後に得られた22名のデー
タ，右側の値は本番の試合で5分間の制限時間いっぱ
いまで激しい競技をした7名のデータを示す．

＜研究1＞

　まず指導者の目から見て，柔道の競技場面での持久力に優れる選手とそうでない選
手とに二分し，5秒間の全力ペダリング運動を10セット行ってもらいました．図Ⅰ-
14はその結果です．最初の3セットでは差がないものの，4セット目以降になると持
久力に優れると評価された選手の方が，高いパワーを発揮できています．

　また図Ⅰ-15は，前記の10セットの全力ペダリング（2分半）を行った時の血中乳
酸値と，選手たちが実際の柔道の試合（5分間）で引き分けまで激しく戦った時の血
中乳酸値とを比べたものです．どちらも10ミリモルを上回っていますが，これは疲労
困憊の目安とされる非常に高い値です．

　図Ⅰ-14からは，このテストの中盤以降の成績には，柔道の競技場面で求められる
持久力が反映することがわかります．また図Ⅰ-15からは，この運動は血中乳酸値か
ら見て，柔道の最も激しい試合を再現できていることがうかがえます．

＜研究2＞

　研究1の結果を受けて，10セットの全力ペダリングをトレーニングとして行えば，

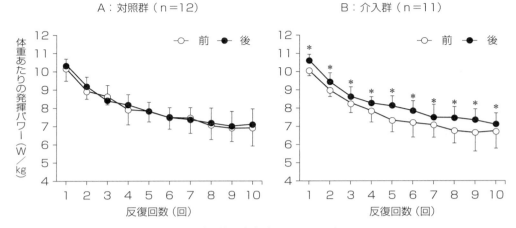

図 I-16　全力ペダリングトレーニングの効果（1）（佐藤ら，2014）
　A群では，通常練習と朝練習とを行っている．B群では，朝練習の代替として図 I-14と同じ全力
ペダリング運動を，1日あたりで2回，週に3日の頻度で行った．

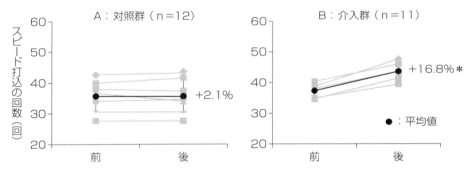

図 I-17　全力ペダリングトレーニングの効果（2）（佐藤ら，2014）
　柔道動作の特異性を考慮し，30秒間で打ち込み動作が何回できるかというテストを行って
評価した．

　競技場面での持久力も向上するのではないかという仮説を立てました．そして，選手
たちに3週間のトレーニングを行ってもらいました．
　選手たちは日々柔道の練習も行っているので，その効果と区別するために，柔道練
習だけをするA群と，柔道練習＋全力ペダリングをするB群とを作って比べました．
なおトレーニング量に差が生じないよう，A群では朝練習を通常通り行い，B群では
その代わりに自転車でのトレーニングを行うこととしました．
　このトレーニングの結果，図 I-16のように，B群では全力ペダリング運動時の発
揮パワーが全面的に改善しましたが，A群では改善しませんでした．この結果は，自
転車こぎのトレーニングをすることで，3週間という短期間でもハイパワーの持久力
が改善できることを示しています．一方で，柔道練習をしているだけでは，そのよう
な能力は改善しないこともわかります．

ただしペダリング能力が伸びても，柔道での持久力に波及（転移）しなければ意味がありません．そこでこの点を確認するために，柔道の動作を模擬した「30秒間スピード打ち込みテスト」を行ってみました．その結果，図Ⅰ-17のようにA群では変化していませんでしたが，B群では大きく改善していました．

〈COLUMN Ⅰ-7〉

図と表の見方

トレーニング科学の論文や教科書には表や図が頻繁に出てくるので，その見方を説明しておきます．上に示したものが「表」，下が「図」と呼ばれる形式です．

表中の○±○というのは平均値±標準偏差のことです．標準偏差とは値のばらつきのことで，10±3だとすれば，平均値が10で，その前後3の範囲（7から13）に全体の約3分の2のデータが収まるようなばらつき方をしていることになります．図では標準偏差をバーの長さで表します．nは人数のことです．

「＊」は統計検定をした結果，有意差が見られたという記号です．普通5％水準を用いますが，これは95％以上の確からしさがあるという意味です（危険率が5％未満，またはp＜0.05とも表現します）．この表や図の場合，トレーニング群では統計的に95％以上の確からしさで変化が認められた，という意味になります．

ところで95％の確からしさがあると言えば，ほとんど確実に差があるという印象を受けると思います．しかし実際に研究に携わっている著者の感覚からすると，そのような絶対的なものではありません．

トレーニングの実験では，対象者をたくさん集めることが難しいので，7～8人を1グループとして検討することが最も一般的です．ここで，そのうちのある1人の測定値が少しでも変わったり，あるいはグループの人数が少しでも

増えたり減ったりすることで，5％水準で有意差があると判定されたり，逆にないと判定されたりします．どちらに転ぶかで，論文の結論も反対になってしまいます．

現状では5％水準か否かということが，全か無かの判定基準のように用いられており，多くの研究者は＊が付くか否かで一喜一憂します．しかし人間の問題に明確な境界などありません．このような呪縛からはもっと自由になるべきです（コラムⅠ-8，Ⅰ-9を参照）．統計処理をする以前に，まずは一人ひとりの値の変化について，その人の個性も思い浮かべながら，よく吟味することの方がずっと大切です．

	実験前	実験後
トレーニング群 （n＝8）	10.5±2.5	12.8±2.7＊
対照群 （n＝8）	10.7±2.4	11.0±2.5

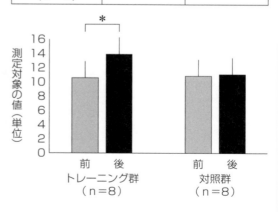

図I-18　植物の生育と土壌との関係を
　　　調べる対照実験（亘理ら，1967）
　　　3種類の土壌（粘土，黒土，腐葉土）を設
　　　定し，日照や水やりなど他の条件は同じ
　　　にした上で，成長の度合いを比べている．

　　さらに，本番の試合での動きも観察したところ，指導者の評価でも，また本人の自
己評価としても，B群の選手たちは試合後半での持久力が改善したという報告が得ら
れました．主観的な情報ではありますが，これも重要なデータです．
　　以上のような手続きを踏んで順々と結果を示していけば，多くの人はこのトレー
ニングの有効性を認めてくれるでしょう．この過程を科学の4段階に当てはめると，
研究1は記述と説明に，研究2は予測と操作に該当します．つまり，このトレーニング
が有効なことについて，運動生理学的な根拠を示すとともに，実際に効果があること
も検証できたことになるのです．

＜AL＞ 　あなたがこれまでに行ってきたトレーニング法について，その効果はどの
　　　　ように検証されているのか（対象者の特性や検証方法など）を調べてみよう．
　　　　調べてもはっきりしない場合には，どのような実験を行えば検証できるの
　　　　かを考えよう．

・対照実験の有用性

　　図I-16や図I-17のように，あるトレーニングをする群としない群とを作って比
べる方法を対照実験と呼びます．この方法は，何事かについて意図的に介入を行った
ときに生じる効果を，科学的に検証するための基本的な方法論です．農学，工学，薬
学など，物づくりの世界で広く使われています．
　　図I-18は，植物の生育のために，どのような土壌がよいかを調べる対照実験です．
農学の分野で作物の生育をよくしたい場合や，品種改良をしたい場合，このような実
験を繰り返すことで，よりよい方法がわかってきます．
　　この図を図I-16や図I-17と比べてみると，人間のトレーニングでも同じ考え方
を用いていることがわかるでしょう．物づくりの世界で成果を上げてきた方法が，人
間のトレーニング研究にも使われているのです．
　　図I-19は，トレーニング効果を科学的に検証した論文に出てくる，典型的な図で
す．人間を対象とした対照実験では，通常15名程度を集め，体力差などがないよう
に7〜8名ずつ二分します．トレーニング効果の有無は，統計検定を用いて5％水準

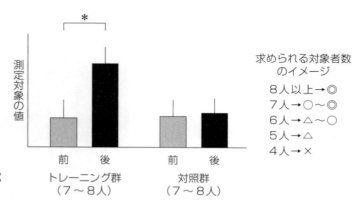

図Ⅰ-19　従来型のトレーニング科学研究で用いられてきた実験のデザイン

（95％以上の確からしさ）で判断するという約束事を設けています．したがって，その条件に合致する結果を示せば，誰もが納得してくれるのです．

　　ただしこの基準は，科学者の共同体で便宜的に決めたものです．なぜ7〜8名ずつなのか，なぜ5％で区切るのか，その根拠を厳密に議論すれば収拾がつかなくなってしまうので，大方の合意が得られそうなところに人為的に線引きをしたのです．科学者の世界の作法，あるいはしきたりといったもので，絶対的なものではありません．

＜AL＞　新しい薬品を開発する際にも，トレーニング効果の検証と似た実験（治験）が行われているので，その手順を調べてみよう．

・対照実験の限界

　　アスリートがトレーニングに取り組む場合，考えうる全てのトレーニング条件で，図Ⅰ-19のような明快な検証ができればいうことはありません．しかし現実的には非常に困難です．むしろ不可能に近いと言った方がよいでしょう．人間を対象とする研究では，以下のように多くの問題が出てくるからです．

（1）実験の設定や管理が難しい

　　対照実験をするために二グループを作る場合，15名程度の人数が必要です．しかし，アスリートと呼ばれる人でこのような人数を集めることがまず大変です．また実験期間中には，トレーニング群と対照群とで介入する部分以外の条件が同じとなるよう，日常生活も含めて統制しなければなりません．これも大変な作業です．

（2）介入群と対照群への振り分けの問題

　　アスリートは誰もが強くなりたいと願っており，よいことならば何でも試してみたいでしょう．そのような選手に対して，よさそうに思われるトレーニングをする群としない群とに二分し，期間中の運動や生活を統制されることには大きな抵抗があります．特に，対照群に振り分けられた人からは不満が出るでしょう．

（3）レベルの高い選手では結果が当てはまらない可能性がある

　　（2）で述べた理由から，対照実験はレベルの高くない選手，もしくは一般人を集め

〈COLUMN I-8〉

成功する確率が何％のトレーニングならば採用するか？

　体育大学の2年生を対象とした著者の授業で，「あなたは，成功する確率が何％のトレーニングならば採用しますか？」という調査をしました．図は，3年がかりで集めた300名以上の回答です．

　1％の可能性があればやると答えた学生から，100％でなければやらないという学生まで様々でしたが，50％以上になると採用するという回答がはっきりと増えます．一番多いのは70％台のところでした．

　科学論文には危険率5％という言葉がよく出てきます（コラムI-7）．その仮説が95％以上の確からしさで検証されなければ認めない，という意味です．しかしこの図を見ると，95％以上の成功確率を求める学生は1割もいません．科学者が求める確からしさと，アスリートがトレーニングという行動を起こす時に求める確か

らしさとの間には，大きなずれがあるのです．

　従来型の科学研究の作法にもとづけば，95％以上の確からしさで結果が出なければ，仮説が外れたと考えて論文を書かないでしょう．たとえ書いても編集委員会で掲載不可の判断を下される可能性が大です．したがって危険率が50～90％くらいの確からしさであった研究成果というのは埋もれてしまうのです．

　以前，陸上競技の為末大選手が「科学的な確証が出るまで待っているうちに，世界のレベルは先に進んでしまう．科学に対して望むこととは，ヒントでよいから役に立つ知見を提供してくれることです」と述べていました．これは，95％以下の確からしさでもよいから，ヒントになりそうな知見があればもっと示してほしい，という意味だと著者は考えています．

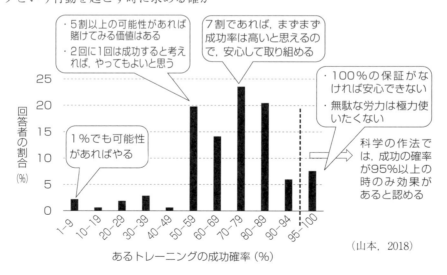

・5割以上の可能性があれば賭けてみる価値はある
・2回に1回は成功すると考えれば，やってもよいと思う

7割であれば，まずまず成功率は高いと思えるので，安心して取り組める

・100％の保証がなければ安心できない
・無駄な労力は極力使いたくない

1％でも可能性があればやる

科学の作法では，成功の確率が95％以上の時のみ効果があると認める

（山本，2018）

<AL> 自分ならば何％を採用するかを考えよう．「現在の自分であれば」「オリンピック選考会に臨む場合であれば」「引退前の最後の試合の場合であれば」などの条件もつけてみて，その数値がどう変わるかも考えてみよう．

て行われるのが普通です．しかし，その結果がレベルの高い選手にも当てはまるのかは断言できません．トレーニングの効果は鍛錬度が低い人では出やすいが，鍛錬度が高い人では出にくくなるという性質があるためです．（■脚注）

(4) 95%以上の確からしさでしか結果が認められない

　科学の方法論で仮説が正しいか否かは，対象者集団の変化に統計検定をかけて，95%以上の確からしさがある時に正しいと見なす，という約束事を設けています．この値は前述のように恣意的なものですが，慣例的に長く用いられてきたため，現在では強固な約束事のようになっています．

　したがって，実験結果が70%くらいの確からしさであった場合，当初の仮説は検証できなかったとされ，そのような研究成果は世に出てきません．しかし，アスリートであれば，70%の成功確率があればやるという人はたくさんいます（コラムⅠ-8）．つまり科学者とアスリートの判断基準との間にはかなりのずれがあるのです．

(5) 個性が排除される

　科学の方法論とは（4）で述べたように，集団として95%の確からしさであてはまる法則を見いだしていく作業です．このため個性という枝葉を排除してしまいます．ところが個々のアスリートにしてみれば，普遍性も重要ではありますが，最終的には自分はどうすればよいのかが最大の関心事です．特にレベルの高い人ほど個別性が大事になりますが，その答えは対照実験の結果からでは示すことはできないのです．

　■脚注）トレーニング実験で効果が検証されているという場合，その対象者がどのような人たちだったのかを確認することが重要です．たとえば「軽度な運動を励行している学生」が対象だった場合，その結果は同様な生活をしている人にはよく当てはまるといえますが，アスリートにも当てはまるとは限りません．しかし実際には，アスリートにもあてはまると解釈されてしまいがちです．トレーニング科学の知見を利用する際には，このような「過度な一般化」がなされていないかに注意を払うことが大切です．

・アスリートにとって現実的な科学のあり方とは？

　上記の性質を考えると，科学的に効果が検証されたトレーニング法が最も当てはまりやすいのは，体力レベルがそれほど高くない人たちです．たとえば，これまで運動をしてこなかった人がウォーキングをすれば，体力増進の効果ははっきりと現れます．その際に，過去の科学研究で明らかにされてきた適切な強度・時間・頻度といった条件を適用することで，効率よく成果を得ることができます．

　一方で，レベルの高いアスリートの需要は十分に満たせないことも想像できるでしょう．たとえば，オリンピック級の選手が体力をもっと上げたいという時に，具体的に何をどれくらいやればよいのかという基準を，図Ⅰ-19のような対照実験を行って示すことは不可能に近いことです．

　ではアスリートの場合，科学をどう用いればよいのでしょうか．その答えは前章（p17〜20）で紹介した，中学生のサッカー選手が行ったトレーニングにあります．

　このチームでは当初，技術は悪くないものの体格が小さいために，相手チームに当たり負けしてしまうという課題がありました．そこで，その原因を探るために体力測

定を行いました（記述）．その結果，脚や体幹の筋力・筋パワーが低いことがわかり，相手に当たり負けするのも無理はないという現状が確認できました（説明）．

そこで，この課題を解決するために，脚，体幹，上肢の筋を強化するための様々なトレーニングメニューを考案しました（予測）．そしてそれを段階的に実行していったところ，当たり負けをしなくなり，強いチームになりました（操作）．

この試みを表I-10と照合すると，科学の4段階の考え方に則して，よりよい方向に進んでいったことがわかります．図I-19のような科学の作法に則した実験をしているわけではありませんが，考え方としては科学「的」に行っているのです．

・アスリートの科学的トレーニングとは自分の身体で対照実験を繰り返すこと

図I-20は，上記の説明を概念図にしたものです．同じ人あるいは同じチームで，条件を変えて何度も改善のための試行錯誤をすることは，一種の対照実験といえます．前回の結果が次回の結果の対照条件となるので，繰り返しの回数を増やすほど予測精度も上がっていきます．

通常の対照実験（図I-19）では，たくさんの人を集め，グループ分けして介入の効果を比較します．これに対して図I-20のやり方では，同じ人を対象に介入の効果

〈COLUMN I-9〉

なぜ5％の危険率を使うのか

トレーニング科学の論文では，ほとんどの場合5％水準の危険率，つまり95％の確からしさという基準を用います．なぜそこに仕切りを設けたのかと調べたことがありますが，納得できるような説明は見つかりませんでした．

現在私たちが使っている統計学（推計学）は，イギリスのフィッシャー卿が創始したとされます．彼が農事試験場で研究に携わっていた際に，5％という仕切りを使うと最も「便利」だというのが始まりだったようです．つまり，当時は便宜的な約束事だったものが次第に変質し，現代では強固な縛りのようになったのだと考えられます．

私たちの常識的な感覚でいうと，スポーツ選手のトレーニングであれば，コラムI-8にも示したように，50％の危険率でも受け入れる人は

たくさんいます．反対に，地震や津波などの自然災害に対して原子力発電所が破壊される危険率が5％水準では，受け入れられないという人が多いでしょう．

薬品の安全性のように，導いた結論が間違っていた場合の影響が深刻な場合には，1％水準（99％の確からしさ）を用いたりもします．逆に，社会科学のように対象の曖昧さが大きければ，10％（90％の確からしさ）を使う場合もあります．

危険率とは，ある仮説を採用するにあたり，それが間違っていた場合に受ける損失の程度を勘案し，どの程度まで許容できるのかを判断して決めているのです．いいかえると，社会や個人の価値観に基づいて「人間的」に決めているのです．対象とする問題が異なれば，その水準は大幅に変化するものなのです．

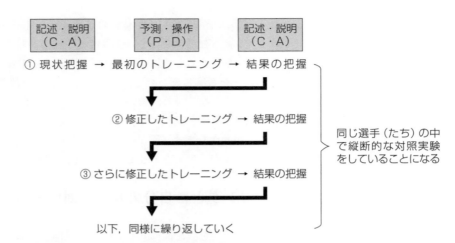

図Ⅰ-20　アスリートが自身で実行できる対照実験の形
　科学の4段階やPDCAサイクルの考え方に則して，自分の身体で①，②，③，…と
何度もトレーニングを重ねることで，自身の身体の法則が次第にわかるようになり，
未来に向けての予測精度も上がっていく．

を比較します．前者を横断的な比較，後者を縦断的な比較と呼ぶことができます．そ
して，自分（たち）の個性にも配慮した予測ができるという点では，後者の方がより
優れているといえるでしょう．
　前章で紹介したサッカーチームのように，課題を発見し，それを解決するトレーニ
ング計画を立てて実行し，その結果を再評価し，さらによいやり方を模索していく
ことを，PDCAサイクルと呼ぶことはp19の図Ⅰ-8で説明しました．これは科学の
4段階と似通っています．Pは予測，Dは操作，Cは記述，Aは説明および次回に向
けての予測，と置きかえられます．
　PDCAサイクルではP（予測）から始まり，科学の4段階ではC（記述）から始まり
ます．しかしサイクルを繰り返せば，やっていることは同じとなります．アスリート
がPDCAサイクルを行うことは，自分自身を対象として縦断的に対照実験を繰り返す
ことであり，それは科学「的」なトレーニングにもなっているのです．
　前章のp21で紹介した4行日記も，ここで言う科学的な手法に似ています．「事実」
は記述，「発見」は説明，「教訓」は予測，「宣言」は操作に相当します．科学というと数
字というイメージがありますが，このように言葉で可視化して，よりよいあり方を考
えていくことも，科学「的」なトレーニングに含まれると本書では考えることにします．

＜AL＞　あなたが今後，自身の身体でトレーニングの対照実験をしていこうとする
場合，どのような測定をしておけば役立つのかを考え，その項目を表に
リストしてみよう．

〈COLUMN I - 10〉

エビデンスのレベル

医療の分野では人の命を扱います．このため，研究や実践から得られた情報に対して，どの程度の普遍性を持つものなのか，その科学的な根拠（エビデンス）を厳格に問います．エビデンスのレベルというのは，普遍性の高さを意味します．

医療で用いられるエビデンスレベルは表の左に示したとおりで，1aから6まで8段階あります．難しい用語が多いので，右側にトレーニングの研究に当てはめて意訳してみました．それでもまだ難しい部分もありますが，ここでは細部には立ち入らず，以下の点だけ確認してください．

医療では，表の上に位置するほどレベルが高いと判断します．ただしこれは，一般人に対してあてはまる確率がより高くなる，という意味での価値観です．一方，個別性の重要性が増すアス

リートの世界では，この上下関係は必ずしも成り立たないことに注意していただきたいのです．

本文中でも述べましたが，対照実験の結果は一般人やレベルの高くないアスリートにはよく当てはまります．しかし，レベルの高いアスリートに対しては，当てはまらないことがしばしばあります．

逆に，一人のアスリートの事例であっても，このようなトレーニングをしたらこのようなすばらしい成績が出たといった事実があれば，その方がずっと大きなヒントになる可能性もあります．

トレーニングの研究や実践の場合には，1から6までに優劣をつけず，それぞれ強みと弱みがあることを認識して，有効活用していく態度が大切です．

	レベル		もとの表現	トレーニングの研究に対応させた場合
対照群あり	1	1a	ランダム化比較試験のメタ分析	複数の対照実験の結果を集め，改めて再分析をし，効果があるのかを検討する
		1b	少なくとも一つのランダム化比較試験	対照実験により効果があるかを検証する
	2	2a	ランダム割り付けを伴わない同時コントロールを伴うコホート研究	対照群を設定し，未来に向かって追跡調査する（同時期に実施する前向き研究）
		2b	ランダム割り付けを伴わない過去のコントロールを伴うコホート研究	対照群を設定し，未来に向かって追跡調査する（異なる時期に実施する前向き研究）
対照（群）なし	3		症例対照研究（ケースコントロール研究）	対照群を設定し，過去にさかのぼって追跡調査する（後ろ向き研究）
	4		処置前後の比較などの前後比較，対照群を伴わない研究	ある集団の変化を前後で見る（複数人を対象とした事例研究／報告）
	5		症例報告	ある1人の変化を前後で見る（1人を対象とした事例研究／報告）
	6		専門家個人の意見（専門家委員会報告も含む）	専門家（コーチやアスリート）の意見

エビデンスのレベル 高い ↑ ↓ 低い

ウイキペディアより引用（右の欄と欄外は著者が加筆）

<AL> Iaから6までのエビデンスレベルの内容を，もう少し詳しく調べてみよう．そしてトレーニング現場で用いる場合，それぞれの強みと弱みはどこにあるのかを考えよう．

表I-11　科学的なトレーニングの二つのタイプ

科学的なトレーニングという場合，これまでは第１種の科学が想定されてきた．しかしアスリートの需要を満たすためには，第２種の科学も併用することが必要である．

＜第１種の科学＞
科学の作法によって効果が証明されたトレーニング法を用いること

対照実験により95％以上の確からしさで証明された知見を用いる．しかし対照実験のほとんどは，一般人もしくは体力のあまり高くないアスリートを対象として行われているため，得られた知見はレベルの高いアスリートには当てはまらないことも多い．

＜第２種の科学＞
科学の方法論に則した手順でトレーニングを行っていくこと

科学の基本的な方法論である，①記述→②説明→③予測→④操作を，自身に当てはめて実行する．これを繰り返すことで個人内での対照実験となり，その回数が増えるほど未来予測の精度が高まる．個別性も踏まえて自分の法則を見つけられるので，アスリートにとっては現実的で，効果も高い．PDCAサイクルと呼ばれる技法も，この考え方と同じである．

・２種類の科学があると考えよう

以上を整理してみます．科学的なトレーニングという場合，２種類の形があるというのが著者の考えです．一つは，対照実験により95％以上の確からしさで効果が検証された方法を用いることです（図I-19）．もう一つは，自分自身の身体に科学の４段階をあてはめて，トレーニングを繰り返すことです（図I-20）．

表I-11はこの考え方をまとめたものです．両者の区別を明確にするため，仮に「第１種の科学」「第２種の科学」という名前をつけました．

前者は普遍性に着目した科学で，従来型の科学のことです．後者は個別性に着目した科学で，従来型の科学だけでは扱えない個別性の部分について，より柔軟な考え方で扱っていくという位置づけです．前者を狭義の科学的トレーニング，後者を広義の科学的トレーニングとも呼べると思います．

両者は，補完させて使いこなすことが大切です．たとえば，初心者や一般的なレベルの選手には第１種の科学の知見がよく当てはまりますが，同時に第２種の科学のような個別的な見方も重要です．一方，レベルが高いアスリートでは，第１種の科学が示す基本は押さえた上で，第２種の科学を自身に適用することの重要性がより高くなるといえるでしょう．

［まとめ］
・あるトレーニング法の効果を科学的に検証するには対照実験が必要である．しかしそれには膨大な手間がかかる．また，その知見は一般的な人には当てはまりやすいが，レベルが高いアスリートには当てはまりにくいという限界がある．
・科学とは，普遍性を求めるために個別性を排除してしまう．この意味からも，科学的に効果の検証されたトレーニング法だけでは，アスリートの需要は満たせない．
・科学とは，記述→説明→予測→操作という４段階を踏んで，自然界の法則を見い

だしていく方法論である．この手順を自身にあてはめてトレーニングを重ねることで，個人内での対照実験が成立し，個別性を踏まえた正解に近づいていける．

・正解のない世界で，よりよい方向性を求めるために用いられるPDCAサイクルの考え方と，科学が用いる4段階の手順とはよく似ている．

・普遍性に焦点を当てる科学（第1種）と，個別性に焦点を当てる科学（第2種）との2タイプがあると考え，両者を補完させて用いることが重要である．

4章　科学的なトレーニングの具体例

　科学的なトレーニングのあり方には，普遍性を扱う第1種の科学と，個別性を扱う第2種の科学とがある，と前章で述べました．どちらも大切ですが，アスリートにとっては後者の重要性がより高まります．そこで本章では，後者の具体例をいくつか紹介します．

　第2種の科学を用いたトレーニングとは，自分自身に科学の4段階（記述→説明→予測→操作）をあてはめて実行することです．その際に最重要なことは第1段階の「記述」ですが，それを行う際には機器で測定した数値データだけではなく，選手やコーチの主観を積極的にデータ化して活用することの重要性についても述べます．

・実用性の高い第2種の科学的トレーニング

　アスリートの場合，普遍性に焦点を当てる第1種の科学だけに頼ってトレーニングをしていては，求める需要を十分に満たせないと前章で述べました．そしてそれを満たすためには，自身の個別性に焦点を当てる「第2種の科学」の導入が必要だとも述べました．

　第2種の科学を用いるトレーニングとは，科学が自然界の法則を求める際に用いる4段階の手順（記述→説明→予測→操作）を，現在の自分（たち）に当てはめて実行していくことです．もっと簡単にいえば，PDCAサイクル（p19）を実行することだともいえます．

　自分を対照実験の被検者と考え，自身の身体の法則を自分で見つけていく作業ですから，アスリートにとっては高い実用性があります．しかも，自分の身体の法則性を探っていくこと自体，非常に興味深く，やりがいがあることです．

　本章では，著者のいる体育大学で，選手やコーチが取り組んだ第2種のトレーニングの事例を紹介します．著者のゼミに所属する学生のデータのほか，同僚からもデータを借りてきました．前章の表I-9（p27）に，科学的なトレーニングとは誰もができる身近なものと書きましたが，その好例といえるものを選びました．

　選手が自分一人で考えて取り組んだ例，機器を使わず紙一枚で行った例，選手やコーチの主観を言語や数値で可視化することで成功に結びついた例などです．種目もトレーニング課題も様々ですが，「考え方」の部分はそのような違いを超えて応用できます．自分にはどうあてはめればよいのか，と考えながら読んでください．

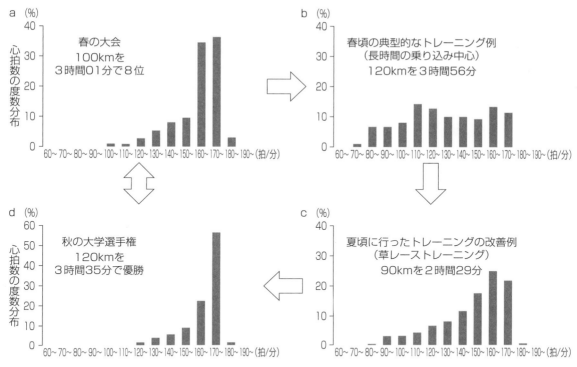

図 I-21　心拍計を用いてレース時とトレーニング時の運動強度を可視化する（中島，2006）

・自転車競技選手の例（例1）

　　まず，1人の自転車ロード競技選手が，心拍計を活用して競技力向上に成功した例を紹介します．このN選手は大学生としてはレベルの高い選手で，練習も自分ではしっかりやっているつもりでしたが，本番のレースでは中々勝てませんでした．このことから，現状のトレーニングのどこかに盲点があることが予想されました．

　　N選手は著者のゼミにいたので，PDCAサイクルを活用して競技力を伸ばし，その成果を卒業研究にまとめることにしました．その手始めとして，心拍計を使って練習時や試合時の様子を可視化し，自分の現状を把握するようアドバイスしました．

　　図 I-21aは，4年時の春の大会で心拍数を測った結果です．170拍前後の心拍数でレースをし，結果は8位と不本意でした．bはその頃の代表的な練習時の心拍数で，レースとは対照的に高強度運動の少ない練習となっていました．本人はこのデータを見て，このような練習では本番で勝てないのも当然だと納得できました．

　　そこでそれ以降は，高強度の練習を増やすことにしました．特に，小規模な大会に積極的に参加し，レース形式で高強度トレーニングをしました．cはその一例ですが，aのレース時と似た心拍数となっています．

　　このような練習を積んで秋の大学選手権に臨んだところ，優勝することができました．dはその時の心拍数です．春の大会時（a）よりもさらに高い心拍数を発揮でき

ており，高強度練習の成果が現れていることがうかがえます．

　N選手の試みを科学の4段階に当てはめると，心拍数を記録することが記述，そのデータを読み解くことが説明，それをもとに練習メニューを再考して実行することが予測と操作に相当します．つまりN選手は，自身の手で科学の4段階の考え方に則してトレーニングを改善し，成功したといえるのです．

　この例からもわかるように，競技レベルの高い大学生選手でも，自分の感覚だけに頼ってトレーニングをしていると盲点が生じることが多くあります．このような時には，現状を客観的な指標（ここでは心拍数）を用いて可視化してみることで，問題点に気づくことができ，的確な修正もできるのです．

＜AL＞ 心拍計を使ってあなたのトレーニングの現状を可視化するとしたら，どのような活用方法があるのかを考えてみよう．

〈COLUMN I–11〉

「汝自身を知れ」

　これは古代ギリシアの格言です．その言外には，それは大変難しいことだ，という意味が込められています．

　図は，自分のことを理解したり，周りの人とのコミュニケーションを深めるために使われる技法で，考案した2人の心理学者の頭文字をとって「ジョハリの窓」と呼ばれています．この考え方はスポーツ選手のトレーニングにも活用できます．

　Ⅰの窓は，自分も周りの人も知っていることがらです．Ⅱの窓は，自分だけが知らない部分，つまり盲点です．本人は自分の実力を高く評価しているが，周りの人からはそうは見えない，といった状態です．

　Ⅲの窓は，自分だけしか知らない部分です．人に言えない悩みなどがこれに相当するでしょう．

　Ⅳの窓は，自分も周りの人も知らない部分です．潜在的に高い能力を持っているが，本人も周りの人も気づいていない，といった場合です．

　競技力を向上させるためには，Ⅰの部分を大きくし，他の部分を小さくすることが必要です．Ⅱについては，周りの人が当人に伝える必要があり，Ⅲについては本人が打ち明ける必要があります．

　Ⅰ，Ⅱ，Ⅲについては，QCシート（図Ⅰ–26）などを使って可視化することで，よい方向に変えていけるでしょう．Ⅳについては様々な測定を行って，できるだけ現状の可視化を試みることで，思わぬ発見をすることもできるでしょう．

	自分に分かっている	自分に分かっていない
他人に分かっている	Ⅰ 開放の窓「公開された自己」(open self)	Ⅱ 盲点の窓「自分は気がついていないものの、他人からは見られている自己」(blind self)
他人に分かっていない	Ⅲ 秘密の窓「隠された自己」(hidden self)	Ⅳ 未知の窓「誰からもまだ知られていない自己」(unknown self)

（ウイキペディアより引用）

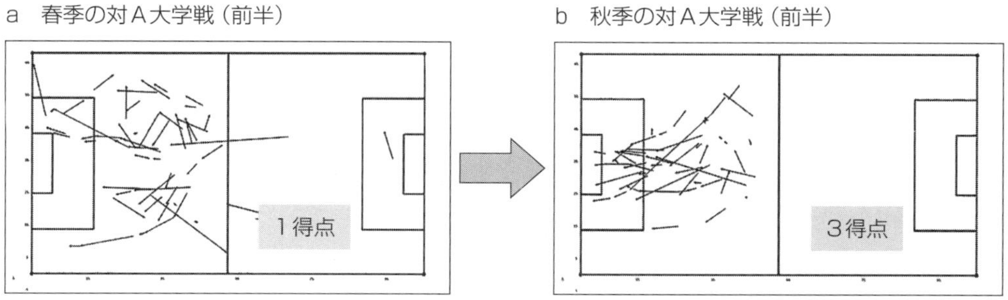

a　春季の対A大学戦（前半）　　　　　　b　秋季の対A大学戦（前半）

図Ⅰ-22　GPSでサッカー選手の試合中の動きを可視化する（甲斐ら，2018）

・サッカー選手の例（例2）

　　次はサッカー選手の例です．このM選手はフォワードですが，思ったように得点できないという悩みを持っていました．そこでGPSを身につけて，試合や練習でどのような動きをしているのかを可視化することにしました．

　　図Ⅰ-22aは，春季リーグでA大学と対戦した時の，この選手の動きです．フォワードなのにペナルティエリアに走り込むことが少ない，という現状が読み取れます．このデータを見ることで，本人も現在のような動きでは得点のチャンスがつかめないと納得できました．

　　そこでコーチは「難しく考えなくていいから，とにかくペナルティエリアに高速で走り込むことを意識しなさい」と助言しました．そしてその後も，試合時にGPSを装着してその時々の動きを可視化し，よりよい動きを追求しました．

　　bの図の方は，この選手が秋季リーグで同じA大学と対戦した時の様子です．春とは見違えるようなフォワードらしい動きになっています．そしてハットトリックを達成することもできました．

　　この事例では，GPSを活用して試合中の動きを可視化し，それを参考にしながら練習を工夫することで，戦術を向上させることができました．選手とコーチが協同で，記述→説明→予測→操作という作業を繰り返すことで成功したといえます．

・長距離走選手の例（例3）

　　これは女子長距離走選手の例です．日々の疲労や痛みの感覚を数値化して約40日間の記録を続け，そのデータをコーチが読み解いてトレーニングメニューを調節することで，ベスト記録を出すことができました．

　　図Ⅰ-23は，このM選手が日々の練習で感じた身体的・精神的な疲労感，そして膝や股関節の痛みの程度を，10cmの線分上に記録したものです．このように主観（■脚注1）を数値に置き換えて可視化する方法を，VAS（visual analog scale）法と呼んでいます．

　　ある日の練習で感じた疲労感や痛みを，1回だけ記録したとしても，あまり役には

48

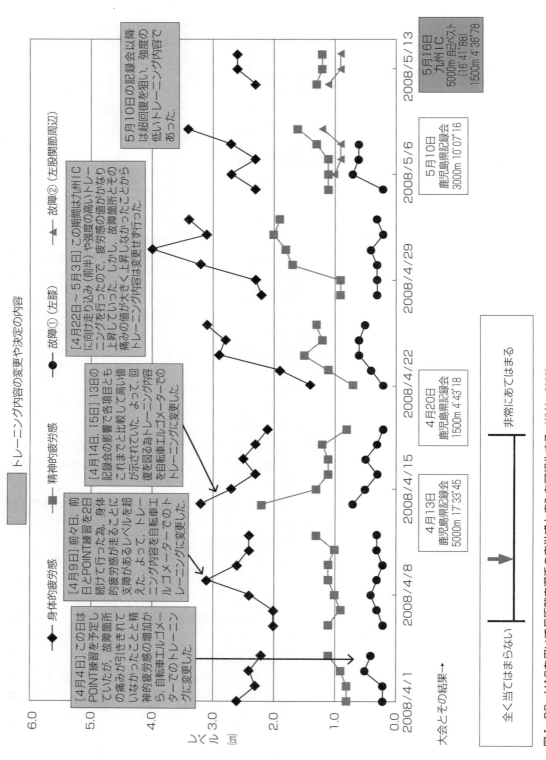

図 I-23 VASを用いて長距離走選手の疲労感と痛みを可視化する（松村，2009）

VASとは左下に示すように、10cmの線分をつくり、その線分差いして様々な主観値を数値化し、データとして扱えるようにする手法である。

立ちません．しかし，それを毎日続けて折れ線グラフを作っていくと，変化する傾向が見えてきます．コーチはそれを見て選手の現状を把握し，練習内容をきめ細かく調整することができます．

　この図を見ると，ある意図を持って練習をする→その時の感覚を選手が記録する→それをコーチが評価して練習に修正を加える→その感覚を選手が記録してコーチが再度評価する，というPDCAサイクルを毎日のように繰り返しています．

　見方を変えると，1人の選手を対象に毎日，記述→説明→予測→操作という科学の4段階を実行しています．毎日，条件を少しずつ変えた対照実験をしているともいえます．その繰り返しの回数が増えるほど，選手の特性や，よい方向に変えるための

〈COLUMN I-12〉

オーバートレーニングを回避する

　オーバートレーニングとは，トレーニングのしすぎで慢性疲労の状態に陥ることです．放置しておくと身体を壊したり，精神的に燃え尽きたりして，選手生命を絶たれることさえあります．

　同じ内容のトレーニングをしているのに，ひどくきつい／だるいとか，以前は楽しくできていたトレーニングに意欲がわかないといった状況があれば，その可能性があります．表の①〜⑤は，スポーツ選手が良いコンディションにある時の状態を示しています．この逆がオーバートレーニングに近づいた状態です．

　①〜⑤はいずれも主観的な指標なので，こ

の項目をただ眺めているだけではあまり役に立ちません．しかし図I-23のようなVASスケール（5段階または10段階の数値スケールでもよい），あるいは図I-26のようなQCシートの形式でそれぞれの様子を数値化し，変化の様子を見ていけば有益な示唆が得られるでしょう．

　オーバートレーニングのチェック項目には，ほかにも「寝付きが悪い」「目覚めが悪い」「食欲の低下」「体重の減少」「動悸」「息切れ」「めまい」「起床時や運動時の心拍数が通常時よりも高い」などがあります．必要に応じてVASやQCシートの項目に入れるとよいでしょう．

---

①無理なく良好なパフォーマンスが発揮されている
②パフォーマンスが安定している
③特別な苦痛や症状がない
④疲労しても回復が早い
⑤トレーニングに対して意欲がある

(川原，1992)

＜AL＞ この表に示された5項目を用いて，日々のあなたの様子をVASまたは数値スケールで可視化し，図I-23のような折れ線グラフを作ってみよう．その際，日々のトレーニング内容も併記して，数値の変動と関連づけて考察しよう．

方策が見えてくることが想像できるでしょう.

このグラフに書き込んだ4つの指標は,いずれも選手の主観です.従来型の「厳格」な科学の作法から見れば,妥当性や信頼性(■脚注2)に疑問を投げかけられるでしょう.しかし,科学者を納得させるためにやっているのではありません.選手を少しでもよい状態にすることに寄与できれば,現場としてはそれで十分なのです.

この例でもう一つ注目していただきたいのは,機器を使わずに紙1枚で科学的なトレーニングが実行できていることです.科学的なトレーニングは高価な機器を使って行うものと考える人がいますが,そうではないことがわかるでしょう.

■脚注1)主観とは,自分にはわかるが他者にはわからない感覚です.これを文字や数字などに当てはめて可視化することで,他者にも様子がわかるようになります.可視化された内容は主観なので不確実性も高いといえますが,スポーツの世界では主観が重要な役割を果たしていることは動かせない事実です.したがって,他者とも現状を共有しながらよりよいあり方を模索するためには,主観の可視化という作業が不可欠であるというのが本書の主張です.

■脚注2)妥当性とは測りたいものを正しく測定できているのか,信頼性とは同じ状況下で測定した場合に同じ値が得られるのか,という意味です.ここでの例でいうと,妥当性とは選手の疲労感や痛みを正しく数値化できているのか,信頼性とは同じ状況で何度か選手が記録をつけた時には同じ値を示すのか,ということになります.

・バレーボール選手の例(例4)

図I-24は,男子バレーボール選手のスパイクジャンプ高を改善するために用いた手法です.これも機器は使わずに紙一枚で行っています.よいスパイクジャンプをするのに必要な動作条件を6つあげて,各選手がどれくらいのレベルにあるのかを,2名のコーチがVASスケールで評価しました.

この図はD選手の評価結果です.2人のコーチはこの選手のスパイクジャンプの動画を別々に見て,相談をせずに評価したのですが,ともに「助走速度」と「沈み込み」を低く評価していました.つまり,この選手の弱点がこの2カ所にあることが記述(可視化)できたことになります.

この評価シートを選手に渡し,「1週間,自分でこの弱点を克服するための工夫をして,ジャンプ高を高める努力をしなさい」と指示しました.そしてD選手はそれに取り組み,1週間でジャンプ高を5cm伸ばすことができました.

図I-24に示された記述内容とは,コーチの経験に基づく暗黙知(■脚注)を数字で可視化したものです.従来型の科学では,このようなデータには客観性がないと考

■脚注)暗黙知とは,その人の経験や勘をもとに培ってきた知恵のことで,そのままでは当人にしか使えません.この暗黙知を言語化することを「暗黙知を形式知で表す」と呼びますが,これができれば他者でも活用できる可能性が出てきます.ただし,ある人の暗黙知を全て言語化して他者に伝えることは不可能だという認識も,また持っておくことが必要です(p181のコラムⅢ-4を参照).

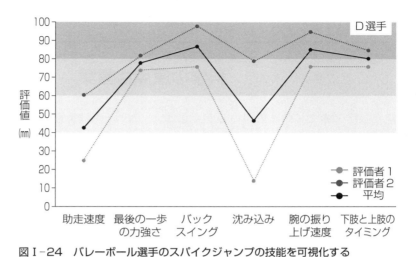

図Ⅰ-24　バレーボール選手のスパイクジャンプの技能を可視化する
（森ら，2018）
　このデータを見たD選手は自身でトレーニングの工夫を行い，1週間でジャンプ能力を83cmから88cmへと改善させることができた．

　えて，排除しようとしてきました．しかし，熟練したコーチの目には共通性があることが，この図からわかります．

　そもそも現場では，選手とコーチとは日常的に主観を言語で表現してコミュニケーションをしています．したがって，主観を排除して，客観データだけで現場の問題を解決しようとしても，うまくいきません．従来型の科学だけに固執していると，スポーツの現場にとって大切な情報を見失うことになるのです．

　この事例の特色の一つは，選手のパフォーマンスに対してコーチが全体的・総合的に捉えている印象を，6つの要素に分けて評価したことです．こうすることで，このデータを見た選手には新たな気づきが生まれ，改善にも成功しました．コーチの側でも，このような評価を行うことで新しい気づきが得られたとのことでした．

　この事例には次のような特色もあります．それは，科学の4段階のうちの1段階目の「記述」をコーチが行い，その結果を選手に示して2段階目以降の改善の工夫（説明→予測→操作）は選手に任せているのに，能力は改善していることです．適切に可視化されたデータを選手に示すことができれば，あとは選手自身で考え，改善していくことも可能なのです．

＜AL＞　あなたの種目で求められる重要な技術を一つ取り上げ，同じ種目に携わる仲間とも意見交換をしながら，図Ⅰ-24のようにいくつかの構成要素に分けてみよう．そして，ある選手の評価を複数名で行って，一致度の高い結果が得られるかを確認しよう．一致度が低い場合には，要素分けの仕方や，評価視点の再確認を行い，よりよい評価となるように検討してみよう．

〈COLUMN I－13〉

科学の原点は言葉

科学＝数字と考えている人がいるかもしれません．理科系＝数字，文化系＝文字（言葉）だと思っている人もいるでしょう．しかしそうではありません．

そもそも数字とは言葉の一種です．数学や物理学では，ひらがなや漢字といった文字を使うよりも，それを単純化・理想化した数字を使う方が，自分で考えるにも他者と意見交換をするにも便利で，間違いも起こりにくいのでそうしているのです．つまり科学の原点とは言葉で表現することなのです．

トレーニング科学の分野でも言葉は重要なデータとなります．以下は，サッカーの日本代表選手であった中村俊輔選手がつけていた練習ノート（サッカーノート）について紹介した新聞記事の要約です．

「高校2年時からつけ始め，ずっと続けている」「悩んだときに読み返す」「節目には長期・中期・短期の目標を書き出す」「試合の前には3つの目標を立てる．ただし勝つ，チームワークといった抽象的な目標ではなく，具体的に書く」「試合が終わったら，攻守の成果と反省点を書く．なぜそうなったのかという理由と，どうすれば改善するのかを考える」などです．

自分の頭の中にある漠然とした考えを言葉で書き表すことは，そのままでは形をなしていない暗黙知を，文字という第三者にもわかる媒体（形式知）に変換することです．いいかえると，科学の第一歩である記述に相当するのです．

中村選手は「この繰り返しで，努力の仕方，進歩するためのコツがわかった」とも述べています．ノートに言葉で書くという「記述」を重ねることで，→説明→予測→操作を自分の手で実行できるようになった，ということです．著者の目から見ると，これは立派な第2種の科学的トレーニングになっています．

練習日誌をつけているアスリートは多いでしょう．それを一歩進めて，記述→説明→予測→操作という流れを意識して書くようにすると，得られるものもさらに豊かになるでしょう．

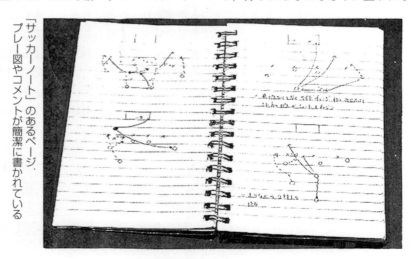

「サッカーノート」のあるページ．プレー図やコメントが簡潔に書かれている

中村俊輔選手の「サッカーノート」（朝日新聞，2009）

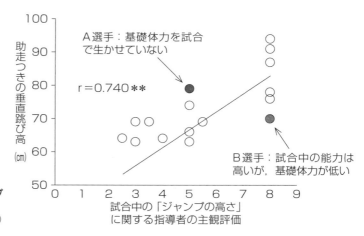

図Ⅰ-25　バスケットボール選手のジャンプ
能力を主観・客観の両面から可視化する
（小原ら，2018の資料から作成）

・バスケットボール選手の例（例５）

　　球技スポーツの競技力には，体力だけではなく，技術や戦術の要素も大きく関与してきます．このため，コーチが「体力はあるが試合では使えない」と評価する選手も出てきます．またこのような理由で，チームで体力測定はしているものの，測定するだけに終わっている場合も少なくありません．

　　図Ⅰ-25は，女子バスケットボール選手を対象に，体力テストの結果をもっと生かそうとした試みです．指導者が評価した試合中の様々な能力と，体力測定の結果とを組み合わせることで，選手の課題を見出そうとしたものです．

　　この図は，ジャンプ能力についての評価結果です．横軸には指導者から見た試合中のジャンプ能力を，縦軸には基礎体力としての垂直跳びテストの成績をとって，各選手の位置を示しています．前者は指導者の主観を数値に置き換えたデータ，後者は体力テストで得られた客観的な数値データです．

　　両者の間には，ある程度の相関が見られますが，同時にある程度のばらつきもあります．各選手がこの図でどこに位置するのかを見ることで，その特性がわかります．たとえばA選手は，垂直跳びテストでは比較的よく跳べていますが，試合でのジャンプ能力はチームの中位にしか評価されていません．一方でB選手は，垂直跳びはあまり跳べていないのに，試合中のジャンプ能力は高く評価されています．

　　したがってA選手には，基礎体力はよいが試合でその能力を十分発揮できていないので，試合中に跳べるような技術や戦術の改善が優先課題だとアドバイスできます．B選手には，基礎体力としての垂直跳び能力をもっと向上させれば，試合中のジャンプ能力ももっと高まるかもしれない，と助言できます．

　　従来は，客観的なデータで表せる測定（この場合では垂直跳び）だけが科学のまな板に乗ると考えられていました．しかしそう考えていては，一面的にしかものが見えず，主観が中心で動いている現場には役立ちません．現場の指導者が持っている主観も可視化し，これに客観的なデータを組み合わせることで，得られる情報はずっと豊かになるのです（この問題はⅢ部の１章で詳しく考えます）．

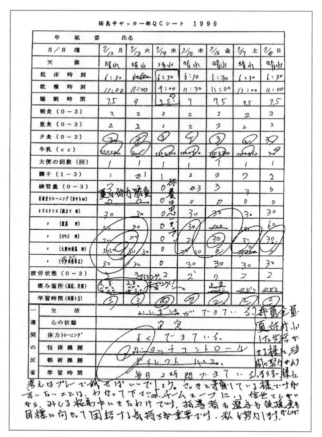

図Ⅰ-26　QCシートを用いて生活全体を可視化する（金高ら，2004）
　　　数字，記号，文字を使って記入を続けることで，指導者はもとより，選手にも気づきが生まれる．
　　　さらにはこのデータをもとに，両者がコミュニケーションを深めることもできる．

＜AL＞ 図Ⅰ-25のA，B以外の選手についても，各人が今後取り組むべき課題とは
何かについて，当事者になったつもりで考えてみよう．

・日常生活も含めて可視化する（例6）

　　図Ⅰ-26は，選手の日常生活にも着目し，その様子を数値，記号，言語を用いて記録し続けることで役立った例です．Ⅰ部2章(p17～20)で紹介した中学生のサッカーチームが用いたものです．よりよい方向に向かって進めるように，トレーニングの行程を管理するという意味で，QC（quality control）シートと呼んでいます．これも機器は使わずに紙だけで実行しています．

　　選手は毎日，食事や睡眠といった生活の様子，トレーニング時の疲労感や痛みなどを，数値や記号で記入しています．1週間の終わりには，その週全体を振り返っての反省や，翌週に向けての展望を文章で記入し，指導者に提出します．そして指導者は

それを確認し，コメントも入れて選手に返しています.

　このシートをつけ続けることで，指導者の方では各選手の現状を常時把握することができました. 生徒の方でも自分の現状に気づいて，足りない点を自主的に直そうとするようになりました. またこの資料を介して，生徒と指導者とのコミュニケーションが深まり，チームはよい方向に変化していきました.

　従来的な科学の作法から見れば，このような主観的な記述にどれだけ妥当性や信頼性があるのか，と言われるでしょう. しかし，このシートに掲げた栄養，休養，疲労度などを，従来型の科学の方法（たとえば血液検査）で評価しようとすれば，専門的な測定機器やスタッフが必要となり，ほとんどの現場では実施が困難です. たとえできたとしても，たまにしか実施できないでしょう.

　しかし現場では日々，少しでもよさそうな方向に進まなければなりません. そう考えると，たまにしかできない検査データだけから判断するよりも，このシートのように主観も含めた簡易な評価項目で日々の様子を可視化し，よりよい方向性を考えていく方が現実的で，効果も高いといえるでしょう. また，このような作業は中学生でもできる，という点にも注目してほしいと思います.

＜AL＞　自分用のQCシートを作ってみよう. 項目を決める際には，記入を続けることで自分にとってどのような未来予測が可能となるのかを考えよう. また実際に，一定の期間にわたり記録をつけ続け，よりよい予測ができるような項目や記入方法に改良してみよう.

・可視化することで視点が倍増する

　ここまで，第2種の科学的なトレーニングに関する6つの事例を紹介してきました. 図Ⅰ-27はその意義をまとめたものです. データにより可視化（記述）することがなぜ有効なのかを概念図で示しています.

　まず，選手が自分で考えることを，第1の視点と呼ぶことにします（①）. しかし自分一人では，一生懸命に考えても限界があります.

　コーチがいる場合には，第2の視点ができることになります（②）. 選手が気づかないことにも気づいて，色々とアドバイスをしてくれるでしょう. 一般的なアスリートの場合，このような形でトレーニングが行われることが多いでしょう.

　ここで，何らかの測定をして，選手の現状をデータで可視化できたと考えてみます. これは第3の視点ができることといってもよいでしょう（③）. それによって，選手はもとよりコーチにも，今までにない気づきが得られます（黒色の矢印）.

　たとえば例1（自転車競技）では，試合時と練習時の双方の心拍数を可視化したことで選手自身に気づきが生まれ，練習を見直すことができました. またその後の練習でも，この作業を繰り返すことで，よい方向に進んでいるかを確認できました.

　また例4（バレーボール）では，コーチの暗黙知を数値化して選手に示すことで，選手は自分の弱点を認識できました. そしてその後は，コーチに頼らず自分でトレーニングを工夫し，スパイクジャンプの能力を向上させることができました. コーチの

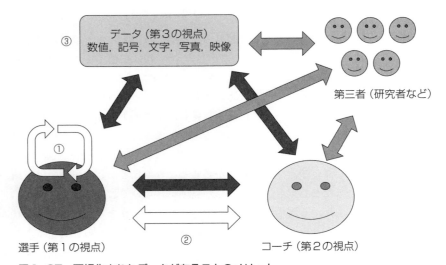

図Ⅰ-27　可視化されたデータがあることのメリット
　データの存在により，自分たちで考えられる幅（黒の矢印）も，第三者から受けられる
アドバイスの量（灰色の矢印）も大きく増えることになる.

側でも，自分の暗黙知を数値化することで改めて気づきが得られました.

　可視化されたデータがあると，選手・コーチだけではなく第三者，たとえば研究者
にもその様子がわかります. そして研究者ならではの専門的な知識を加えて助言でき
る，といったメリットも生じてきます（灰色の矢印）.

　第3の視点，すなわち可視化されたデータがあることで，考えることの幅やコミュ
ニケーションの幅が大きく拡大します. 図Ⅰ-27でいうと，黒や灰色の矢印の分だけ
引き出しが増えるのです. ①や②だけで考えている場合と比べて，視点が大きく増え
ることがわかると思います.

<AL>　例1～例6も参考にして，自分あるいは自分たちのチームで何らかの可視
　　　　化を実行したことによって，記述→説明→予測→操作という流れで課題解
　　　　決に寄与した事例をあげてみよう.

・最も重要なのは「記述」

　選手やコーチは科学に対して，現状を改善するための具体的なメニュー，つまり正
解をずばりと教えてくれるもの，という期待をしがちです. 科学の4段階でいえば，
最終段階の操作の部分を科学に求めているのです.

　研究者の側でも同様に，選手やコーチに正解を教えなければならない，という意識
が強いように思います. このため従来は，正解を求めようとして第1種の科学，つま
り実験室的な研究に力を注いできました.

　それも大切なことですが，第1種の科学実験には莫大な時間や労力がかかるので
（p31～35），現時点で解明されていることには限りがあります. またその知見は，

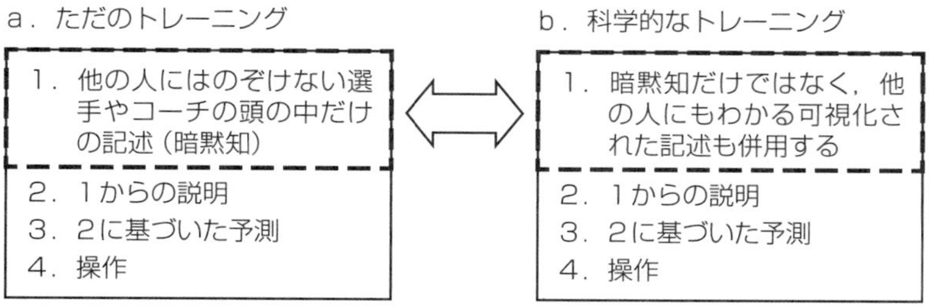

図Ⅰ-28　ただのトレーニングと科学的なトレーニングとの違い

（山本，2018）

　１～４のステップはどんな選手・コーチでも行っている．１の記述の段階で，当事者の暗黙知だけではなく，誰の目にも見えるような可視化されたデータも活用しているか否かが，ただのトレーニングと科学的なトレーニングとの違いとなる．

レベルの高いアスリートには当てはまりにくいという限界もあります（p36～38）．

　本章で紹介した６つの事例について，第１種の科学だけに頼ってトレーニングすることを想像してみると，その困難さがわかると思います．一方で，第２種の科学を使えば，選手の個別性を尊重した小回りの効く処方ができることもわかるでしょう．

　なお，これら６つの事例を見れば，第２種の科学で最重要なのは，第１段階の「記述」，つまり現状の可視化だということがわかると思います．記述をするだけでは正解はわかりません．しかしよい記述ができれば，あとは選手やコーチが自分自身で考え，工夫しながら正解に近づいていけるのです．

　PDCAサイクルでいえば，「check」が重要だということです．チェックするといっても頭の中だけで考えるのではなく，データとして可視化してからチェックすることが大切です．それにより図Ⅰ-27のように視点が大きく広がるのです．

<AL>　例１～例６について，従来型の科学のやり方を固守してトレーニングを成功させようとした場合，どのような手順を踏まなければならないのかを考えてみよう．

・科学的なトレーニングとただのトレーニングとの違い

　図Ⅰ-28は，科学的なトレーニングとただのトレーニングとで，何が違うのかについての著者の考えを示したものです．両者の違いは，第１段階の記述のところで，可視化されたデータがあるかないかによります．違うのはそこだけです．

　どんなアスリートでも，自分の能力を伸ばそうと日々努力しています．ここでただのトレーニングというのは，現状を頭の中だけ，つまり暗黙知だけで把握し，それをもとに説明→予測→操作を行っていることを言います．科学の４段階は踏んでいると言えなくはないものの，視点は狭いものになってしまいます．

　一方，科学的なトレーニングというのは，暗黙知で考えるだけではなく，自分，コーチ，また第三者にも見えるようなデータを示し，それも参考にしながら考えていくこ

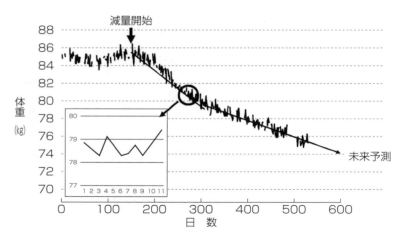

図 I-29　予測能力はデータを積み重ねることで生まれてくる (山本, 2016)
　1〜2週間程度の記述では，体重の変化傾向はとらえきれないが，もっと長
期間の記録をつけることで，はっきりと傾向が見えてくる．科学的な方法と
は，はじめは地道な積み重ねの努力が必要だが，長く続けるほど威力を増し，
未来予測もより的確にできるようになる．

とです．可視化されたデータがあると視点が倍増するので（図 I-27），より的確な判
断を下しやすくなります．
　また，可視化されたデータがあることで，選手が納得して取り組める，そして自身
でも積極的に考えながら取り組める，というメリットも生じます．例1〜例6を見る
と，選手たちは盲目的にやらされているのではなく，主体性を持って取り組んでいま
す．これも成功するための大きな要因です．
　なお例3，例4，例5，例6では，主観を可視化して活用しています．主観には曖
昧さもつきまといますが，その点は認識し，曖昧さにより生じてくるエラーは日々繰
り返すPDCAサイクルの過程で修正するもの，と考えればよいでしょう．

・予測精度を上げるには？

　選手やコーチが科学に期待するのは予測能力の高さです．どうすればそれを実現で
きるでしょうか．それは記述の積み重ねを増やすことです．以下，このことを体重減
量の例で考えてみます．
　図 I-29は，著者が減量をしたときの経過をグラフにしたものです．減量を約1年
続け，その時の体重をほぼ毎日記録しています．減量期間中には体重がきれいに低下
していることがわかります．このラインを延長すれば，1カ月後にはこれくらいの値
になるだろう，といった未来の予測もできます．
　一方で，○の部分を拡大したデータを見てください．これは減量が順調に進んでいる
期間から10日分のデータを抜き出したものです．しかしこれを見ても変動が大きくて，
体重が減っているのか否かもわかりません．まして将来の予測をすることは不可能です．
　いいかえると，散発的な測定では予測はできないということです．予測の精度を上

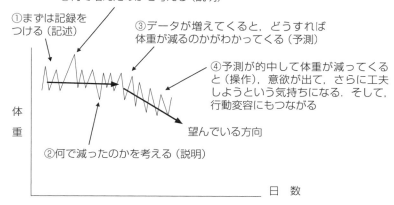

図I-30　記録をとり続けることの効果
　データを蓄積させることで，普段見過ごしていることが見えるようになり，
自分の身体の法則性にも気づくことができる（記述と説明），その結果，どう
すればよい方向に変えられるのかもわかってきて，予測や操作が可能となる．

げるには，地道なデータの積み重ねが必要なのです．データは蓄積することで初めて，
科学のまな板に乗るようになるとも表現できます．

　図I-30はこれを概念図にしたものです．体重の記録（記述）を積み重ね，その変
動を自分の目で見続けると，やがては自分の身体の法則性に気づいてきます（説明）．
そして，こうすればよい方向へ変化するだろう，という考えも生まれてきます（予測）．
あとは実際にそれを試してみるだけです（操作）．

　それが1回でうまくいく場合もあれば，いかない場合もあるでしょう．うまくいか
なければ説明→予測の段階に戻って再考し，うまくいくまで行います．この繰り返
しの中で，自分の身体の法則性がもっとよくわかり，最終的には自分の身体を自在に
コントロールすることも可能になるでしょう．

　この考え方は体重の減量に限らず，トレーニングという行為全般に当てはまりま
す．客観的なデータであれ，主観的なデータであれ，記述データの量を増やしていく
ことで，今まで見えなかった法則性が見えるようになり，自分で自分の身体をよい方
向に変えていけるようになります．前出の例1，例2，例3，例6を見ても，データ
を積み上げることで予測を高めていったことが想像できるでしょう．

・科学的なトレーニングのあるべき姿とは

　天気予報を考えてみます（図I-31a）．昔と比べるとかなり予報は正確になりまし
た．その要因は二つあります．一つは世界各地の現時点でのデータを詳しく集められ
るようになったこと，もう一つは過去から現在までのデータもたくさん蓄積されてき
たことです．

　つまり，各地の横断的なデータと縦断的なデータとが集積されることで，「このよ
うな状況では，このようになる確率が高い」ということがわかり，予測の精度が上がっ

a
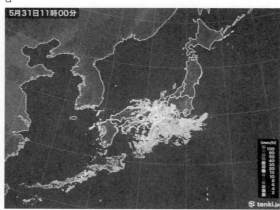

b

図Ⅰ-31　予測の精度は横断的・縦断的なデータの蓄積状況に依存する
　気象予報では，データを横断的かつ縦断的に詳細に集められるので，比較的正確な未来予測が可能になる（a）．一方で火山の爆発や地震の場合には，十分なデータが集められないため，予測は困難なものとなる（b）．

表Ⅰ-12　「科学的なトレーニング」のあるべき姿
　科学が正解をまるごと教えてくれるわけではない．科学の考え方を活用して，自分の個別性に応じた正解を見つけていくことが，アスリートにとっての科学的なトレーニングの姿である．

①科学者がいないとできない
②高価な機器がないとできない
③誰にでもあてはまるような普遍性を持つ
④それをやるとすぐに強くなれる
⑤失敗することがない
⑥効果が科学的に証明されている方法で行う

①選手やコーチが自身で実践することに本当の意義がある
②主観を紙に書いて可視化するだけでも実行可能
③「個別性の原則」により，万人にとって一律に有効な方法はない
④データは蓄積しないと威力を発揮しないので，時間がかかる
⑤失敗もあるが，PDCAサイクルを繰り返すことで，同じ失敗を回避できる
⑥科学的に証明された既存の知見も参考にはなるが，明らかにされていることは限られているので，あわせて自分自身の身体でデータを積み上げ，科学的なトレーニングを自ら実行することが重要

たのです．
　一方，地震や火山の爆発はどうでしょうか（b）．日本ではこれらによる災害がしばしば起こります．しかしこれだけ科学が発達した現在でも，避難のための時間的余裕を持って予知することは困難です．その要因は，気象データのように予測が可能なレベルでのデータの蓄積が，いまだにできていないことによります．
　私たちがトレーニングをする場合には，天気予報と同じことをすればよいのです．

第1に，自分と他者のデータを横断的に比べ，どう違うのかを確認することです．第2に，自分のデータをとり続け，その変化を縦断的に観察することです．その際，前者では第1種の科学，後者では第2種の科学が役に立っているといえるのです．

　表Ⅰ-12は，前章の表Ⅰ-9（p27）を受けて，科学的なトレーニングのあるべき姿をまとめたものです．科学的なトレーニングとは，一人ひとりの未来をずばりと予測したり，正解をまるごと教えてくれるものではありません．そう考えては，科学が占いや新興宗教のようになってしまいます．

　科学イコール正しいことではありません．楽をして強くなれる方法論でもありません．科学的なトレーニングとは，自分で使いこなす努力を続けて，はじめて自分の役に立つものなのです．

＜AL＞　表Ⅰ-12の下段に示した①～⑥を現在の自分のトレーニングにあてはめて，今後どのように改善していけばよいのかを考えてみよう．

［まとめ］
・アスリートがトレーニングを行う場合，科学の4段階（記述 → 説明 → 予測 → 操作）のうちで記述（可視化）の部分が最も重要である．的確な記述ができれば，それを選手に示し，あとは本人の工夫で改善していける場合も少なくない．
・記述されたデータがあると，自分自身との対話，コーチとの対話，第三者（研究者など）との対話が新たな視点で成立し，改善のためのヒントが大幅に増える．
・機器による測定データだけが記述なのではない．選手やコーチの主観を言語，記号，数値などで可視化（データ化）していくことも重要である．
・機器で測定したデータと，主観を可視化したデータとを組み合わせることで，真の意味で現場の需要に応えられる情報を見出すことができる．
・トレーニングを成功に導くための予測の精度は，上記のような可視化されたデータを蓄積させるほど高まっていく．

II部 トレーニングを実行する

　アスリートは競技力を上げるために日々練習をします．レベルが高くなるほどその量も増えるでしょう．しかし，専門練習の量を増やすほど競技力が上がるといった単純な関係ではありません．人間の身体には許容限界があります．またそもそも，スポーツだけをやっていればよいわけでもありません．

　このような制約の中で成果をあげていくには，量だけではなく質の改善にも目を向けることが不可欠です．具体的には，専門練習の中に補助トレーニングを上手に組み込むことがポイントとなります．

　II部ではこの問題に焦点を当てて，効果の高いトレーニングを実行するための基礎知識を紹介します．あらゆる身体運動は筋が活動することによって生じます．ここで，筋が発揮する能力を，力，スピード，持久性の3要素に分けて考えると整理しやすくなります．3つのうちどの能力に過負荷をかけるのかをはっきり意識することが，トレーニング効果を高めるための第一歩になるのです．

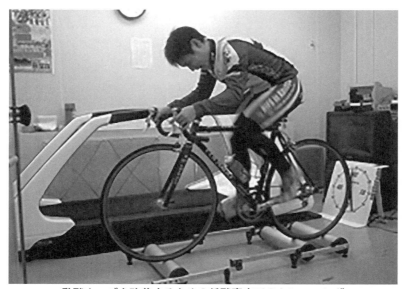

乳酸カーブを改善するための低酸素室でのトレーニング

64

II部

1章　専門練習と補助トレーニング

　トレーニングの原則の中でも，特異性と過負荷の2つは特に重要です．これを野球のピッチャーにあてはめてみると，どのような答えになるでしょうか．毎日，全力投球をたくさん行えば，両方の原則を満たすよいトレーニングになるでしょうか？　答えは否です．そんなことをすれば肩を壊してしまうでしょう．

　トレーニングの目的は試合でのパフォーマンスを高めることにあるので，試合時と同じ形式の専門練習を積むことは大切です．しかし，それだけをたくさんやっても伸びは頭打ちとなり，故障にもつながります．専門練習と並行して適切な補助トレーニングを導入することが，この相反性を解決するための答えとなるのです．

・専門練習だけでは頭打ちになる

　図II-1は，スポーツ選手のパフォーマンスの向上過程を概念図にしたものです．自分が携わってきた種目を頭に置いて考えてみてください．その種目を始めた当初は，体力も技術も順調に伸びるでしょう．しかし何年も続けていると，次第に伸びが緩やかになり，やがて頭打ちの様相を呈してきます．

　この図は，発育と重ね合わせて考えることもできます．子どもの頃は身長が伸び，体重も増え，筋も発達します．したがってスポーツに取り組んでも，その効果ははっきりと現れます．しかし，大学生の年代になると発育も終了し，自然の成長に頼った

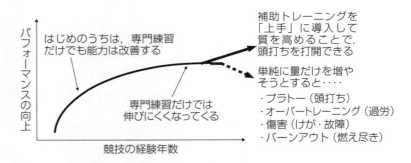

図II-1　補助トレーニングの意義
　その種目を何年も続けてきた人では，大学生以降の年代になると頭
　打ちになりやすい．その際，専門練習を単純に増やすだけでは，頭
　打ちを打開することは難しい．

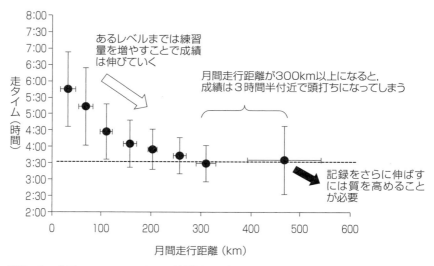

図Ⅱ-2　市民マラソンランナーの練習量と記録との関係（森ら，2016を一部改変）
　　706名の男性ランナーを対象とした調査結果．練習量（月間走行距離）をある程度
まで増やすことは重要だが，一定のレベルに達すると，単純に量を増やすだけでは
記録は伸びなくなる．

競技力の伸びは期待できなくなります．
　アスリートの多くは小～中学校でそのスポーツを始めます．したがって大学入学時
には経験年数も長く積み，成長期もほぼ終了し，図Ⅱ-1でいうとちょうど頭打ちが
来るあたりに位置します．実際に彼らを見ていると，高校時代に出したベスト記録を，
4年間の大学生活で更新できずに卒業していく学生もいます．
　このような状況にぶつかった時，どうすればよいでしょうか．誰もが考える方策と
は専門練習の量を増やすことです．しかし大学生アスリートのように過去に多くの練
習をこなしてきた人では，単に練習量を増やすだけでは問題は解決しません．
　なぜならば，練習量を増やすだけでは身体の特定の部位には負担がかかり過ぎる一
方で，ほかの箇所には十分な負担がかからない，という状況を招くからです．その結
果，オーバートレーニング（過労），傷害（けがや故障），バーンアウト（精神的な燃
え尽き）を招き，状況はもっと悪い方向に行ってしまいます．

＜AL＞　あなたの種目では，専門練習だけをたくさん行ったとした場合に，負荷の
　　　　かかりすぎる部位はどこか，また負荷が十分にかからない部位はどこかを
　　　　考えてみよう．

・市民マラソンの例

　図Ⅱ-2は市民マラソンランナーを対象として，彼らの普段の練習量とレースでの
成績との関係を調査した結果です．1カ月間の走行距離（月間走行距離）が少ない人
ではタイムが遅く，多い人では速いことがわかります．

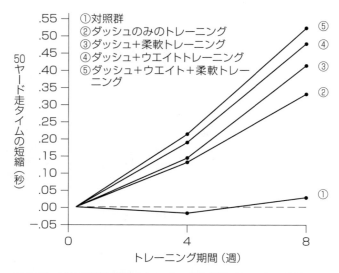

図Ⅱ-3　専門練習に補助トレーニングを付加することの効果
(Dintiman, 1964)
ダッシュ能力の改善におよぼす補助トレーニングの効果について検討した
古典的な研究．145名の大学１・２年生を無作為に５グループに分けて，
８週間のトレーニングを行っている．

　たとえば月間走行距離が50km以下の人では，平均で６時間近くかかっています．
一方，100kmの人では４時間半，200kmの人では４時間，300kmの人では３時間半程
度と，走行距離が長い人ほど短いタイムで走っています．つまりよい成績を出すには，
普段の練習で走行距離を増やすことが必要条件なのです．

　ただし両者の関係は，直線ではなくカーブを描いていることに注意してください．
走行距離が少ない人では，練習量を少し増やすだけでも記録は大きく伸びます．しか
し走行距離が多い人では，練習量を増やしてもタイムの伸びは鈍くなり，300kmを超
えると伸びは止まってしまいます．

　練習量は多いのに成績が思うように改善しない場合には，単純に走行距離を増やし
ても状況はよくなりません．そればかりか，無理に練習量を増やせば身体が壊れてし
まう可能性があります．

　このような場合には練習の質を高める工夫が必要です．具体的には，スピード練習
や筋力トレーニングなどの導入を考えます（人によっては練習量を減らして，もっと
休養をとる必要があるかもしれません）．

　このように，本番のレースで行う運動と並行して，本番とは異なる様式の運動を補
助的に組み込むことで，本番での成績を改善させようというのが補助トレーニングの
発想です（■脚注）．

　図Ⅱ-3は，この問題を検討した古典的な研究です．ダッシュ能力を改善するという
目的に対し，ダッシュ練習だけをやっていても記録はある程度までは伸びます．しかし，
これにウエイトトレーニングや柔軟性のトレーニングを組み合わせることで，記録の
伸びはもっと大きくなることがわかります．

　この場合，ウエイトトレーニングの方は，筋活動の出力を大きくすることでパフォーマンスの改善に貢献します．また柔軟性トレーニングの方は，筋活動の効率をよくすることでその改善に貢献しているのです．

■脚注）長距離走選手の例でいうと，走ることによって体力や技術を向上させようとするのが専門練習です．ただしジョギングやスピード練習などは補助トレーニングの意味合いが強いともいえます．本書では厳密な仕切りは設けず，本番の試合で行う運動の様式・強度・時間に近いものほど専門練習「的」であり，遠いものほど補助トレーニング「的」であるというように，連続的な概念と考えることにします．

〈COLUMN Ⅱ-1〉

動作のコツをつかめば短期間でもパフォーマンスは改善する

　著者のゼミでは，夏休みに各自が課題を決めてトレーニングをし，その成果を報告しあうことにしています．この図は，大学院生のY君が自分のジャンプ能力を伸ばそうと取り組んだ結果です．

　彼は，中学時代から陸上の跳躍選手でした．大学1年でけがをして自転車競技に転向しましたが，それでもその4年後には全日本大会で優勝したというアスリートです．ただし今では現役を引退し，トレーニングはほとんどしていません．体重も当時より10kg増え，そのうち7kg近くは脂肪の増加です．

　そんな状態であるにもかかわらず，6週間の取り組みで垂直跳び高を63cmから75cmへと，

12cmも増加させました．しかも，跳躍選手時代に出した70cmというベスト記録を5cmも更新したというのですから驚きです．

　トレーニングの第1期では垂直跳びそのもの，第2期では椅子を用いたフォーム矯正を行いました．第3期では，股関節の切り返し動作と，その際の柔軟性を改善するための補助トレーニングをしています．

　どの期でも，主運動は1日に2種類の全力ジャンプを各7回行っただけでした．そして正味20回のトレーニングでこのような大きな成果が得られたのです．

　最も効果があったのは第3期のトレーニングで，ここで高くジャンプするためのコツ（運動意識）がつかめるようになったとのことです．現役時代にこのトレーニングをしていたらどこまで伸びたのだろうか？ と思ってしまいます．

　現代のアスリートは，体力の改善に多くの時間をかけています．しかし動作の改善にももっと注意を向け，工夫をすることが大切ではないでしょうか．Y君の事例を見て，そのことを強く感じました．

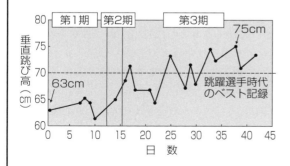

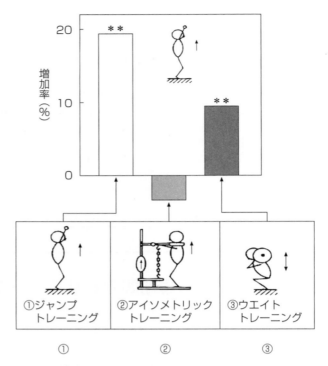

図II-4　3種類の単一トレーニングの効果の比較（金子ら，1983）
　1つだけの種目でトレーニングを行うのであれば，改善を目指す主運動その
もの（この場合はジャンプ）を行うのが最も効果が高い.

<**AL**>　あなたの競技能力の発達過程を，記録の伸びや体格・体力の変化といった
　　　　具体的なデータも用いながら図II-1のように描き，自分の現在地がどこに
　　　　あるのかを考えてみよう.

・補助トレーニングの性質

　　　　図II-4と図II-5は，ジャンプ能力の改善をテーマとして，補助トレーニングの意
義と，望ましいあり方を検討した二つの興味深い実験です．ジャンプ能力は垂直跳び
という，最も単純な跳躍能力を指標として検討しています.
　　　　実験1（図II-4）では，一種類だけの運動を選ぶとしたら何がよいのかを検討して
います．①垂直跳びそのものによるトレーニング，②アイソメトリックトレーニング，
③ウエイトトレーニングの3つを比べています．その効果の大きさは①＞③＞②と
なり，②では改善が見られませんでした.
　　　　これだけを見れば当たり前に思えます．しかし,その続きとして行われた実験2（図
II-5）とあわせて見ると，興味深いことがわかります．実験2では，①のみ，①＋②,
①＋③という3種類のトレーニングを行って比べています．すると，効果の大きさは
①＋③＞①＋②＞①となりました.

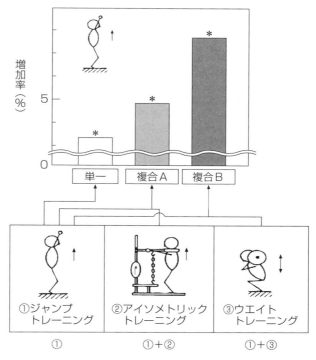

図Ⅱ-5　単一トレーニングと複合トレーニングの効果の比較（田路ら，1987）
　　主運動を単一トレーニングとして行うよりも，主運動と何らかの補助運動と
　　を組み合わせて，複合トレーニングとして行った方が効果はより高まる．

　2つの実験から以下のことがいえます．ひとつは，1種類の運動でトレーニングを
するのであれば，改善を目指す主運動（ここでは垂直跳び）を行うのが最良だという
ことです．もうひとつは，主運動に何らかの補助運動を組み合わせると，主運動を行
うだけでは得られない増幅効果が生じるということです．

　次の点にも注目してください．②のトレーニングは単独で行うと効果は生じません
が，①と組み合わせると①の効果を増幅させています．③についても，単独で行えば
効果は小さいのに，①と組み合わせるとその効果を大きく増幅させます．またその増
幅効果は，②よりも③の方が大きいことがわかります．

　①，②，③を単独で行うことを単一トレーニングと呼びます．また①＋②，①＋③
のような形で行うことを複合トレーニングと呼びます．

　まとめると，主運動の能力を向上させるには，単一トレーニングよりも複合トレー
ニングの方が効果が高いといえます．また複合トレーニングを行う場合，主運動の能
力を増幅させる効果は，補助運動の違いによって異なってくるといえます．

＜AL＞　あなたがこれまでに行ってきた補助トレーニングをあげてみよう．そして，
　　　　それぞれパフォーマンスの向上にどのような貢献をしたのか（あるいは
　　　　しなかったのか）を考察してみよう．

・誤った補助トレーニング

　　　補助トレーニングとは，試合本番で行う主運動とは異なる運動をすることです．したがって選択肢は無数にあります．その中から適切な種目を選んで，専門練習とうまく組み合わせることで競技力は向上します．

　　　しかしその一方で，不適切な種目を選べば競技力を落としてしまう可能性もあります．この問題を解決するのが難しい所ですが，逆に，各人のセンスが求められるやり

〈COLUMN Ⅱ-2〉

筋のトレーニング法に関する用語の整理

　筋のトレーニング法には，アイソ〜，プライオ〜，〜トニック，〜メトリックといった聞き慣れない用語が出てきます．図はこれを整理したものです．

　アイソメトリックというのは，筋が長さを変えずに行う，という意味です．握力計を握る運動や，図Ⅱ-4に示した鉄棒を押し上げる運動などが該当します．

　アイソトニックとは，筋にかかる力が変わらないという意味になります．一定の重さのバーベルやダンベルを持って，ゆっくり反復動作を行うイメージです（実際には，筋が発揮する張力は関節角度の変化に応じて変わりますが）．

　オグソトニックとは，筋にかかる力が次第に増大するという意味です．ゴムチューブを使ったトレーニングがその典型です．

　図の上段には筋・腱・関節への負担度が相対的に小さいもの，下段には負担度が大きいものを示しました．前者は安全性が高い反面，大きなスピードや素早い切り返しが必要な実際の競技に対する実用性という点では不十分です．一方で後者は，競技場面に対する実用性は高いものの，トレーニングの実施時にはけがを防ぐための注意が必要です．

　これらは目的に応じて使い分けたり，段階を踏んで行うことが必要です．たとえばプライオメトリックトレーニングを行う場合には，それに先だってアイソトニックトレーニング（10RMトレーニングなど）を行い，身体づくりをしておくといった具合です．これについてはp87の「期分け」という概念も参照して下さい．

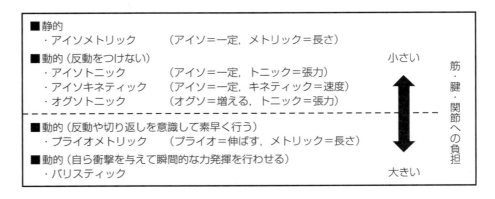

■静的
　・アイソメトリック　　　（アイソ＝一定，メトリック＝長さ）
■動的（反動をつけない）
　・アイソトニック　　　　（アイソ＝一定，トニック＝張力）
　・アイソキネティック　　（アイソ＝一定，キネティック＝速度）
　・オグソトニック　　　　（オグソ＝増える，トニック＝張力）
- -
■動的（反動や切り返しを意識して素早く行う）
　・プライオメトリック　　（プライオ＝伸ばす，メトリック＝長さ）
■動的（自ら衝撃を与えて瞬間的な力発揮を行わせる）
　・バリスティック

小さい　↑　大きい　　筋・腱・関節への負担

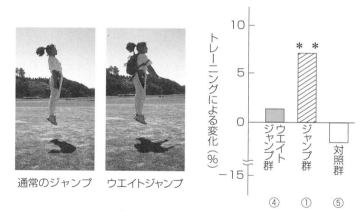

通常のジャンプ　　ウエイトジャンプ

図Ⅱ-6　ウエイトジャンプと通常ジャンプの効果の比較（金子，1988）
　　ウエイトジャンプはジャンプ力の向上にとって，過負荷と特異性の
　　両原則を同時に満たす一石二鳥の手段に見えるが，それ「だけ」をやっ
　　た場合には能力は向上しない.

がいのある所だともいえます.

　　図Ⅱ-6は，図Ⅱ-4や図Ⅱ-5の続きとして行われた実験です. 体重の20％のウエイ
トジャケットを着たウエイトジャンプ（④），通常のジャンプ（①），トレーニングを
しない対照群（⑤），の3条件で比べています. ④は特異性も過負荷も満たすように
見え，いかにも効果がありそうです. しかし結果を見ると，ジャンプ能力はほとんど
改善していません.

　　この要因は次のように説明できます. ④のようなジャンプでは，重りを負荷してい
るので筋が発揮する力は増大しますが，動作のスピードは逆に遅くなります. 高く跳
ぶこともできません. つまり，神経系から筋系に至るまでの働きが，通常のジャンプ
とは違うものになります. そして，このような運動ばかりやっているうちに，神経・
筋が本番とは違う運動パターンを覚えてしまったのです.

　　④が好ましくない理由は，図Ⅱ-4に立ち戻ることでも説明できます. ④は主運動
と見かけは似ていますが，前述のように中身は異なる所も多い運動です. しかもそれ
を単一トレーニングの形で行っています. つまり④は，図Ⅱ-4でいえば②や③に相
当するやり方をしているのです. 補助トレーニングであるべきものが主のトレーニン
グになっており，主客が転倒しているのです.

　　ただし④も，使い方次第では有効なトレーニングになります. 図Ⅱ-5に戻って考
えれば，①+④というように組み合わせて実行すればよいのです. ①が主運動（特異
性），④が補助トレーニング（過負荷）の役割を果たすことになり，①の効果を増幅で
きるだろうと予測できます.

＜AL＞　図Ⅱ-4～6を参考に，現在あなたが行っている補助トレーニングが妥当な
　　　　ものといえるかを考察してみよう.

・特異性と過負荷の二律背反性（トレードオフ）

　　　図Ⅱ-4〜6の意味をもう少し一般化してみます．①は特異性の追求です．②や③は過負荷の追求で，特異性とはかけ離れた運動です．④は一部では特異性を満たしているものの，過負荷を追求している分だけ特異性からは外れています．

　　　これら一連の実験を行った金子は，「特異性を追求しようとすれば過負荷からは離れていく，過負荷を追求しようとすれば特異性からは離れていく」と表現しています．過負荷と特異性とはどちらも大切ですが，あちらを立てればこちらが立たずという二

〈COLUMN Ⅱ-3〉

大リーグボール養成ギプス

　著者が子どもの頃，『巨人の星』という漫画がありました．プロ野球の投手を目指す星飛雄馬少年の成長を描いたもので，全国の少年が熱狂して見ていました．ここに掲げた絵はそのひとこまです．父が制作した大リーグボール養成ギプスという筋力トレーニング器具をつけて，投球に必要な筋力を鍛えるというものです．

　星少年は小学校の高学年から中学3年生まで，寝るときも含めて1日中このギプスを装着しました．そして，高校入学時にそれを外して投球したところ，豪速球を投げることができたというストーリーです．しかし図Ⅱ-6のような性質を考えると，球速を増大させる効果はもた

らさなかったでしょう．

　ただし，このギプスも有効利用する方法があります．図Ⅱ-5の①+②や①+③のように，複合トレーニングの形にすればよいのです．ギプスをつけて力への過負荷をかけるレジステッドトレーニングと，つけないで全力投球をする特異性のトレーニングとを交互に行えば，投球スピードを改善する効果も生み出せるでしょう．

　さらに，ギプスのバネの付け方を工夫して，アシステッドトレーニングもできるようにすれば，その効果はさらに高まるとも予想できます．そのよい例ともいえる研究をp105の図Ⅱ-35に示してあるので参照して下さい．

梶原一騎，川崎のぼる『巨人の星』より

過負荷の原則	特異性の原則
トレーニングの効果は，トレーニングの刺激が一定値を上回った時に生まれる（それを下回ると現れない）	トレーニング効果は，トレーニングで与えた刺激と類似性の高い能力に対しては現れるが，それ以外の能力に対しては現れにくい
→これを突き詰めると，高重量のウエイトトレーニングをたくさんやるのが効果が高そうである	→これを突き詰めると，専門練習だけをたくさんやっているのが最も効果的だということになる
→しかし，ウエイトトレーニングをやみくもにやるだけでは，挙上重量は増加しても，競技場面で役立つとは限らない	→しかし専門練習だけでは，やがては一定以上の刺激はかからなくなり，パフォーマンスの向上は頭打ちになってしまう

図Ⅱ-7　過負荷と特異性の二律背反性（トレードオフ）
　過負荷を追求するほど，本来の運動様態からは外れていく．特異性を追求するほど，過負荷はかけにくくなる．競技成績を上げるには，この矛盾を解決しなければならない．

律背反性があるのです（図Ⅱ-7）．この性質をトレードオフと呼びます．

　過去にその運動をした経験のない人，あるいは体力の低い人ならば，過負荷と特異性とは矛盾しません．このような人であれば，主運動としてのジャンプを単一トレーニングとして行うことで，特異性も過負荷も満たされ，しばらくは順調に成績が伸びるでしょう（図Ⅱ-1のカーブの左側に該当すると考えればよいでしょう）．

　しかし，ジャンプをするための体力も技術も身についてくると，ジャンプをしているだけでは特異性は満たしても，過負荷はかからなくなってきます．この段階に来たら，ジャンプの練習（特異性）に加えて，何らかの補助トレーニング（過負荷）を導入し，複合トレーニングを行う必要があります．

　通常のアスリートは日々専門練習を行い，その上で週に何回かの補助トレーニングをしているでしょう．したがって，自然と複合トレーニングをしていることになり，④のような失敗をすることは少ないでしょう．ただし，図Ⅱ-4〜6のような性質があることを知っておくと，様々な場面で頭を整理するのに役立ちます．

・補助トレーニングの様々なかたち

　補助トレーニングの代表格といえば，まずウエイトトレーニングのような筋力トレーニングが思い浮かびます．しかし，試合本番とは違う運動を付加することによって，競技力をさらに伸ばす手段というように幅広く捉えてみると，もっと色々な形があります．そのような例をいくつか紹介します．

　図Ⅱ-8は，大学生のバレーボール選手がスパイク速度を高めるために，めんこ打ちを補助トレーニングとして行った結果です．トレーニング後には，立位でスパイクをした時のボールスピードが増大しています．スパイク時には素早い体幹の捻転や腕振りが求められますが，そのような動作要素を含んだめんこ打ちをすることで，効果が波及したと見なせます．

　図Ⅱ-9は，中学生の長距離走選手がバネの能力を改善するために，バウンディング運動（p114）を導入した結果で，トレーニング後には3,000m走の成績が改善しました．

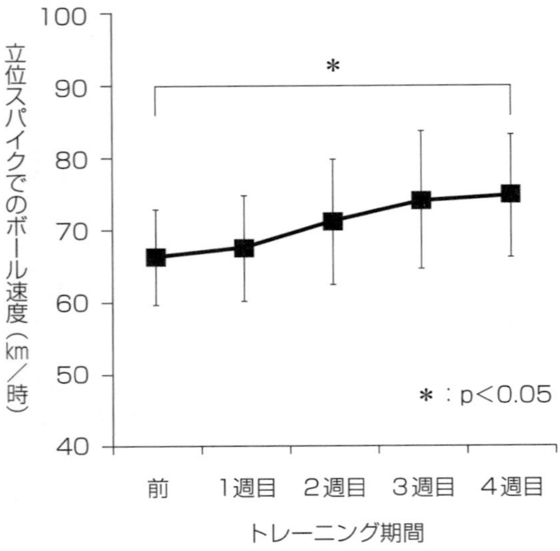

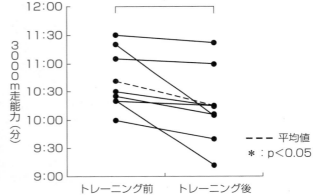

図Ⅱ-8　バレーボール選手におけるめんこ打ちトレーニングの効果（知念と山本，2011）
　6名の大学男子バレーボール選手が行っている．1日あたり10回×3セットのめんこ打ちを，週に5回，4週間，計20回行った．その結果，4週間後には立位スパイクでのボール速度が有意に向上した．

図Ⅱ-9　長距離走選手におけるバウンディングトレーニングの効果（田中ら，2016）
　中学生の男女の長距離走選手8名が行った．週に2～3回の頻度で，走る練習を行う前に3歩，5歩，10歩という3種類のバウンディング運動を2セット，6週間実施した．その結果，3,000m走の成績が全員で改善した．

　日々長い距離を走るだけでは，バネの能力には過負荷の刺激はかかりません．バウンディング運動がそのような刺激を与えることで成績が改善したといえます．
　バウンディング運動は，短距離系や跳躍系の選手が行う負荷の大きな運動なので，実施には注意が必要です．しかし長距離系の選手でも徐々に導入すれば実施は可能で，長い距離を走り込むだけよりも質の高いトレーニングとなります．走りすぎによる傷害を防ぐという意味でも有用でしょう．
　図Ⅱ-10は，大学生の長距離選手が上りの坂道走を行うことで，悪いフォームとされる「膝のつぶれ」が軽減することを示したものです．これは体力ではなく，技術を改善する補助トレーニングといえます．またこの例で興味深いのは，長期間のトレーニングではなく，わずか8分という一過性の運動でフォームが改善していることです．このような補助トレーニングの形もあるのです．
　図Ⅱ-11は，大学生の野球選手が「眼」の補助トレーニングを行って効果を上げた

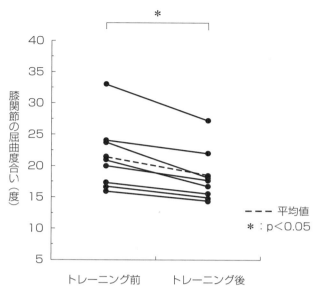

図Ⅱ-10　ランニングフォーム矯正のための
坂道走トレーニングの効果（田中ら，2017）
8名の男子長距離ランナーが行った．ト
レッドミルを用いて，1分間の坂道走（傾
斜は＋6％）と1分間の平地走とを交互
に4セット行い，その前後で平地走での
着地時に起こる膝関節のつぶれ（屈曲）度
合いを測定した．8分間という短時間で行
う一過性の走ドリルでも，フォームの改
善に対して一定の効果が得られている．

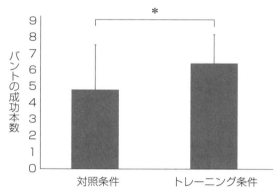

図Ⅱ-11　野球選手の視神経の機能を改善する補助
トレーニングの効果（田中ら，2008）
9名の大学野球選手が行った．3次元映像を使った
動体視力のトレーニングを一過性に行い，その直後
に時速135kmのボールを10回バントして成功率
を調べている．対照条件は，同じ対象者がこのト
レーニングを行わなかった時の成績を示している．

　　　例です．素早く動く映像を目で追うという中枢神経系のトレーニングを，運動する前
に一過性に行うことで，その直後に行ったバントの成功率が向上しています．身体を
動かしているわけではなく，椅子に座った状態で視覚神経に過負荷をかけるというト
レーニングですが，それでも運動パフォーマンスは改善しうるという例です．

＜AL＞　図Ⅱ-8 ～ 11 もヒントにしながら，あなたの現在の課題を改善できそうな，
　　　　新たな補助トレーニングのアイデアを出してみよう．

・補助トレーニングを成功させるための心構え

　　　　図Ⅱ-8～11では，補助トレーニングの成功例を紹介しました．しかし，何かをや
りさえすれば成功するわけではありません．現代では，多種多様な補助トレーニング

表Ⅱ-1　ウエイトトレーニングを実施する際の留意点（小田，1998）
　補助トレーニングとは，試合本番とは違う運動を行うことによって，本番での能力を高めようとするものである．したがって，上手に行わないと効果が生じなかったり，逆効果にもなりうることを意識しながら行う必要がある．

> **１年目に成果，２年目はもっと成果，**
> **３年目で頭打ち，４年目でけが人が増える**
>
> ウエイトトレーニングの効果を上手に引き出すためには…
> 　１．競技におけるどの動きを改善しようとしているのかを意識する
> 　２．ある筋を強化すれば，動きのバランスも変わるので，技術の修正もあわせて必要（筋力づくりと動きづくりとを並行して考える）
> 　３．挙上重量を大きくすることが自己目的化しないように

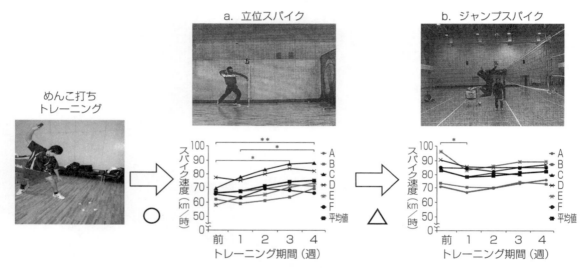

図Ⅱ-12　バレーボール選手のめんこ打ちトレーニングの効果と限界（知念と山本，2011）
　図Ⅱ-8と同じ実験で得られたデータ．このトレーニングは立位スパイク速度の改善はもたらしたが（a），ジャンプスパイク速度の改善にはつながらなかった（b）．後者を改善するには，トレーニングにもう一工夫することが必要になる．

の情報が流布していますが，それらをうのみにするだけでは成功はおぼつきません．以下，押さえておくべき条件を考えてみます．
　表Ⅱ-1は，補助トレーニングの代表格であるウエイトトレーニングについて，大学生アスリートにありがちな失敗を標語で示したものです．教科書的な知識をもとに型どおりにやるだけではだめで，下段にあげた３点を意識し，自分に合ったトレーニングをしようと注意を促しています．
　図Ⅱ-8で，バレーボール選手がめんこ打ちトレーニングをすることで，立位スパイクのスピードが改善したと述べました．しかし実はこの続きがあって，ジャンプして行うスパイクのスピードは，図Ⅱ-12bのように変化していませんでした．
　めんこ打ちは足を地面につけて行うので，それと似た状態で行う立位スパイクには

足が地面から離れている（＝開放）

・使われる関節や筋が少なく，動きも単純なので，リハビリテーション時などには適する
・しかし，このような補助トレーニング「だけ」に頼っていると，複雑な動きを要求される実際の競技場面には対応できなくなる

足が地面に着いている（＝閉鎖）

・全身の様々な関節や筋が連動・調和して動くので，実際の競技により近い運動連鎖となる
・ただしこれも，やみくもにやるだけでは，専門種目特有の動作の改善にはつながらない場合も出てくる（表Ⅱ-1参照）

図Ⅱ-13　開放運動連鎖と閉鎖運動連鎖
　それぞれ，オープンキネティックチェーンとクローズドキネティックチェーンという英語表現を日本語に訳したものである．

　効果が転移しました．しかし，空中で行うジャンプスパイクの能力改善のためには，そのための動き作りのトレーニングも必要なことがうかがえます．
　補助トレーニングが主運動に対して有効に転移しているのか，そして副作用は起こっていないのかについては，PDCAサイクル（p40の図Ⅰ-20）を用いて定期的に確認することが必要です．補助トレーニングとは本番とは異質の運動を行うことですから，本番で蓋を開けてみたら失敗だったということでは手遅れになります．
　以下，補助トレーニングを成功させるための考え方をいくつか紹介します．

・開放運動連鎖と閉鎖運動連鎖

　補助トレーニングを成功させる上で，運動連鎖（キネティックチェーン）と呼ばれる概念が参考になります．体幹から最も遠い部位である足や手（四肢の末端部）が開放されて自由に動く場合を開放運動連鎖，その部分が固定されて動く場合を閉鎖運動連鎖と呼んでいます．
　図Ⅱ-13は，左がマシンを使った膝関節の伸展運動，右はバーベルを使ったスクワット運動です．どちらも大腿四頭筋などの強化に用いられますが，前者が開放運動連鎖，後者が閉鎖運動連鎖という点で異なります．
　前者では座って，足の裏が地面から離れた状態で筋力発揮をします．関節の動きは単純で，運動に参加する筋も少なくなります．したがって安全性は高く，リハビリテーションなどには適します．その反面，全身の筋や関節に複雑な負荷がかかる，実際の競技場面に対応できる能力の養成という意味では不十分です．

図Ⅱ-14　吊り輪とベンチプレスとの比較
　吊り輪の中水平支持（左）では，きわめて不安定な支点をたよりに，非常に高い筋力発揮を行い，全身を美しい姿勢で静止させなければならない．ベンチプレス（右）ではこれと対照的に，固定された台で体幹を支持しながら安定した状態で力を発揮できる．

　　後者では，足裏が地面に着いた形で筋力発揮をしています．バーベルの負荷は肩からかかるので，肩〜体幹〜腰〜脚〜足に至る多くの筋や関節が動員され，それらが連動する中で力を発揮します．したがって，競技現場で行う筋力発揮により近い形で過負荷をかけているといえます．その反面，フォームが悪いとけがや故障を招く可能性もある，という注意が必要です．

・体操競技選手の考え方

　　体操競技の例で考えてみます．彼らには強い筋力が必要ですが，伝統的にウエイトトレーニングをほとんどしません．その理由は，それだけでは競技場面に役立つような筋力は養成されないと考えているからです．
　　図Ⅱ-14は，吊り輪での中水平支持とベンチプレスとを比べたものです．両者の体勢は天地逆向きですが，腕から肩周りの部分で大きな力を発揮している点では同じです．ただし，吊り輪では手を支点とした閉鎖運動連鎖，ベンチプレスでは体幹を支点とした開放運動連鎖での筋力発揮となっています．
　　前者では，揺れ動く吊り輪を手で握り，全身を美しい姿勢で静止させなければなりません．一方で後者は，背中をベンチに当てて，安定した姿勢で大きな力を発揮できます．前者の方が神経〜筋で求められる能力がずっと高度といえるので，ベンチプレスの能力に優れる人でも中水平支持が直ちにできるかは疑問です．
　　現在ウエイトトレーニングをしている人は，このような例を参考に，自身の競技にとっての意義を再考してみる必要があるでしょう．一方で，今はウエイトトレーニングをしていない体操競技選手でも，将来的にはこのような補助トレーニングを取り入れる日が来るかもしれません．

パドルを支点として
艇と身体とを動かす

身体を支点として
パドルを動かす

図Ⅱ-15　カヌーにおける水上漕とエルゴメーター漕の比較
両者の動作は，似ているようでいて違う部分がある．エルゴメーター漕によるトレーニングをやみくもに
行うだけでは，漕感覚やフォームを崩してしまい，タイムの改善に結びつかない可能性もある．

＜AL＞　あなたが行っている補助トレーニングを，開放運動連鎖と閉鎖運動連鎖と
いう視点で整理してみよう．そして，競技力向上に向けてさらに改善すべ
き点がないかを考えよう．

・エルゴメーターを用いた模擬トレーニングの得失

　　　図Ⅱ-13のようなウエイトトレーニングであれば，競技本番で行う運動様式とは明
らかに違うと誰にでもわかります．では，本番の運動に類似したエルゴメーターを用
いてのトレーニングはどうでしょうか．

　　　このことをカヌーの水上漕とエルゴメーター漕との比較から考えてみます（図Ⅱ-
15）．2つの写真を比べると，カヌーエルゴメーターを用いた運動は主運動の特異性
にも合致しており，かつ過負荷もかけられそうに思えます．しかし，そこには微妙な
違いがあります．

　　　水上漕では，パドルを支点として艇と身体を動かす感覚となります．これに対して
エルゴメーターでは，身体を支点としてパドルを動かす感覚になります．前者はより
閉鎖運動連鎖的，後者はより開放運動連鎖的といってよく，求められる技術や体力が
微妙に違ってきます．

　　　この点を意識せず，エルゴメーターを使ってやみくもにトレーニングをするだけで
は，水上漕の能力改善にはつながらないでしょう．実際にカヌーの選手が，カヌーエ
ルゴメーターを用いて補助トレーニングを行うと，水上でのタイムが伸びる選手もい
ますが，伸びない選手も出てきます．

　　　水上漕では，転覆しないようにバランスをとりながら漕ぐので，本当の全力は出し
切れません．この点，エルゴメーター漕では全力を出せるので，基礎体力の改善には
向くといえます．しかしそれだけでは，水上でバランスを保った状態でのパフォー
マンス改善にはつながりにくいともいえます．

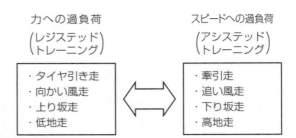

力への過負荷　　　　　　　スピードへの過負荷
(レジステッド)　　　　　　(アシステッド)
トレーニング　　　　　　　トレーニング

・タイヤ引き走　　　　　　・牽引走
・向かい風走　　　　　　　・追い風走
・上り坂走　　　　　　　　・下り坂走
・低地走　　　　　　　　　・高地走

図Ⅱ-16　走運動におけるレジステッド／アシステッドトレーニングの例
補助トレーニングを行う場合，力に対する過負荷という発想に偏りがちだが，
スピードへの過負荷という発想も加え，両面から補強することが重要である．

　このような得失をふまえて，エルゴメーター漕では基礎体力を強化することに重点を置き，それと並行して，改善させた基礎体力を水上漕にうまく転移させるための複合トレーニングを組み立てることが必要になるのです．

・力への過負荷とスピードへの過負荷

　ウエイトトレーニングは重りを負荷して行うので，レジステッド（抵抗）トレーニングとも呼びます．これについて，力およびスピードへの過負荷という視点から考えると，次のことがいえます．

　重りを負荷して運動すると，発揮する筋力は大きくなりますが，その分だけ動作スピードは遅くなります．つまり力に対しては過負荷がかかる反面，スピードに対する負荷は過小になってしまいます．力のトレーニングとスピードのトレーニングとの間にも，トレードオフの関係があるのです．

　多くのスポーツでは大きな力に加え，速いスピードも要求されるので，レジステッドトレーニングに頼るだけでは片手落ちということになります．そこで，スピードに過負荷をかけるために，アシステッドトレーニングという発想が出てきます．これは何らかの方法で負荷を軽くし，本番よりも速いスピードで行うことです．

　ダッシュ能力のトレーニングでいうと，タイヤを引っ張って走るのがレジステッドトレーニング，ゴムチューブなどを使って前方から引っ張ってもらいながら走るのがアシステッドトレーニングです．

　図Ⅱ-16は，走る運動についてレジステッド／アシステッドトレーニングの例を示したものです．試合本番で行う運動を特異性の運動と考え，これに力への過負荷を目的としたレジステッドトレーニングと，スピードへの過負荷を意図したアシステッドトレーニングとをバランスよく加えることが理想だといえるでしょう．

　ほかの種目でも考えてみます．投擲であれば，本番よりも重い砲丸やハンマーを投げればレジステッドトレーニング，本番よりも軽いものを投げればアシステッドトレーニングとなります．剣道であれば，重い木刀を振ればレジステッドトレーニング，軽く作った竹刀を振ればアシステッドトレーニングとなります．

〈COLUMN Ⅱ-4〉

50年前の子どもの遊び

　現代では，家の外で遊ぶ子どもをめったに見なくなりました．著者の子どもの頃（1960年代）は逆で，戸外は子どもであふれていました．当時の遊びを思い出して，心身のトレーニングという視点で考えてみます．

　まず学校では，昼休みに全員が校庭に出て，ドッジボール，ソフトボール，跳び箱，鉄棒などをやりました（教室にいると叱られました）．帰宅後は鬼ごっこ，チャンバラ，町や森や原っぱの探検，秘密基地作り，かん蹴り，馬乗り，めんこ，こま回し，べいごま，竹馬，紙飛行機，凧あげなど，色々な選択肢がありました．

　そこには走る・跳ぶ・打つ・投げる・蹴る・よじ登るなどの運動が含まれ，全面性の原則からみて申し分のない身体づくりとなっていました．馬乗りなどは，足腰や体幹を鍛える上でかなり高度なトレーニングです．

　巧緻性が必要な遊びもありました．たとえばこま鬼は，回したこまを手のひらで受け，それが回っている間だけ追いかけたり，逃げたりできる鬼ごっこで，皆が熱中した秀逸な遊びでした．こまを空中に飛ばし，こまひもで受け止めてから綱渡りさせるなどの芸もありました．

　生活活動でも，学校の掃除では雑巾がけ，水の入ったバケツ運び，家では子どもをおんぶしてお守りするなど，筋力が鍛えられました．p74とp18で，バレーボール選手がめんこ打ちを，サッカー選手がタイヤ押しをして効果を上げた事例を紹介しましたが，著者の体験から考えると納得できる結果です．

　社会勉強にもなっていました．上の子は下の子をいたわり，下の子は上の子を尊敬するという関係がありました．いじめっ子もいましたが，かばってくれる子や，調整役をする子もいて，子どもの社会がうまく保たれていました．

　大人が遊びの場を設定するのではなく，自然発生的に，また夢中でやっていたことの価値は大きかったと思います．手近な環境や物を使った遊びを考え，ルールを決め，やってみて今ひとつならば面白くなるまでルールを改良するなど，創意工夫の力が養われました．紙飛行機や凧を自作したり，相手に勝つためにべいごまをヤスリで研いだり，落としても割れない土玉を作る競争など，制作能力も求められました．

　このような時代はもう来ないかも知れません．しかし何らかの工夫をして，上にあげたエッセンスを現代の子どもにも体験してもらうことには意義があるでしょう．

土門拳撮影

＜AL＞　上にあげた遊びの内容を調べ，心身にどのようなトレーニング効果があるのかを考えよう．また，女子の遊びについても同様に調べてみよう．

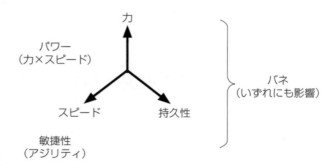

図II-17　補助トレーニングで過負荷をかける際の着眼点
（猪飼，1963に加筆）
猪飼は，力・スピード・持久性の3つを体力の基本要素と見なし，「体力の3次元展開」という考え方を示した．この図ではそれにいくつかの用語を加筆した．

＜AL＞　自分の種目では，現在どのようなレジステッド／アシステッドトレーニングが行われているのかを調べてみよう．

・補助トレーニングを行う際の着眼点：体力の3次元展開

　　補助トレーニングとは，試合本番の運動（主運動）とは違う運動を行うことです．単純に考えると無数の選択肢があるので，その中からいかに適切な種目を選ぶかが重要です．その手がかりとして，人間の能力を図II-17に示すように，力，スピード，持久性の3要素に分けて考えると整理しやすくなります．

　　「力」とは，スピードがゼロの状態で発揮する最大の筋力と考えます．握力計を握るようなイメージです．「スピード」とはその反対で，力がゼロに近い時（ゼロになることはありません）に発揮できる最大のスピードと考えます．ボールを持たず腕を全力で空振りするようなイメージです．

　　ただしスポーツでは，力だけ，あるいはスピードだけを発揮する状況はほとんどなく，両方の要素を持って行われる運動が大部分です．ボールやバットのような重量物を持って全力で腕を振ったり，自体重を負荷としてダッシュやジャンプするといった具合です．このような，力×スピードで定義される能力が「パワー」です．

　　「持久性」とは，一定の時間にわたってパワーを発揮し続ける状態です．発揮するパワーの大きさと，持続する時間の長さに応じて，人間が持っている3種類のエネルギー系の貢献度が違ってくるので，持久力を改善するにはこれに関連した運動生理学の知識が必要です．

　　次の2～5章では，図II-17の各要素について，それぞれの能力が発揮される生理学的な仕組みを簡単に紹介します．あわせて，それぞれの能力に過負荷をかけて改善するトレーニングの方策についても考えていきます．

［まとめ］
・競技力が低い段階では，専門練習を行うだけでも能力は向上する．しかし競技力が高くなってくると，それだけでは伸びは頭打ちになってしまう．
・この段階に達したら，専門練習をいたずらに増やすのではなく，補助トレーニングを導入する．前者は特異性，後者は過負荷の運動と位置づけて行う．
・特異性と過負荷との間にはトレードオフ（二律背反）の関係があるので，効果を相殺しないような複合トレーニング（専門練習＋補助トレーニング）を工夫する．
・補助トレーニングには，ウエイトトレーニング以外にも多様な選択肢がある．試合で行う運動以外は全て補助トレーニングと捉え，上手な組み立てを考える．
・補助トレーニングの選択にあたっては，力・スピード・持久性の3要素のうち，どれに過負荷をかけるのかを明確に意識する．

Ⅱ部

2章 力（ちから）のトレーニング

　アスリートの場合，適切な補助トレーニングを導入することによって，専門練習の効果を増幅できると前章で述べました．ただし補助運動には無数ともいえる選択肢があります．そこで，力・スピード・持久性のうちどれを強化したいのかを明確にした上で，そこに過負荷をかけられるものを選ぶことが必要だとも述べました．

　本章ではまず「力」のトレーニングについて考えます．私たちが行う多様な運動は全て，筋が力を発揮するところから始まります．つまり，力が最も基本的な能力なのです．ここでは，力に関する生理学的な性質，トレーニングの方法，そしてトレーニングを成功させるための栄養や休養の条件についても考えます．

・力の発揮を規定する要因

　図Ⅱ-18は，筋で力が発揮される仕組みを概念図で表したものです．人間の身体には400種類以上の骨格筋があります．それらは全て，この図のように脳から神経系を通して送られてくる電気信号の命令で力を発揮しているのです．

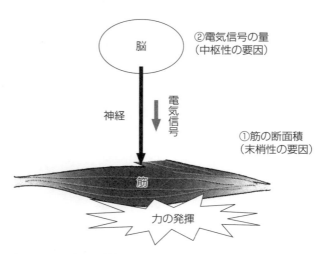

図Ⅱ-18　筋で力が生み出される道筋
　筋が発揮できる力の大きさは，①と②の2要因によって規定されている．

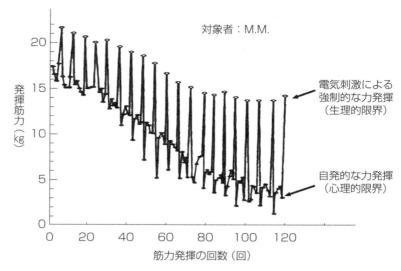

図Ⅱ-19　自発的および強制的な力発揮時の出力（矢部，1977）
　全力で自発的な力発揮を５回行ったあと，電気刺激による強制発揮を１回
　行う，という作業を120回反復している.

　　力のトレーニングを考える場合，発揮される筋力の大きさが何によって規定されて
いるのかを知る必要があります．規定要因は，①筋の太さ，②電気信号の量，の２つ
です．①は末梢性の要因，②は中枢性の要因と呼ばれています.

　　①に関する古典的な研究は，p29の図Ⅰ-11で紹介したので，そちらを見て下さい.
ここでは②に関する初期の研究を紹介します．これも①と同じく，1960年代に東京大
学の猪飼と矢部が行った研究です.

　　図Ⅱ-19は，自分の意思で全力の力発揮をしたときと，外部から筋に電気刺激を与
えて強制的に力発揮をさせたときの違いを調べた実験です．両者を交互に行い，全部
で120回反復していますが，後者の方が常に大きな力を発揮できています．前者の出
力を心理的な限界，後者のそれを生理的な限界と呼んでいます.

　　運動初期に出現している最大筋力に注目してみると，この対象者では強制発揮の方
が20%くらい高い出力を発揮できています．そして運動後半では，その違いはもっと
大きくなり，強制発揮の方が３倍以上も高い値を示しています.

・力発揮の心理的限界と生理的限界

　　本人が全力で力発揮をしているつもりでも，真の全力発揮はできていないことが，
図Ⅱ-19の実験からわかります．身体が壊れないようにするために，無意識のうちに
リミッター（安全装置）が働いていると考えればよいでしょう.

　　ただしアスリートでは，そうは言っていられません．瞬発系の種目では，瞬時に
どれだけ大きな力を発揮できるかが勝負を決めます．自分の意思で生理的限界に近い
力を発揮できるようにトレーニングを積む必要があります．マラソン選手がラスト

表Ⅱ-2　筋のトレーニング時における負荷法と期待できる効果（松尾，1984）
　　　負荷が違えば，疲労するまでに反復できる回数が異なる．それに対応して，
　　　改善される筋の能力も違ったものになる．「集中力」とは，神経系の能力と
　　　いう意味合いで用いられている．

最大筋力（1RM）に対する割合（％）	最高反復回数（RM）	期待できる主な効果
100	1	集中力
90	3〜6	
80	8〜10	筋肥大
70	12〜15	
60	15〜20	筋持久力
50	20〜30	（最大敏捷に行えばパワーのトレーニング）
1/3	50〜60	

スパートで競り勝つためにも，同じことが言えます．
　普通の人でも「火事場の馬鹿力」という言葉があります．緊急時にはリミッターが
外れて，思いもかけない力を発揮できるのです．また，自分で大きなかけ声を出した
り，周りからかけ声をかけて励まされることによっても，力発揮を増大させることが
できます．
　以上の性質を考えると，力のトレーニングでは①と②の両面を考える必要があるの
ですが，順序としてはまず①が重要です．そして①が十分に改善された上で，さらに
レベルを上げようとする際に②も重要になってくると考えてください．①をおろそか
にして②に力を入れてしまうと，故障につながるからです．

＜AL＞　握力計などの筋力計を用いて，かけ声を出した時と出さない時，また周り
　　　から激励のかけ声をかけられた時とそうでない時とで，発揮筋力がどの程
　　　度変化するのかを調べてみよう．

・10RMトレーニング

　古代から民族を問わず力比べが行われてきました．このため筋を太くする方法も経
験的に知られていました．10RM（repetition maximum）という方法です．重りを用
いてトレーニングする際に，10回の反復がやっとできるくらいの重さに調節して行う
と，筋が太くなり，筋力も増大するというものです．
　表Ⅱ-2は，このような知見を体系的に整理したものです．筋力トレーニング時に
は，負荷の大きさによって疲労するまでにこなせる反復回数は変わります．それに応
じて，筋のどのような能力が改善するのかも違ってくるのです．
　10RMの所を見ると，最大筋力の80％程度の力発揮で運動が行われています．この
ような負荷でトレーニングを継続していくと筋肥大が起こり，筋力の向上という効果
が得られるのです．

　10RMとは，各人にとって10回の反復がなんとか可能な重さです．したがってトレーニングの原則に照らすと，過負荷の原則にも個別性の原則にも合致しています．実際に，このやり方で実施すれば誰でも筋は太くなるので，当たり外れの少ないトレーニング法の一つです．

〈COLUMN Ⅱ-5〉

筋力トレーニングの「期分け」

　期分け（ピリオダイゼーション）という概念は，現代のアスリートにとって不可欠といっても過言ではありません．表は，筋力トレーニングに関する期分けの１例です．ほぼ半年をかけてトレーニング内容を変えていきます．

　第Ⅰ期では，10RMの付近（8〜20RM）で筋肥大トレーニングをし，高度なトレーニングに耐えうる筋の基盤を作ります．Ⅱ期では，2〜6RMと強度を上げて神経系にも過負荷をかけ，発揮筋力をさらに大きくすることを目指します．

　Ⅲ期ではスピードの要素も加味してパワーの向上を図ります．そして最後のⅣ期では，1〜3RMと最も高い負荷をかけて筋の能力をピークに持っていくというように，長い期間をかけて戦略的に組み立てていくのです．

　期分けはまた，トレードオフの問題を克服するためにも有用です．たとえばスピードと力とは二律背反の関係にあるので（p80），同時期に改善することは困難です．そこで，まず基盤となる力の要素を高めてから，徐々にスピードを意識したトレーニングに移行するのです．

　このように長期的な見通しを立てて取り組むことで，目標とする大きな大会に向けて，心の準備も少しずつできることになります．つまり期分けをすることはメンタルトレーニングとしての意義も持つのです．

　なお，Ⅳ期のあとの積極的休養期とは，本番の試合が終わった後に，心身を回復させる期間です．他の運動をレクリエーション的に行って心身の疲労を癒やしたり，軽い補助トレーニングをします．これも忘れてはならないことです．

期分け	期間 （週間）	強度	反復回数	セット数
Ⅰ期（筋肥大）	6	低く	8〜20	3〜5
Ⅱ期（力の向上）	6	高く	2〜6	3〜5
Ⅲ期（パワーの向上）	6	高く	2〜3	3〜5
Ⅳ期（ピーキング）	6	非常に高く	1〜3	1〜3
積極的休養期	2	さまざまな種目の運動や，軽い補助トレーニングを行う		

（FleckとKraemer，1987より作表）

<AL>　筋力トレーニングに取り組んでいる人は，期分けという視点で年間のトレーニング状況を整理し，よりよいあり方を考えてみよう．

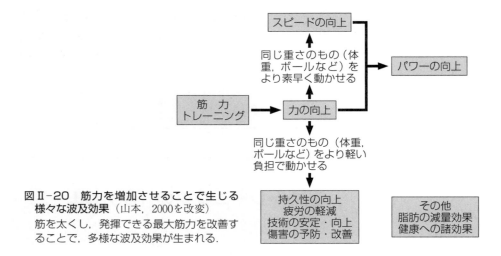

図Ⅱ-20　筋力を増加させることで生じる
様々な波及効果（山本，2000を改変）
　筋を太くし，発揮できる最大筋力を改善す
ることで，多様な波及効果が生まれる.

　表Ⅱ-2の他の箇所も見てみます．1RMや3〜6RMの所には，集中力と書いてあ
ります．負荷をもっと大きくし，1〜6回しか反復できないようにして行うと，筋を
太くするのではなく，脳からの電気信号の量を増やす刺激となり，その結果として力
が改善します．図Ⅱ-19でいうと，心理的限界を引き上げる効果があります．
　一方，負荷を小さくして15回以上の反復ができるようにすれば，筋の持久力が改善
します．また，このような小さめの負荷で動作を素早く行うようにすれば，スピード
の能力に過負荷がかかり，パワーを改善させるトレーニングになるのです.

<AL>　無理のない重さから始めて，少しずつ負荷を上げながら，自分の10RMを
測ってみよう（経験者から正しいフォームの指導を受けて行うこと）.

・筋力を増加させることで得られる波及効果

　10RM法を用いて筋を太くすると，単に力が増大するだけではなく，様々な波及効
果が生じます．スピードやパワーの改善，持久性の向上や疲労の抑制，技術の安定化,
けがの予防などです．このようなことから10RMトレーニングは，現代のスポーツ選
手が行う補助トレーニングの代表格となっているのです.
　図Ⅱ-20は，それを整理したものです．力の発揮能力が大きくなると，同じ重さの
もの，たとえば自分の体重，あるいはボールやバットなどの用具をより楽に動かせる
ようになります．そうすればスピードが増加します．力×スピード＝パワーなので,
パワーも増加することになります.
　また，同じ重さのものをより楽に動かせるということは，身体にかかる負担が小さ
くなることでもあります．このため，持久性の向上や疲労の軽減，傷害の予防といっ
た面でも有利になります．また同じ理由で，技術の安定や向上といった効果も期待で
きます.
　図Ⅱ-21は，バスケットボール選手が補助トレーニングとして，メディシンボール

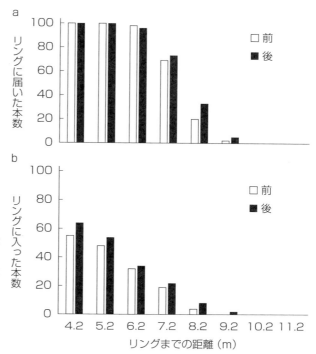

図Ⅱ-21　バスケットボール選手における
　　メディシンボール投げトレーニングの効果
　　（兼行，2002の資料から作図）
　10名の大学男子バスケットボール選手が
　行っている．3kgのメディシンボールを
　使って，フロント投げとバック投げを20本
　ずつ行う補助トレーニングを，週に約2回，
　10週間継続した．その結果，ジャンプシュー
　トでリングに届いた本数が増加した（a）．
　また，同じ距離からシュートした時にリン
　グに入る本数も増加した（b）．

　　投げを10週間行った時のシュート能力の変化です．普段よりも重いボールを投げる
　ことで，筋には力への過負荷がかかります．このトレーニングの結果，力やパワーが
　改善し，aに示すようにボールをより遠くへ投げられるようになりました．
　　そればかりではなく，bのようにシュートがよく決まるようになりました．ボール
　をより軽々と扱えるようになったために，コントロールもより正確になったのです．
　つまり，力の向上が技術の向上にも波及したことになります．

<AL>　現在のあなたの場合，競技場面でどの筋が弱点となっているのかを考えて
　　　みよう．また，そこを強化することでどのようなメリットが期待できるか
　　　について，波及効果のことも含めて考えよう．

・筋肥大のしくみ

　　ここでは，筋力トレーニングをする上で知っておきたい生理学的な知識を，簡単に
　紹介します．
　　図Ⅱ-22は，筋力トレーニングを行って筋が太くなった時に，筋の内部でどのよう
　な変化が起きているのかを示したものです．①筋線維自体が太くなる，②筋線維の本
　数が増える，③結合組織が肥厚する，という3つの変化が起こります．①と②は力の
　発揮能力を高めることに，③は筋を頑丈にすることに寄与します．
　　図Ⅱ-23は，筋が太くなる仕組みを，トレーニング時の反復動作と関連づけて説明

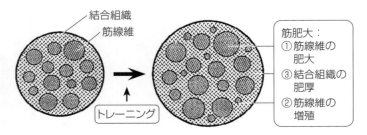

図Ⅱ-22　筋肥大時の内部での変化（石井，1994）
　　筋線維の肥大，筋線維の増殖，結合組織の肥厚という３種類の変化
　　が起こる．

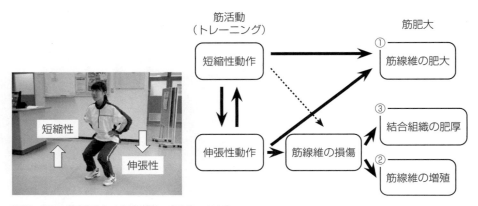

図Ⅱ-23　筋が肥大する仕組み（石井，1994）
　　短縮性の動作だけでなく，伸張性の動作も重要な役割を果たしている．

したものです．スクワット運動でいうと，膝を伸ばして身体を持ち上げていく時には，主働筋である大腿四頭筋は縮みながら力を発揮します．これを短縮性（コンセントリック）収縮と呼びます．一方，身体を下に下げていく時には，筋が引き伸ばされながら力を発揮します．これを伸張性（エキセントリック）収縮と呼びます．

　感覚的には，身体を上げていく時はきつく感じ，下げていく時は楽なので，前者の刺激で筋が太くなるように思いがちです．しかし実際には，下げる動作時にもそれに勝るとも劣らない効果があるのです．図Ⅱ-23を見ると，上げる動作では主に①が起こりますが，下げる動作では①・②・③のいずれもが起こっています．

　なお②と③は，伸張性収縮に伴う筋線維の損傷を経て起こることにも注意してください．伸張性収縮という，いわば筋にとっては不自然な動作（伸張＋収縮という漢字の組み合わせから見ても不自然ですし，英語のエキセントリックという言葉も風変わりなという意味です）を行うことで筋が壊れ，それを修復する際に筋線維が増殖したり，筋線維を束ねている結合組織がより頑丈になるのです．

　図Ⅱ-24は，筋力トレーニングで力が強くなる際の，時間的な過程を示したものです．初期の段階では，まず神経系の適応（筋放電量の増加）が起こります．つまり脳

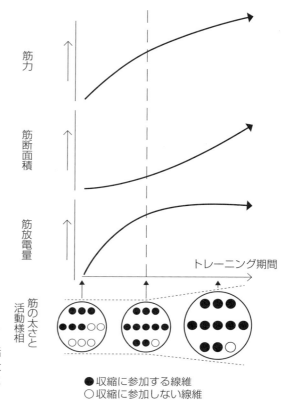

図Ⅱ-24　筋力トレーニングにより筋が適応していく
過程（福永，1978）
　トレーニングの初期には電気信号の量が増え，活動に参加する筋線維数が増えることで力発揮が大きくなる．その後は，筋線維の太さが増大することで力発揮が大きくなる．

● 収縮に参加する線維
○ 収縮に参加しない線維

　からの電気信号の量が増え，力発揮に参加する筋線維の数が増えることで筋力が増大します．そしてこのような神経系の適応が落ち着く頃から，徐々に筋が太くなる反応が起こり，それに同期して筋力がさらに増大するのです．
　筋力トレーニングを始めると，最初のうちはどんどん挙上重量が大きくなるので，調子に乗ってしまいがちです．しかし，筋本体を構成する筋線維や結合組織が肥大しているわけではなく，神経系からの信号量が増えているために起こる現象です．このため，ウエイトはゆっくり増加させていかないと故障の原因ともなります．

・筋力トレーニングの留意点

　ここからは，筋力トレーニングを行う際の注意点を紹介します．筋力トレーニングは，規定の回数をこなせば成功するわけではありません．たとえば同じ回数をこなしていても，休息時間の違いによって効果に違いが生じてきます．
　図Ⅱ-25は，筋力トレーニングのやり方によって，成長ホルモンの分泌（a）や乳酸の産生（b）が異なることを示した実験です．成長ホルモンは，食事で摂取した蛋白質を筋に合成する働きをします．したがって，このホルモンをたくさん出すことが，トレーニングを成功させる条件の1つです．

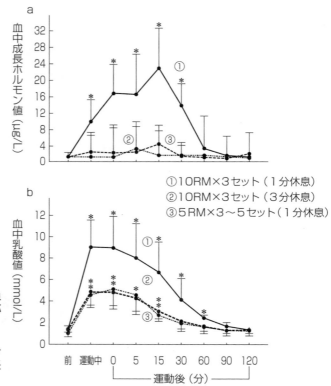

①10RM×3セット（1分休息）
②10RM×3セット（3分休息）
③5RM×3〜5セット（1分休息）

図Ⅱ-25　筋力トレーニングにおいて負荷重量と休息時間を変えた時の生理応答の違い（Kraemerら，1990）
9名の健康な男性が行っている．10RMの負荷でセット間の休息を1分にした場合に，乳酸値が高まり，成長ホルモンも多く分泌される．

　　aの①のように，10RMトレーニングを1分の休憩をはさんで3セット行うと，トレーニングの1時間後くらいまで成長ホルモンが分泌されます．したがって，筋を太くするよい刺激を与えていることがわかります．

　　ところが②のように，同じ10RMトレーニングでもセット間の休息時間を3分にして行うと，成長ホルモンはほとんど分泌されません．同じ運動量をこなしているのに，筋を太くするための生理応答がまるで違うのです．

　　休息時間を長くすれば「楽」に感じます．このことはbの図の②で血中乳酸値が低いことからも理解できますが，それでは効果が半減してしまうのです．所定の挙上重量が確保できる範囲内で，休憩時間をなるべく短くし，乳酸値を高くした状態で，「きつい」ことを覚悟して行う必要があるのです．

　　また③のように5RM，つまりより重い負荷で反復回数を少なくして行っても，成長ホルモンや乳酸値があまり上昇しません．このようなやり方をすると，筋肥大ではなく神経系に刺激を与えるトレーニングになるからです（表Ⅱ-2）．

〈AL〉　10RMの負荷で，休息時間を何通りかに変えて3セットの運動を行ってみよう．そして，きつさがどのように異なるかを，主観的な尺度（VASまたは数値スケール）で記述してみよう．

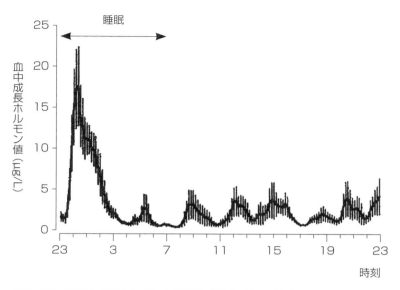

図Ⅱ-26　睡眠と成長ホルモンとの関係（Weibelら，1997）
　　規則正しい生活をしている11名の成人が，23時～7時まで睡眠をとった時の
　　血中での成長ホルモンの状況．寝入りばなの熟睡中に特に多く分泌されている．

・栄養と休養の大切さ

　　筋が太くなるためには，図Ⅱ-23に示したように筋が壊れ，それが修復されること
が前提となります．したがってトレーニングによって筋を上手に壊すだけではなく，
その後に蛋白質を含めたバランスのよい栄養補給をして，壊れた筋を修復することに
配慮する必要があります．

　　よく，筋力トレーニングのあと1時間以内に，蛋白質やアミノ酸をとろうといわれ
ます（最近では，それに加えて炭水化物も摂取しようといわれています）．図Ⅱ-25を
見ても，適切な10RMトレーニングをした後には，1時間くらい成長ホルモンの分泌
が多いことがわかり，このような配慮の必要性が理解できるでしょう．

　　ただし，このような目新しい知識だけが注目されて，それよりももっと大切な，毎
日の三食をきちんと摂るという基本に無関心な人が少なからずいます．これでは，い
くらトレーニングの直後に栄養補給をしても，意味が薄れてしまいます．

　　休養をとることも大切な条件です．たとえば睡眠と成長ホルモンとは密接な関係が
あります．図Ⅱ-26はそれを示したもので，成長ホルモンは就寝直後の熟睡中に特に
多く分泌されます．1日の中でいえば夜中の1時頃に相当します．夜更かしをしたり，
睡眠のタイミングが不規則な人では，成長ホルモンの分泌が弱まります．

　　大学生などで深夜のアルバイトをしている人では，日中にせっかく筋力トレーニン
グに励んでも，筋が思ったほど太くなりません．以前，受験校といわれる高校の先生
から，夜中に受験勉強をしていると筋力トレーニングの効果が現れにくい，という話
を聞いたこともあります．「寝る子は育つ」ということわざがありますが，筋のトレー

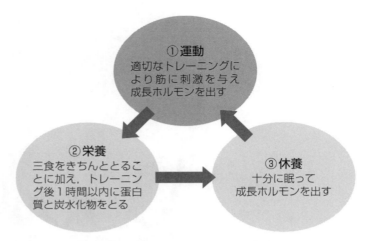

図Ⅱ-27　筋量を増やすために求められる3つの条件
　トレーニング時に的確な負荷と休息時間を設定して行うことはもと
よりだが，その後に適切な栄養と休養をとり，疲労からの回復を促
進することが重要になる．それがうまくできれば，翌日もよいトレー
ニングを行うことができ，好循環を生み出せる．

ニングにも当てはまるのです．

・運動・栄養・休養をどう最適化するか

　　以上のことを概念図で表したものが図Ⅱ-27です．運動・栄養・休養の3条件がそ
ろうことで，初めて筋が身につくのです．どれが欠けても効果は落ちてしまいます．
筋に限らず，全身の状態を良好に保つためにもこの条件は必須です．したがって，自
分はこの3条件が満たされているのかを，常に確認することが必要です．
　　といっても，それは簡単なことではありません．スポーツ科学が発展して何もかも
わかるようになったように思われがちですが，アスリートが1日にどれだけのエネル
ギーを消費し，どれだけのエネルギーを摂取したのかを正確に知ることは，いまだに
困難なのです．
　　そこで必要になってくるのが，自分で自分の身体を管理する努力です．p58やp54
で述べたように，毎日体重を計ったり，主観的な調子の良否を数値化してQCシート
に記録するといった可視化を続けることで，はじめて自分の現状がよくわかり，それ
らを最適化することもできるようになるのです．

<AL>　自分の運動・栄養・休養の条件が適切であるといえるかについて，図Ⅰ-26
　　　（p54）のようなQCシートを作って一定期間記録し，考察してみよう．

〈COLUMN Ⅱ-6〉

朝食を食べずに運動するとどうなるのか

体育大学生に対して朝食を抜くことの弊害を啓発しようと，朝食を食べた日と食べない日とで，運動能力がどのように違うのかを比べる実験をしたことがあります．1人の距離スキー選手に協力をお願いし，心拍数が150拍程度となるような中強度の自転車こぎ運動を，休みなしに続けてもらいました．

図はその結果です．縦軸に示した血糖値とは，自動車でいえば燃料計に相当します．朝食を食べた日には運動を2時間続けても血糖値は変化せず，きつさも「楽」から変化しなかったので，そこで運動を打ち切りました．

一方で朝食を食べない日には，1時間半を経過すると血糖値が低下し，きつさも「楽」から「ややきつい」となりました．さらに運動を続けると，2時間あまりで「非常にきつい」と訴え，運動を続けられなくなりました．朝食の有無により運動能力がこんなにも違うものかと，協力

してくれた選手とともに驚いたことを覚えています．

筋だけではなく，脳の働きが低下してしまったことも印象的でした．著者が「大丈夫？」と尋ねると，選手は「大丈夫です…」と答えるものの，目はうつろで受け答えもはっきりせず，遭難者のような表情でした．

疲労しきった選手に糖分の入ったジュースを飲ませると，血糖値は急速に回復し，再び運動ができたことも興味深い光景でした（右側の破線）．人間の身体は自動車のエンジンと同じで，ガソリンがなくなれば動かなくなってしまうのです．

食べなくても1～2時間は楽に運動できますが，そこから先はきつさが増してきます．しかし，きついのに頑張っているからよいトレーニングになっている，というわけではありません．それは低次元の苦しみでしかないのです．

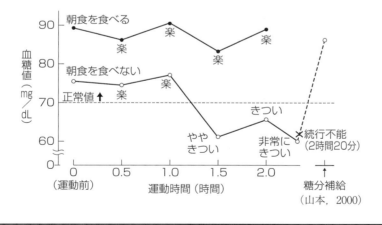

（山本，2000）

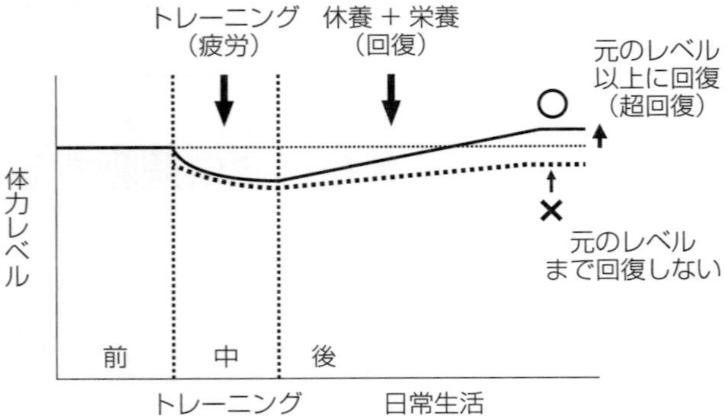

図Ⅱ-28　1日の中で見たトレーニングと
休養・栄養との関係（山本，2000）
トレーニング効果は，トレーニング方法が
適切なだけでは生まれない．運動・休養・
栄養のバランスを最適化することにより，
初めて生じる．

・疲労と超回復

　　常識的には，体力はトレーニング中に増大するものと考えがちです．しかしそうで
はありません．トレーニング中には疲労が進行し，体力はむしろ低下する一方です．
体力が増大するのは，トレーニングを終えた後の日常生活の中でなのです．

　　図Ⅱ-28は，これを概念図にしたものです．トレーニングの直後には疲労がピーク
に達し，体力は落ちた状態にあります．このような身体に休養と栄養とを与えること
で，日常生活の中でゆっくりと回復が進みます．

　　そして，トレーニングで与えた刺激と，その後の休養・栄養との組み合わせが適切
な場合には，翌日以降，トレーニング前のレベルよりも少しだけ体力が高まった状態
となります（実線）．この現象を「超回復」と呼びます．

　　トレーニングの要件とは，運動による刺激と，休養・栄養とを上手に組み合わせて，
できるだけ大きな超回復を実現することだといえます．運動が適切でも，休養や栄養
が不適切ならばトレーニング効果は弱まってしまいます（破線）．またその逆，つま
り休養や栄養がよくても，運動の仕方が不適切ならばやはり同じことです．

　　この意味で，トレーニングを表とすれば，休養・栄養は裏という関係にあります．
トレーニングには一生懸命に取り組むが，日常生活は気にとめないという人は，大切
なことの半面しか見ていないことになります．

・大学生アスリートの注意点

　　この点，最も注意しなければならないのは大学生のアスリートです．高校生までは
生活も規則正しく，食事も親が作ってくれる場合が多いでしょう．社会人の場合も，
勤めや家庭を持つことで規則的な生活をしている人が多いでしょう．しかし大学生
は，生活の自由度が高い分だけ不規則になりがちです．

　　図Ⅱ-29は，一人暮らしをしている大学生に多い誤った食事パターンです．朝は食
べない，昼は少ない，夜は多いという形です．これを続けていると，筋が身につかな
いだけでなく，体脂肪が増えてしまうという，最悪の循環をもたらします．日中によ
いトレーニングをしていても，全てが台無しになってしまうのです．朝食を摂らない

と脳の活動も低下するので，日中の勉学にも身が入りません．

〈COLUMN Ⅱ-7〉

炭水化物の優先性

　炭水化物，脂肪，蛋白質は三大栄養素と呼ばれます．どれも運動時のエネルギーとなりますが，通常は炭水化物と脂肪が使われています．蛋白質は，炭水化物が枯渇してきた時に，その代替燃料として動員されるのです．

　炭水化物と脂肪とを比べると，アスリートにとっては前者の方がより質の高い燃料だといえます．たとえば，高強度の運動では脂肪は燃えにくくなりますが，炭水化物はよく燃えます．また，脂肪は炭水化物と一緒でなければ燃えませんが，炭水化物は単独でも燃えるのです．

　ところで図は，人体が保有している炭水化物と脂肪の量を，面積比で示したものです．脂肪は莫大にありますが，炭水化物はごくわずかです．中強度の運動をしたとすれば，炭水化物は

約1.5時間で枯渇してしまいますが，脂肪は寝ないで運動を続けたとしても，1週間程度は補給可能な量を持っています．

　炭水化物の補給が不十分で，運動中にそれが枯渇してくると，脂肪はまだ莫大に残っていても運動能力は落ちてしまいます．マラソンでは35km付近で失速する光景がよく見られますが，その主要因の一つは炭水化物の枯渇です．

　ロウソクと同じだと考えればわかりやすいでしょう．ロウ（脂肪）だけでは火をつけても燃えません．また，芯（炭水化物）だけではたちまち燃え尽きてしまいます．両者が協同して燃えることで，長時間にわたり光や熱を出し続けられるのです．

　したがってアスリートが練習に臨む際には，炭水化物の補給を優先して考えることが必要です．その補給が足りないと，次のような悪影響があります．

1）すぐに疲れてしまい練習が十分にできません．また，筋だけでなく脳の機能も低下するので，やる気も失われてしまうのです．

2）炭水化物が不足したままで練習を続けると，代替燃料として蛋白質が使われるので，大切な筋を食いつぶしたり，内臓の蛋白質を壊してしまいます．

3）蛋白質を分解すると窒素化合物（老廃物）が多量に発生し，その処理をする腎臓にも余計な負担をかけてしまいます．

★単独でも燃えるし，激しい運動でも燃えるが，貯蔵量はごくわずかしかない

脂　肪
（7.4日分）

★貯蔵量は莫大にあるが
①炭水化物がないと燃えない
②激しい運動では燃えない

炭水化物
（1.5時間分）

運動や生活の
エネルギー

（山本，2000）

活動期
休養期
朝
食べない
昼
少ない
夜
まとめて食べる
エネルギーが不足し，十分なトレーニングができない．加えて，エネルギー源として筋が分解され，減ってしまう
エネルギーが過剰となり，脂肪となって身体に蓄積していく

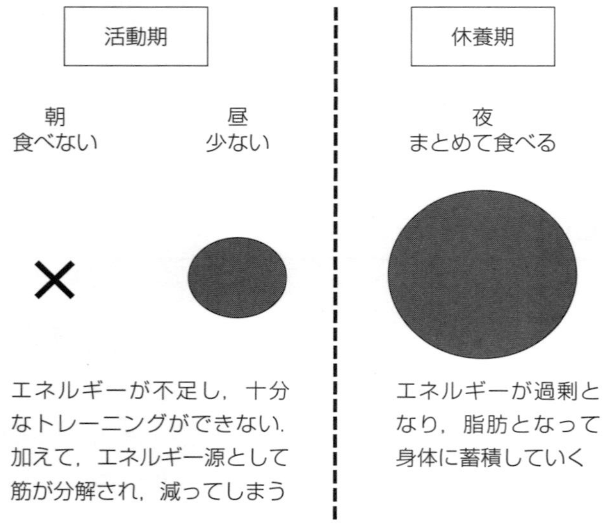

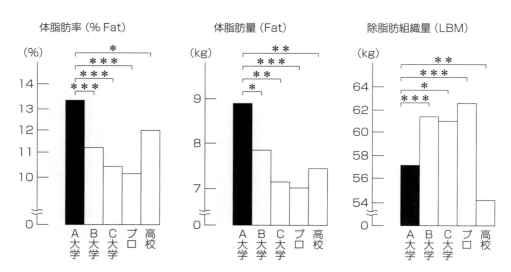

図Ⅱ-29　大学生のスポーツ選手に多い誤った食パターン
日中と夜間の代謝は，日周（サーカディアン）リズムにより，いわば独立採算性のようになっている．トータルの摂取量で帳尻を合わせるのではなく，活動期と休養期とでそれぞれ適切に食べる努力をしないと，弊害が生じてくる．

体脂肪率（% Fat）
(%)
体脂肪量（Fat）
(kg)
除脂肪組織量（LBM）
(kg)
A大学
B大学
C大学
プロ
高校

図Ⅱ-30　食生活との関連からみたサッカー選手の身体組成（山本と湯田，1995）
A大学の選手（28名）は全員が自炊生活をし，多くの者が図Ⅱ-29のような状況にある．合宿所で生活をしているB・C大学の選手（それぞれ17名，11名）や，プロの選手（30名），自宅から通学している高校生の選手（24名）と比べて体脂肪率や体脂肪量が多く，除脂肪組織量が少ないという，望ましくない身体組成を示している．

図Ⅱ-30はその実例です．全員が自炊生活をしているA大学のサッカー部で体脂肪率，体脂肪量，除脂肪組織量を測りました。そしてその結果を，合宿所で規則正しい食生活をしているB・C大学の選手，プロチームの選手，高校チームの選手と比べています．A大学の学生は体脂肪が多く，除脂肪組織量（筋や骨）が少ないという，アスリートにとっては好ましくない身体になってしまっています．

毎日，自分で体重を記録し続けることが必要だと先に述べました．しかし体重に

変化がなくても，除脂肪組織量が減り，その分だけ体脂肪が増えつつあるといった「隠れ肥満」的な場合もあります．したがって，できれば体脂肪計つきの体重計を用意して，これらの指標を全て記録することが望ましいといえます．

＜AL＞ 体脂肪計を用いて自分の体重（kg）と体脂肪率（％）とを測り，そこから体脂肪量（kg）と除脂肪組織量（kg）を計算で求めてみよう．また１週間程度，時間を決めて毎日測定し，それぞれの値がどの程度変動するのかを観察しよう．

［まとめ］
- 筋が発揮できる力の大きさは，基本的には筋の断面積に比例する．
- 筋が太くなる場合，筋線維の肥大，筋線維の増殖，結合組織の肥厚，という３種類の適応が起こる．
- 筋を太くするには10RMトレーニングが適するが，セット間の休息時間にも留意する．運動中は短縮性の動作に加え，伸張性の動作も重要な役割を果たしている．
- 筋力を増大させると，スピードやパワーの改善，持久性や疲労への抵抗性の向上，技術の安定や改善，傷害の予防など，様々な波及効果が得られる．
- 適切なトレーニングの後に，適切な栄養と休養をとることで筋が合成される．食生活への配慮が足りないと，体脂肪が増え，除脂肪組織が減るなどの劣化を招く．

3章 スピードとパワーのトレーニング

　走る，跳ぶ，投げる，打つ，蹴るなど，スポーツで行う運動の多くは，単に力を発揮するだけではなく，それを高速で行うことが求められます．このような，スピードも伴った力発揮のことを「パワー」と呼びます．数式で表すと，パワー＝力×スピードとなります．

　パワーは，力の要素を改善してもある程度までは増大します．しかしそれだけでは不十分で，スピードの要素に対して直接，過負荷をかけてやることが重要です．本章では，スピードとパワーの性質や，そのトレーニング方法について考えます．加えて，敏捷性やバネと呼ばれる能力についても考えてみます．

・力型とスピード型の種目

　図Ⅱ-31は，パワーリフティングの一流選手と陸上十種競技の一流選手との間で，脚伸展パワーの測定結果を比べたものです．両者はいずれも当時の日本チャンピオンで，体重もほぼ同じです．

　座った状態で，足でプレートを全力で蹴り出し，パワー（力×スピード）を測るのです．プレートの移動速度は低速・中速・高速と3種類に設定し，得られた値は体育大学生の平均値に対して何％大きいかで示しました．

　パワーリフティング選手では，低速でのパワー発揮能力には優れていますが，中〜高速になるとその優位性は小さくなります．この競技では重いバーベルをゆっくり動かせばよいので，筋の能力もそれに応じた適応をしているのです．

　十種競技選手ではその反対です．低速でのパワーは一般の体育大学生並みですが，速度が速くなるほど優れた能力を示すようになり，高速では約45％優れています．この競技ではジャンプ・ダッシュ・投擲を行うので，高速でのパワー発揮に優れるように筋の能力が適応していることがうかがえます．

　このような性質を速度特異性と呼びます．アスリートは，自分の種目にとって最重要な速度域を見きわめ，そこでのパワー発揮能力を特に改善することが必要だということになります．

＜AL＞　あなたの種目では，競技中にどの程度の力とスピードが発揮されているのか，またそれは自分が持つ最大筋力や最大スピードの何割程度の能力に相当するのかを調べてみよう．

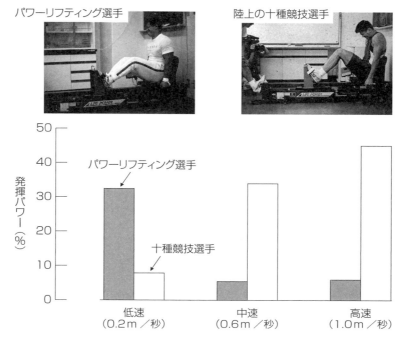

図Ⅱ-31　日本チャンピオンの筋出力の速度特異性（著者研究室資料，1994）
　　　どちらも瞬発系種目の選手であり，体重もほぼ同じだが，力型とスピード型
　　　という質的な違いがある.

**図Ⅱ-32　筋でスピードの能力が生み出
される道筋**
　3種類の脳細胞が，2種類ある速筋線
維と遅筋線維とを別々に支配してい
る. スピードの能力はFF単位やFR単
位の動員によって発揮される.

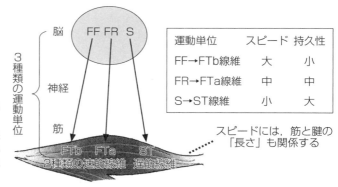

運動単位	スピード	持久性
FF→FTb線維	大	小
FR→FTa線維	中	中
S→ST線維	小	大

スピードには，筋と腱の
「長さ」も関係する

・スピードの発揮を規定する要因

　　　図Ⅱ-32は，スピードの能力を生み出す身体の仕組みを示したものです. 力を生み
出す仕組み（p84）と比べると，より複雑です. 脳から電気信号が送られてきて，筋
で力発揮が起こることは同じですが，その経路が3種類あるのです.
　　　脳の運動野にあるFFという細胞からは，筋のFTbという線維に信号が送られてき
て力を発揮させます. 同様に，FR細胞からはFTa線維に，S細胞からはST線維に信
号が送られます. 脳で命令を出す段階から，神経を経由して筋を活動させる段階まで，

ひとまとまりの単位として活動するので，運動単位と呼びます．

　FF単位は素早く大きな力を発揮できますが，疲労しやすい性質があります．S単位は，小さな力をゆっくりとしか発揮できませんが，疲労しにくい性質があります．FR単位はその中間の性質を持ちます．

　速筋線維（fast twitch：FT），遅筋線維（slow twitch：ST）という用語は一般にも知られています．ただし筋だけの性質として考えるのではなく，脳や神経系の働きも込みにして考える必要がある，という点を覚えておいてください．

　なおスピードの能力は，筋＋腱の「長さ」が大きい人ほど優れるという性質もあります．力の能力は筋の太さに比例し，10RMトレーニングを行えば誰でも比較的容易に太くできます（p86）．しかし筋や腱の長さは，身長によってほぼ決まってしまうので，スピードの能力には先天的な要素（素質）も関係してくることになるのです．

〈COLUMN Ⅱ-8〉

サイズの原理

　図は，自転車エルゴメーターを用いて漸増負荷運動をした時の運動単位の動員の様子です．負荷が小さく，脚筋の力発揮が弱い時には，ST線維（S単位）だけが動員されます．負荷が上がり，力発揮がある水準以上になると，FTa線維（FR単位）も参加してきます．さらに激しい運動になるとFTb線維（FF単位）も加わります．

　この性質をサイズの原理と呼んでいます．脳で命令を下している細胞の大きさが，FF＞FR＞Sという順であることにちなんでいます．私たちが運動をする場合，3種類の運動単位は自動的に，そして合目的に使い分けられているのです．

　本章で考えるスピードやパワーのトレーニングを成功させるには，FFやFR（特に前者）を動員するように仕向けることが必要です．そのためには，高強度の運動を行う必要があることになります．低強度の運動をたくさん行っても，FFやFRを強化する刺激にはならないのです．

　ただし，図の右側に示したような条件を考慮すれば，必ずしも高強度ではなくてもFFやFRを動員することが可能です．たとえば負荷は小さくても，スピードを速くすればFF・FR単位が動員されます．また低強度運動でも，疲労困憊まで行ってS単位を疲労させてやれば，FF・FRが動員されるといった具合です．

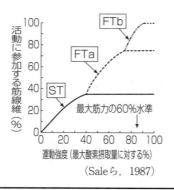

FT線維を動員するための方策
1. 筋に大きな負荷をかける
2. 負荷は軽くても，速いスピードで行う
3. 疲労困憊まで行う
4. 伸張性の動作を行う
5. 衝撃的な負荷をかける

（Saleら，1987）

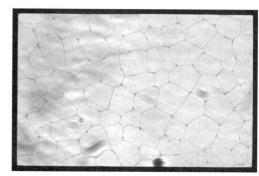

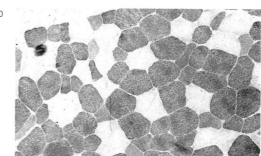

図Ⅱ-33　筋線維の顕微鏡写真
　筋バイオプシー（筋生検）と呼ばれる方法で大腿四頭筋の一部を採取し，筋線維の横断面を顕微鏡で見たもの．aの石垣状の模様は１本１本の筋線維で，仕切りの所にはところどころ毛細血管がある．bはこれを染色したもので，黒く染まっているのが遅筋線維（ST），白い部分は速筋線維（FTaとFTb）．

・筋線維組成

　人間の筋は，FT線維とST線維とが混じり合ってできており，一般の人ではそれぞれの割合がほぼ50％ずつとなっています．しかし人によっては，どちらかに偏っている場合もあります．FTとSTの比率のことを筋線維組成と呼びます．

　図Ⅱ-33のaは，著者の大腿四頭筋の筋線維の横断面を，顕微鏡で見たものです．bはそれを染色して，筋線維のタイプがわかるようにしたものです．黒く染まっている部分がST，白い部分がFTで，STがやや多いのが著者の特徴です．

　図Ⅱ-34は，様々なスポーツ種目の優秀選手の筋線維組成を示したものです．瞬発系の選手ではFTの割合が多く，持久系の選手ではSTの割合が多いというように，種目の特性に対して合目的な適応をしています．

　かつては，筋線維組成は先天的に決まっているもの，つまり素質だとされ，後天的な努力，つまりトレーニングでは変えられないと考えられていました．しかし現代では，筋線維は増殖することがわかっています（p90）．したがってトレーニングのやり方次第で，FT・ST線維の割合をある程度までは変えることも可能でしょう．

　図Ⅱ-34をよく見ると，FTまたはSTの割合が極端に多い種目はわずかです．瞬発系（投擲や剣道など）の種目でも，平均値で見ればFTが60％程度のことが多く，持久系の種目でもSTが60％前後のことが多いのです．

　これについて著者は以下のように考えています．アスリートでも子どものうちはFTとSTを半々ずつ持っていることが多い．しかし，片方の筋線維を積極的に動員するようなトレーニングを積むことで，FTまたはSTの割合を60％程度まで増やすこと

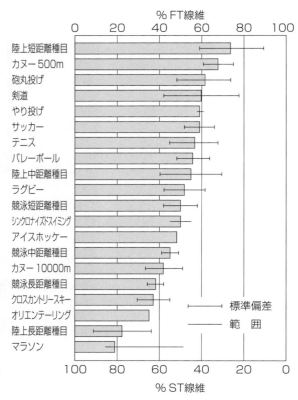

図Ⅱ-34　種目別に見たスポーツ選手の筋線維組成（勝田ら，2015）
極端なFT型やST型の種目は少なく，多くの種目ではどちらかの線維の割合がやや多い程度（おおよそ60%）にとどまっている．棒グラフのバーは標準偏差を示したものと，範囲（最小値〜最大値）を示したものとがあることに注意．

は可能であり，それが図Ⅱ-34にも現れているのではないかということです．
　また同じ種目の選手でも，個人のばらつきが大きいことにも注意してください．たとえばマラソン選手のST線維は平均値で見れば80%以上ですが，範囲で見ると中には50%程度の人もいます．以上の2点を考えると，ある種目に対する向き不向きが，生まれつきの素質で決まってしまうという考え方はしない方がよいでしょう．

・スピードへの過負荷を意識する

　ここからはトレーニングについて考えていきます．パワー＝力×スピードです．したがってパワーを改善するには，力に過負荷をかけて改善する方策（①）と，スピードに過負荷をかけて改善する方策（②）とが想定できます．①はレジステッドトレーニング，②はアシステッドトレーニングと呼ばれます（p80）．
　過負荷というと，どうしても①のイメージが先行しがちです．たとえば，本番よりも重いバットを振ったり，竹刀の代わりに重い木刀を振るといったイメージです．しかし，力に過負荷をかけるのと引き換えに，スピードへの過負荷は犠牲になるという，トレードオフの関係があることを忘れてはなりません．
　特に，スピードの要素の強いパワーの能力を改善したい場合には，力への過負荷だけではなく，スピードへの過負荷を工夫することが不可欠です．バットを振る場合で

通常のボール（145g）
重いボール（＋10%の重さ）
軽いボール（−10%の重さ）

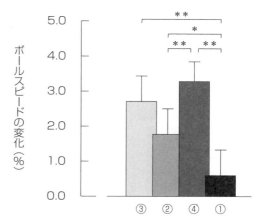

図Ⅱ-35　野球選手が速い球を投げるためのトレーニング法の比較（森本ら，2004）
　　　各条件とも大学野球選手が7名ずつ参加し，週に2回で3週間（計6回）のトレーニングを行った．毎回のトレーニングで計60球投げることとし，そのうちの15球は各条件とも通常ボールを投げた．残りの45球は，①では通常ボール，②では重いボール，③では軽いボール，④では重いボールと軽いボールの両方を用いた．

いえば，重いバットを振るだけでは片手落ちで，本番で使うよりも軽いバットを振ることも併用することが必要になるのです．

　図Ⅱ-35は，このことを野球のボールを投げる場合で検証した実験です．①普通のボールを投げる，②普通＋重いボールを投げる，③普通＋軽いボールを投げる，④普通＋重い＋軽いボールを投げる，という4種類のトレーニングを比べています．その効果を平均値で比べると，④＞③＞②＞①の順となっています．

　4条件とも同じ球数を投げているのに効果が違ってくること，そして特異性だけに頼ったトレーニングでは改善の効率が低いことがわかります（①）．特異性に加えて，力やスピードに過負荷をかける運動も組み合わせて複合トレーニング化することで，もっと効率よく能力を改善できるのです（②〜④）．

　以上のことを一般化すると，スピードの能力を効果的に改善するには，本番と同じ運動をするトレーニング（特異性），レジステッドトレーニング（力への過負荷），アシステッドトレーニング（スピードへの過負荷）の3種類をうまく組み合わせることが重要だといえるでしょう．

＜AL＞　自分の種目で図Ⅱ-35の④のような取り組みをするとしたら，どのように行えばよいのかを考えよう．既成の方法がなければ新たなアイデアも出してみよう．

・単発パワーと反復パワー

　パワーを改善するには，速度の特異性のほかにも，その発揮様式の特異性についても考えることが重要です．本書では，「単発パワー」と「反復パワー」という，2種

a   b

図Ⅱ-36　単発的なパワー（a）と 反復的なパワー（b）
　投げる・打つ・跳ぶなど，爆発的なパワーを単発的に発揮する運動を単発パワーと呼ぶ．走・泳・自転車・カヤックの
スプリントなど，左右の四肢を使って高速の筋力発揮を繰り返し，それを積み上げてパワー発揮をしている場合を
反復パワーと呼ぶ．

類の発揮様式に分けて考えます（図Ⅱ-36）.
　陸上競技では，砲丸投げや槍投げが単発パワーの典型です．野球であれば，ピッチャーが投げる１球１球や，バッターの打撃スイングが単発パワーに相当します．一方，陸上・自転車・競泳・カヌー・スピードスケート競技のスプリント種目では，左右の筋を高速で切り換えながら動かすので，反復パワーに該当します.
　また陸上競技の走り幅跳びでは，助走局面では反復パワー，踏切局面では単発パワーの要素が求められるので，両者ともに重要だといえます．サッカーやバスケットボールであれば，ダッシュ時には反復パワーが，ダッシュの開始・切り返し・ジャンプなどの場面では単発パワーが要求されます.
　図Ⅱ-37は，100m走・走り幅跳び・三段跳びの一流選手と二流選手について，図Ⅱ-31と同様に３速度での単発パワーを測るとともに，自転車エルゴメーターを用いて５秒間の全力ペダリングパワー（反復パワー）を測った結果です．各種目の一流選手では，種目の特性に応じた筋パワーが特異的に発達しています.
　ところで単発パワーと反復パワーとを比べると，前者は１回だけの爆発的なパワー発揮をすれば終わりですが，後者では左右の筋の収縮・弛緩を一定時間，高速で反復しなければなりません．神経～筋の働きから見ると，後者の方がより複雑です.
　図Ⅱ-34を見ると，投擲のような単発パワーの発揮種目よりも，スプリントの走やカヌーのように反復パワーを発揮する種目の方が，FT線維の割合が多いことがわかります．後者は神経系の切り替え作業を高速で行う必要があるために，FT線維の重要度がより高まるのではないか，というのが著者の解釈です.

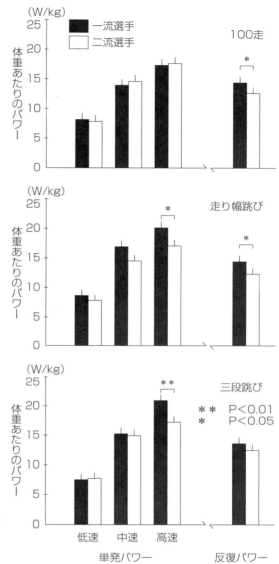

図Ⅱ-37　**種目による発揮パワー特性の違い**
（山本ら，1991）
　100m走の一流選手では反復パワーが，走り幅
跳びの一流選手では反復パワーと高速での単発パ
ワーが，そして三段跳びの一流選手では高速での
単発パワーが特に優れている．

＜AL＞　自分の種目では，単発パワーと反復パワーとがそれぞれどのような場面で
　　　　発揮されているのか（あるいはいないのか）を考えてみよう．

・反復パワーのトレーニング

　　　　　前記のような性質を考えると，単発パワーよりも反復パワーを改善する方がより困
難だと予想されますが，どのようなトレーニングが必要でしょうか．過負荷の原則か
ら類推すると，本番の動きよりも反復頻度が高くなるようなアシステッドトレーニン
グを行うのが効果的だといえそうです．

a  b

図Ⅱ-38　反復パワーのトレーニング方法
自転車エルゴメーターを用いた軽負荷での全力ペダリング（a），走エルゴメーターを用いたその場での全力走（b）などを行えば，誰もが一流選手が競技場面で発揮している以上の，左右の筋に対する高頻度での神経指令の切り替えを体験できる．

　　　短距離走選手でいえば，自転車や走のエルゴメーターを用いて，負荷を軽くして全力運動をする方法があります（図Ⅱ-38）．100m走の一流選手の脚の回転周期は，1分間あたりに換算すると150rpm程度です．このような素早い左右の切り替え運動を，一般的な競技者が陸上競技のトラックを走ることで実現することは困難です．
　　　しかし自転車エルゴメーターを用いて，負荷を軽くして全力ペダリングをすれば，誰でも200rpmを超えられます．そしてこうすることで，神経系〜筋系の切り替え能力に対しては，普段の練習では実現できない過負荷をかけられます．筋力は持っているがスピードが出せない，という人では特に効果的でしょう．
　　　図Ⅱ-39は，これをもっと現場での特性に近づけた運動です．ミニハードルを使って，歩幅を狭くして素早く駆け抜ける運動の効果を調べたものです．この運動を一過性に行った後に50m走を行うと，ストライドは変わりませんがピッチが増加し，走タイムが速くなるのです．
　　　本番のダッシュと同じようにストライドを広げて体重移動をしようとすれば，速度を上げることができず，神経系の切り替えにも過負荷がかかりません．しかし歩幅を狭くすれば，誰もが素早い切り替え運動を実行できるので，スピードへの過負荷をかけやすくなるということです．

＜AL＞　自分が反復パワーを発揮する場面では，どの程度の周期（ピッチ）で行われているのかを調べてみよう．またピッチを上げるためのトレーニング方法についても考えよう．

・敏捷性（アジリティ）のトレーニング

　　　敏捷性（アジリティ）は，独立した能力と考えるよりも，反復パワーの延長上にあ

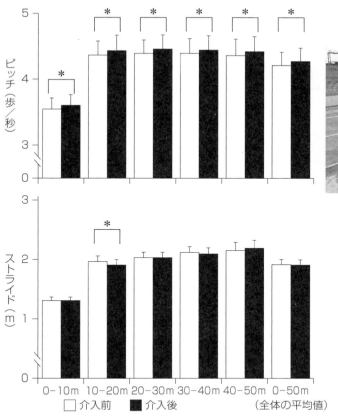

ミニハードル走

**図Ⅱ-39 事前のミニハードル運動による
ダッシュ能力の改善**（吉本ら，2013）
　10名の大学男子短距離走選手が行っている．ミニハードル10台を用いて素早く駆け抜ける運動を10セット行い，その直後に50m走を行うと，ストライドは変化しないがピッチが増加し，総合タイムは有意に短縮した（5秒48→5秒30）．

る能力と位置づけるとよいでしょう．反復パワーにおいて，力の要素を軽減し，スピードやそれを生み出す神経系の要素がより強調された能力と考えるのです．

　アジリティトレーニングの一つにラダー運動があります．様々な課題に対して素早く移動しようと努めることで，左右の神経系の切り替え能力に過負荷を与えることになります．歩幅は狭いので，図Ⅱ-39のミニハードルを使った運動と同様，筋力があまりない人でも素早く動くという課題に専念できます．

　ポイントは「まず正確に，その上で素早く」ということです．素早さを優先し，正確さがおろそかになると，神経系が誤動作を覚えてしまいます．また，ある課題が楽にできるようになったら，課題を変えることが必要です．楽にできるパターンだけを繰り返していては，神経系に過負荷をかけているとはいえないからです．

　図Ⅱ-40は，サッカー選手がラダートレーニングをした時の効果です．主運動を行う直前に一過性に行ったものですが，効果が現れています．したがって試合前のウォーミングアップとして行えば，本番でも効果がありそうです．また一定期間，トレーニングとして継続すれば，さらに大きな効果が得られます．

　ところで，ここまでの話とは逆行するようですが，スピードとは無縁に見えるトレーニングでも，スピードや敏捷性の改善に効果があるという例を紹介します．それは体幹トレーニングです．

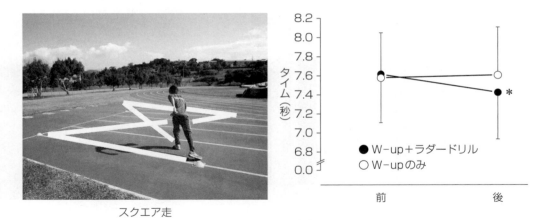

スクエア走

図Ⅱ-40　事前のラダー運動による方向転換走能力の改善（小松崎ら, 2012）
　12名の大学男子学生が行っている. 5種目のラダー運動（計15分）を事前に行ってからスクエア走を行うと, 通常のウォーミングアップ（W-up）だけを行った場合と比べて, スクエア走のタイムが有意に改善する.

測定項目	対照群 （8名）	静的な体幹 トレーニング 群（6名）	動的な体幹 トレーニング 群（6名）
切り返し能力 （プロアジリティ テスト：秒）	±0%	−5%＊	−4%＊
ミニゲームでの 大きな加速の回数（回）	+1%	+22%＊	+40%＊
ミニゲームでの 大きな減速の回数（回）	+17%	+21%＊	+31%＊
ダッシュ能力 （30m走タイム：秒）	+1%	−1%	−5%＊
ミニゲームでの 高速度での移動距離 （m）	+4%	−3%	+21%＊

図Ⅱ-41　アジリティとダッシュ能力に及ぼす体幹トレーニングの効果（後藤, 2016）
　大学男子サッカー選手が, 静的（a）または動的（b）な体幹トレーニングメニューを週2回, 12週間行ったときの効果. a, bともサッカーに必要な切り返し, 加速, 減速能力に効果をもたらしている. bではさらにダッシュ能力も改善している.

　　　　図Ⅱ-41は, サッカー選手が2種類の体幹トレーニング（a：静的, b：動的）を行った時の効果を示したものです. a・bとも, サッカー選手にとって重要な切り返し能力や, 素早く加速／減速する能力の改善に効果をもたらしています. bではさらにダッシュ能力も改善しています.

aはじっとして行う運動です．bでもごくゆっくりしか身体を動かしません．しかしこれらを行うことで，体幹をしっかりと固定する能力が高まり，その結果として素早い動作をする上で有利になるのです．

＜AL＞ 自分の種目では，どのような場面でアジリティ動作が求められるのかを考えよう．また，その能力を改善する方法について，①一過性のエクササイズ，②継続的なトレーニングという2つの視点から考えてみよう．

・バネとは

　　空気をしっかり入れたボールはよく弾みますが，空気の抜けたボールは弾みません．前者の方がバネがあると表現できます．私たちの筋や腱の中でもこれと同様，バネを生み出す「弾性要素」があります．同じエネルギーを使って運動をしていても，バネをうまく使えるか否かでパフォーマンスは大きく変わります．

　　図Ⅱ-42は身近なバネの例です．ものをはじく時に，aのように人差し指だけを使って弾いても，遠くには飛びません．bのように人差し指を親指に引っかけて力を入れ，バネをためてから弾けば，はるかに遠くまで飛びます．

　　bの場合，人差し指が大きな力を発揮しているのは，親指で引っかけて静止している局面です．人差し指が親指から解放されて動く時には，その惰性で動きます．つまり人差し指は事前に筋力を発揮して，そのエネルギーを筋や腱の弾性要素に蓄え，それをバネとして一気に開放することで大きなパワーを出しているのです．

　　図Ⅱ-43は，弾性要素を生理学的に説明したものです．筋と腱とが協同してバネを生み出しているので，筋・腱複合体と呼ばれます．弾性要素には直列・並列という2種類の要素があります．なお，筋の力には筋の太さが，スピードには筋と腱の長さが関係すると述べましたが（p84, p101），バネには腱の太さが関係しています．

　　バネには静的なものと動的なものとがあります．図Ⅱ-42は静的なバネの代表例です．動的なバネの方は，投球前のバックスイング動作や，ジャンプする前に行う沈み込み動作などに見られます．

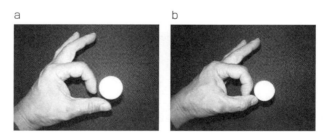

a　　　　　　　　　　b

図Ⅱ-42　静的なバネの例
　　aのように人差し指を使うだけでは遠くに飛ばない．bのように人差し指を親指に引っかけて，バネを利用することで，飛ぶ距離は著しく増大する．バネの能力には，筋だけではなく腱も重要な貢献をしているため，筋・腱複合体という概念で考える．

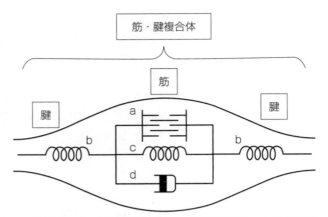

a：収縮要素，b：直列弾性要素，c：並列弾性要素，d：粘性要素

図Ⅱ-43　バネを生み出す要素（深代と内海，2018）
　　筋と腱の中にはバネを生み出す弾性要素があり，とりわけ腱
　　が重要な役割を担っている．

表Ⅱ-3　バレーボール選手のジャンプ能力とバネの関わり（著者研究室資料，2015）
　　4名の男子大学選手が，3種類の全力ジャンプを行っている．①のジャンプでも，沈み込み動
　作時にはバネが使われているが，→②→③となるほどさらにバネの要素が付加され，パフォー
　マンスはより増大する．C・D選手は①→②で，A・B選手は②→③で大きくバネを獲得し
　ており，個人差があることもわかる．

	A選手	B選手	C選手	D選手
①垂直跳び バックスイングなし	76cm	68cm	53cm	60cm
	+5cm	+6cm	+16cm	+13cm
②垂直跳び バックスイングあり	81cm	74cm	69cm	73cm
	+13cm	+18cm	+5cm	+6cm
③スパイクジャンプ ②＋走り込みあり	94cm	92cm	74cm	79cm

　　表Ⅱ-3は，バレーボール選手のジャンプにおけるバネ利用の効果を示したもので
す．跳ぶのは上方ですが，その直前に，逆方向である下方に沈み込み動作をします．
これによって地面から反発力をもらい，それを弾性要素に蓄え，バネとして爆発的に
発揮することで，上方に向かってより高く跳べるようになるのです．

＜AL＞　あなたの種目では，どのような場面でバネが使われているのかを考えてみ
　　　　よう．

・バネのトレーニング

　　　図Ⅱ-44は，通常の筋力発揮と比べて，バネを使った筋力発揮がいかに特殊かを示

したものです．バネを使わないアイソメトリックな筋力発揮の様子と，バネを使うリバウンドジャンプの様子とを比べています．

　前者の場合，ピークの力に到達するのは力発揮を開始してから0.5秒以降で，ピーク値も200kg以下です．一方，後者では開始から0.1秒後にはピークに到達し，0.2秒後にはすでに筋力発揮は終わっています．しかもピーク時には500kg以上という非常に大きな力を発揮しています．

　この図から，バネの能力はアイソメトリックなトレーニングだけでは鍛えられないことが想像できます．この事情は，アスリートに最もなじみの深い10RMトレーニングでもほぼ同じで，バネの能力を鍛えるのにはあまり適しません．

　バネの能力を改善するには，プライオメトリックトレーニングが有効です．図Ⅱ-

〈COLUMN Ⅱ-9〉

剣道選手とバネ

　図は，剣道選手の打突能力を改善するために行ったバネのトレーニングの様子です．打突時には左足が踏切足となるので，左足で片脚ジャンプをするという補助トレーニングを導入して，バネの能力を鍛えようとしたのです．

　10mの長さをとり，50cmずつテープで区切って，そこを左足の片足ジャンプで素早く移動するのです．1回で20回の連続ジャンプをすることになりますが，これを1日に10セット，週に3回，4週間行っています．

　その結果，打突のスピードは3.36m/秒から

4.08m/秒へと，21％増大しました．選手の内省報告でも「打突速度が速くなった」「遠くに跳べるようになった」「連続技がスムーズに打てるようになった」「左足の疲労が以前よりも少なくなった」など，肯定的な評価が多く聞かれました．

　一方で「左右のバランスが崩れた」「膝が痛くなった」という意見もありました．このトレーニングはほとんどの選手にプラスの効果をもたらしましたが，一部の選手ではプラス面だけでなくマイナス面もあったことがわかります．

　Ⅱ部1章で述べたように，補助トレーニングとは本番とは異質の運動をすることです．これによって，通常練習ではかけられない過負荷をかけられるわけですが，一方では副作用が生じる可能性もあるのです．

　補助トレーニングにはこのような二面性があることを理解する上でも，この研究結果は参考になります．副作用をできるだけ小さく抑えながら効果を引き出すためには，トレーニング期間中にも注意深い観察やモニタリングが必要です．

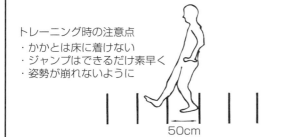

トレーニング時の注意点
・かかとは床に着けない
・ジャンプはできるだけ素早く
・姿勢が崩れないように

50cm

踏み切り足だけを使って20回の片足ジャンプを行う

全長10m

（椿と前田，2006）

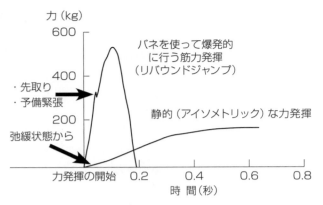

図Ⅱ-44　通常の筋力発揮とバネを使う筋力発揮との違い
（図子と高松，1996）
　バネを使う運動では，力の立ち上がりの速さも，そのピーク
の大きさも，どちらも非常に大きい．いいかえると，通常の
筋力トレーニングでは改善することは難しい．

図Ⅱ-45　バネを鍛えるプライオメトリックトレーニングの例
　プライオ＝伸ばす，メトリック＝長さという意味がある．左はバウンディング，右はハードルジャン
プと呼ばれる．衝撃的な着地による筋・腱の引き伸ばしと，その後の瞬時の切り返しにより，爆発的
なパワーを出力させていることから，伸張－短縮サイクル（stretch shortening cycle: SSC）トレー
ニングともいう．上記以外にも様々なやり方があるが，いずれも反動や切り返しを意識して，素早く
行うことがポイントになる．

　45はその例です．ほかにも様々なやり方が考案されていますが，いずれも瞬時の切
り返しや反動を意識して行うことがポイントとなります．
　図Ⅱ-46は，プライオメトリックトレーニング（a）により，生理的にどのような
適応が起こるのかを調べた実験です．ウエイトトレーニング（b）と比べて，電気信
号量の増加（神経系の適応）に効果的であることがわかります．また力発揮能力への
効果を見ると，最終的に到達するピーク値よりも，運動初期の「立ち上がり」の速さ
が大きく改善することが特徴です．

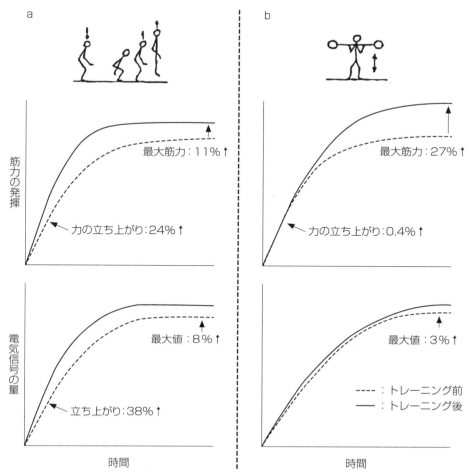

図Ⅱ-46　プライオメトリックトレーニング（a）とウエイトトレーニング（b）の効果の違い
（Sale, 1988）
後者では力の改善が主となるのに対して，前者では力の立ち上がりが大きく改善する．

<AL>　バネの能力改善という意味で，あなたは専門練習や補助トレーニングの中
でどのような運動をとり入れているのかを考えてみよう．

・バネを効果的に発揮する技術

　　　バネの能力を改善するには，筋・腱の弾性要素を強化するといった，体力面からの
アプローチも重要ですが，それだけでは不十分です．高速での運動中に，瞬時にバネ
を貯めて開放するための，運動技術の改善という視点も重要です．
　　　図Ⅱ-47は，一流の100m走選手が中間疾走をしている時の様相です．一方の足が
着地してから離地するまでの5つの局面で，走者が地面から受ける力をベクトルで表
しています．

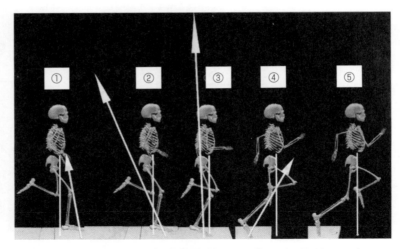

図Ⅱ-47　一流スプリンターが疾走中に地面から受ける力（松尾，2007）
　　　　接地から離地まで１歩あたりで0.1秒以下（0.08秒）の間に大きな力を受けて
　　　　（いいかえると自分でも力を発揮して）いる．地面から受ける力は④の局面
　　　　では小さく，②や③で大きいことから，バネを蓄えてそれを有効利用して
　　　　いることがうかがえる．

　　常識的には後方に蹴る力が大きいように思えますが，実際には足を蹴り出す④の場
面での力は小さなものです．反対に，足が着地してブレーキを受ける②の場面での力
が大きいことが目を引きます．この様子から，②の局面でバネが蓄えられ，それを開
放することでスピードを出していることがうかがえます．
　　100m走では，片方の足が着地してから離地するまで0.1秒以下です．この間に上手
にバネをためて開放するには，着地・離地のタイミングや，全身の姿勢づくりも重要
です．高速での運動中，一瞬で行う動作技術の良否によりバネをどれだけ生かせるか
が変わってしまうので，高度な運動だということがわかると思います．

＜AL＞　あなたの種目では，バネを有効に発揮するための「技術面」からのアプロー
　　　　チとして，どのような方策があるのかを考えてみよう．

[まとめ]
・力あるいはスピードだけを単独で発揮するスポーツはほとんどなく，両方とも重要
　な場合が多い．両者の積（力×スピード）のことをパワーと呼ぶ．
・パワーは，力を増大させることによってもある程度までは改善する．しかし高速で
　のパワーを改善するには，スピードへの過負荷を工夫することが不可欠となる．
・スピードに過負荷をかけるには，力への負荷を軽減して，競技本番で行う以上の
　スピードを出せるようにして行う，アシステッドトレーニングが有効である．
・パワーの発揮様式には単発パワーと反復パワーの２タイプがあり，後者の方が仕組
　みが複雑である．敏捷性（アジリティ）は後者の能力の延長上にある．
・バネ（弾性要素）を上手に使うと，同じエネルギーを使っていても，パフォーマンス

は大きく増大する．バネの能力は通常の筋力トレーニングでは鍛えにくいので，プライオメトリックトレーニングなどを導入する．

〈COLUMN Ⅱ-10〉

長距離走選手とバネ

バネといえば，ダッシュや跳躍といった瞬発系の選手だけに必要な能力だと思われがちですが，長距離走選手にとっても重要です．走る運動とは，片脚ジャンプを交互に繰り返して前方に進むことです．長距離走ではこれを何千～何万回も繰り返すので，バネの使い方の良し悪しでパフォーマンスには差が生じてきます（p128のCOLUMN Ⅱ-12）．

この図は，大学生の長距離走選手8名が事前に軽いホッピング運動を1分間行うことで，10,000m走のレースペースで走ったときの酸素摂取量（≒エネルギー消費量）が小さくなるという実験結果です．同じ速度で走っているのにエネルギー消費量が小さくなっているので，走効率がよくなったことがうかがえます．

ホッピング運動自体はごく軽い運動で，息も切れません．しかし，これをやることで体幹の安定性が向上し，バネをより有効活用できるようになり，その結果として走効率が改善したと説明できます．このような運動をウォーミングアップに取り入れれば，本番の成績を向上できる可能性もあるでしょう．

著者らはこのほかにも，腹部を軽く圧迫するベルトの効果についても検証してみました．その結果，ベルトを装着した時の方が走効率は高くなっていました．この場合には，腹腔内圧が上昇することで体幹が安定し，走効率の改善につながっていると説明できるでしょう．

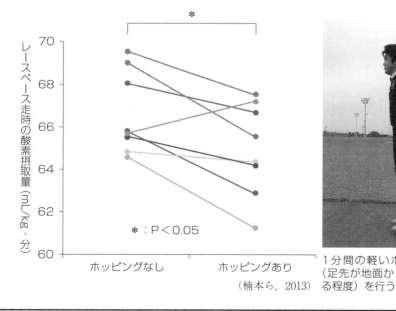

*：P＜0.05

（楠本ら，2013）

1分間の軽いホッピング運動（足先が地面から数センチ離れる程度）を行う

4章　持久力のトレーニング（1）
ローパワーの持久力

　本章と次章では，持久力について考えます．持久種目といえば，まずマラソンのような長時間の運動が思い浮かびますが，中距離走や短距離走でも持久力は必要です．また球技，武道，格闘技，採点競技のように，瞬発的な運動を繰り返し発揮する種目でも重要です．つまり持久力といっても多様なタイプがあるのです．

　筋は，性質の異なる3種類のエネルギー供給系を備えています．運動の内容に応じてそれらが選択的に動員されることで，多様な持久力が生み出されているのです．本章の前半では，持久力を整理分類することから始めます．そして本章の後半と次の章では，それぞれの持久力の性質やトレーニング方法を考えていきます．

［Ａ．持久力の分類］

・全てのスポーツ種目で持久力は必要

　持久力が必要な種目といえば，走・泳・自転車・カヌー・スピードスケート・クロスカントリースキー競技などの長距離種目がまず思い浮かびます．しかし，これらの短～中距離種目でも持久力は必要です．

　たとえば100m走の競技時間は10秒程度で，持久力とは無縁に思えます．しかし走速度の時間経過を見ると，60m付近でピークに到達し，その後は低下していきます．つまり持久力という面からも考える余地があるのです．

　球技や武道のように，瞬発的な運動を繰り返し発揮する種目でも，持久力は重要です．試合の後半になると疲労のために身体が思うように動かなくなる人は，持久力に課題があると考えられます．

　投擲，跳躍，重量挙げのように数秒以内で終わる種目でも，持久力が必要だという見方ができます．競技会で全力の試技を何度も繰り返したり，日々高強度のトレーニングをたくさん行うことを考えれば，瞬発力だけに優れていれば十分だとはいえないからです（■脚注）．

　このように考えると，持久力が必要な種目と不必要な種目とに二分してしまうのではなく，種目を問わず何らかの形で持久力が求められる，と考えた方がよいでしょう．また，「持久力」という単独の能力があるのではなく，様々なタイプの持久力があり，それらを総称して持久力と呼んでいると考えるべきです．

　本章と次章では，①連続的／間欠的な持久力，②ハイパワー／ローパワーの持久力，

走，泳，自転車，カヌー，ボート，スピードスケートなど

短距離種目 ◀━━━ 中距離種目 ━━━▶ 長距離種目

連続的な
持久運動

間欠的な
持久運動

| 武道，格闘技，採点競技（数分） | 球技（数十分～数時間） |

柔道，剣道，空手，レスリング，
体操（ゆか運動）など

サッカー，ラグビー，テニス，
バスケットボール，バレーボールなど

図Ⅱ-48　連続的な持久種目と間欠的な持久種目　　持久力は，きわめて幅広いスポーツ種目に関わっている．ただし「持久力」という単独の能力が存在するわけではなく，様々なタイプに分けて考えることが必要である．

③3種類のエネルギー供給系，というキーワードを組み合わせて持久力を整理分類した上で，それぞれのトレーニング方法を考えていきます．①は運動の様式に，②は運動の強度に，③は筋内部での生理的な働きに着目するものです．

＜AL＞　前頁で述べた例を参考に，あなたの種目ではどのような場面で，どのような持久力（あるいは回復力）が求められるのかについて，できるだけ視点を広げて考えてみよう．

■**脚注）**このような性質は回復力と呼んだ方が自然ですが，消耗したエネルギーを補充して再び同じ運動ができるようにすることと考えれば，持久力の一種と考えることができます．本書でいう「持久力」とは，従来のイメージよりも幅広い概念だと考えて下さい．

・連続的な持久運動と間欠的な持久運動

図Ⅱ-48は，連続的／間欠的な持久運動という観点で，様々なスポーツ種目を整理したものです．上段が連続的な持久運動，下段が間欠的な持久運動です．また，右側には競技時間が長い種目を，左側には短い種目を置いています．

図Ⅱ-49には，連続的な持久運動の具体例を2つ示しました．aは，ある市民マラソンランナーの移動速度をGPSを用いて記録したものです．終盤ではやや速度が低下していますが，ほぼ一定の速度で3時間半あまり走り続けています．

bは，あるカナディアンカヌー選手の500m全力漕時の移動速度です．約2分間，

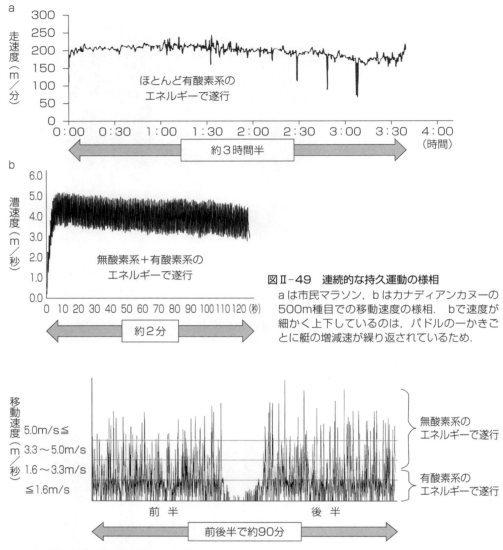

図Ⅱ-49　連続的な持久運動の様相
　aは市民マラソン，bはカナディアンカヌーの500m種目での移動速度の様相．bで速度が細かく上下しているのは，パドルの一かきごとに艇の増減速が繰り返されているため．

図Ⅱ-50　間欠的な持久運動の様相 （甲斐ら，2015）
　あるサッカー選手の試合中の移動速度をGPSにより測定している.

　パドルを周期的に動かし続けています．一かきごとに艇速度は増減速を繰り返していますが，全体的に見ると徐々に速度が低下しています．a・bとも，休憩なしに運動を続けていることがわかりますが，これが連続的運動の特徴です．
　図Ⅱ-50は，間欠的な持久運動の例として，あるサッカー選手のゲーム中の移動速度を示したものです．対戦相手との駆け引きでダッシュやジャンプを繰り返すので，速度が不規則に変化しています．またその合間には，歩いたり立ち止まる場面もあります．このように，小休止に相当する局面をはさみながら，高強度の運動を繰り返すのが間欠的運動の特徴です．

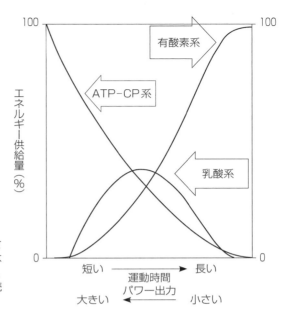

図Ⅱ-51　連続的な運動におけるエネルギー系の
　　関わり方（フォックス，1982）
　運動時間と運動強度との相互関係に応じて，ふさ
わしい系が動員されている．ただし単独ではな
く，複数の系が重複して使われている場合が多い．
フォックスはこのような性質を「エネルギー連続
体」という言葉で表現している．

<AL>　図Ⅱ-48でいうと，あなたの種目はどこに位置するのかを確認しよう．また
　　　図Ⅱ-49や図Ⅱ-50を参考に，あなたの種目の運動様相をイメージ図で
　　　描いてみよう．

・エネルギー系との関わり　（1）連続的な持久運動の場合

　　持久種目の典型としてまず思い浮かぶのは，図Ⅱ-48の右上に示した走，泳など連
続的な運動の長距離種目でしょう．このような運動のエネルギーは，筋が持っている
3種類のエネルギー系のうち，有酸素系からほとんどが供給されます（エネルギー系
の説明は後でします）．

　　ところで連続的な運動には，図Ⅱ-48の左上に示した短距離系や，中央上に示すよ
うな中距離系の種目もあります．走る種目でいうと100〜400m走が短距離系，800
〜1,500m走が中距離系に分類されています．

　　これらの種目では，長距離種目よりも運動時間が短くなりますが，その分だけ運動
強度は高くなります．エネルギー系の動員から見ると，有酸素系に加えて2種類の無
酸素系（ATP-CP系，乳酸系）も動員され，両者の共同作業で運動が遂行されます．
図Ⅱ-49bに示したカヌーのスプリント種目はこのようなタイプです．

　　図Ⅱ-51は，連続的な運動における各エネルギー系の貢献度を，運動の強度と持続
時間との関係で示したものです．高強度で短時間の運動ではATP-CP系，低強度で
長時間の運動では有酸素系の貢献度が大きくなります．そして両者の中間的な運動で
は，乳酸系を加えた3つの系が共同で働きます．

　　したがって連続的な持久運動の能力を高めるには，その競技で各系がどの程度の貢
献をしているのかを頭に置いてトレーニングする必要があります．長距離系の種目で

表Ⅱ-4　3種類のエネルギー系の特性
　パワーとは，単位時間あたりにどれだけのエネルギーを生み出せるかを意味する.
　容量とは，どれだけたくさんのエネルギーを生み出せるか（いわば貯蔵量）を意味する.

名　称		パワー	容　量	酸　素	適　性
無酸素系	ATP-CP系	大	小	不要	短時間の高強度運動向き
	乳酸系	中	中	不要	中間的な運動向き
有酸素系		小	大	必要	長時間の低強度運動向き

は，有酸素系の能力改善が主眼となります. また短～中距離系の種目では，3系がいずれも関わってくるので，各系をバランスよく改善することが必要になります.

・エネルギー系との関わり　（2）間欠的な持久運動の場合

　図Ⅱ-48の右下に示したサッカーやバスケットボールなどの球技種目では，ダッシュやジャンプといった瞬発的な運動を繰り返します. また図の左下に示した武道（柔道や剣道），格闘技（レスリングやボクシング），採点競技（体操のゆか運動やフィギュアスケート）でも同様です. このような間欠的な種目では，有酸素系・無酸素系のエネルギーがどちらも必要です.

　図Ⅱ-50に示したサッカーでいえば，前後半の90分を通して有酸素系のエネルギーは常に使われています. 激しい運動場面では，それに加えて無酸素系のエネルギーも使われます. またその際に消耗した無酸素系のエネルギーは，小休止の局面で有酸素系の働きにより再合成され，次の激しい運動場面で再び使用されるのです.

　間欠的な持久運動ではこのように，両系の能力がどちらも重要です. しかし，同じ人が両系の能力をともに最大限まで伸ばすことはできない，という性質があります（次章のp143-144）. したがってトレーニング時には，自分が改善したいエネルギー系に優先順位をつけて改善していくことが必要です.

　たとえば，ダッシュやジャンプの能力そのものが低い人では，無酸素系の改善に重点を置きます. 一方で，これらの能力は高いのに，試合後半になると疲労して能力発揮が低下してしまう人では，有酸素系の改善に重きを置く必要があります.

・3種類のエネルギー系とその性質

　話が前後しましたが，ここで筋が持っているエネルギー系について説明します. 表Ⅱ-4は，筋が備えているエネルギー系を示したものです. まず無酸素系と有酸素系との2種類に大別できます. 前者はさらに，ATP-CP系と乳酸系との2種類に分類されます.

つまり筋は，3種類のエネルギー系を持っていることになります．それらは三者三様の特徴を持っています．そして実際の運動場面でも，それぞれの特性にふさわしい場面で動員されるのです．

短時間でよいから爆発的なパワーがほしい短距離系の種目では，ATP-CP系が主役として動員されます．長時間にわたり定常的にパワーを出し続けたい長距離系の種目では，有酸素系が中心に使われます．両者の中間的な運動では乳酸系も参画してきます．図Ⅱ-51を見ると，そのことがよくわかるでしょう．

有酸素系は回復力にも関係しています．無酸素系のエネルギーの貯蔵量は少ししかありません．激しい運動をしたとすれば，ATP-CP系のエネルギーはわずか数秒でもかなり枯渇してしまいます．乳酸系の方でも，数十秒後にはエネルギーを出せなくなります．これを元通りにする役割を担っているのが有酸素系なのです．

自動車にたとえるとよいでしょう．自動車はガソリンエンジン（有酸素系）とバッテリーモーター（無酸素系）という2つのエネルギー系を備えています．前者は主動力として常時使われます．後者は容量が小さいのでエンジンの始動時だけ使われ，そこで消耗したエネルギーは前者の働きで再充填されます（この仕組みを高度化したものがハイブリッド車ですが，私たちの身体はこちらに近いといえます）．

＜AL＞ あなたの種目では，3種類のエネルギー系がそれぞれどのような場面で動員されているのかを考えてみよう．また，あなたが競技場面で感じている弱点は，エネルギー系でいえばどの能力に該当するのかも考えよう．

・ローパワーの持久力とハイパワーの持久力

ここまで持久力の様相について，運動様式（連続的／間欠的）と，筋内部での3つのエネルギー系の関わりという観点で捉えてきました．最後に，運動強度（ローパワー／ハイパワー）の視点も加えて，全体を整理してみます．

ローパワーとは，運動が低強度で，ほぼ有酸素系のエネルギーだけで遂行できるという意味です．ハイパワーとは，運動が高強度であるため有酸素系だけではまかないきれず，無酸素系の助けも借りて行われるという意味です（■脚注）．

図Ⅱ-52は，①ローパワー／ハイパワー，②連続的／間欠的，③3つのエネルギー系というキーワードを組み合わせて，持久力を整理分類したものです．

ローパワーの持久種目とは長距離系の種目と同義で，基本的には連続的な運動です．一方，ハイパワーの持久種目には，連続的・間欠的という2つの様式があります．前者には，短～中距離系の連続的な運動種目が含まれます．後者には，競技時間の長短によらず間欠的な運動種目が全て含まれます．

■脚注）宮下（1980）は図Ⅱ-51をもとに，様々なスポーツ種目を①ハイパワー，②ミドルパワー，③ローパワーという3種類に分類しました（宮下充正『トレーニングの科学』講談社，1980）．ただし②は，連続的な運動種目には当てはまるものの，間欠的な種目にはうまく当てはまりません．そこで本書では，②は省いて①と③の2つの用語で説明することにしました．

124

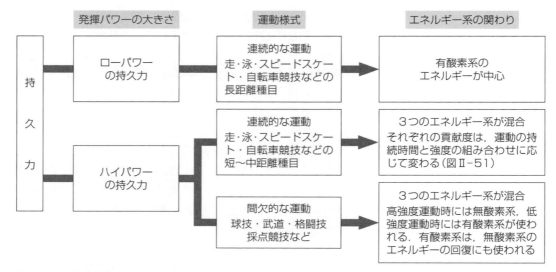

発揮パワーの大きさ　　　運動様式　　　エネルギー系の関わり

図Ⅱ-52　持久力の分類（山本，2004）
　発揮パワーの大きさ，運動様式，エネルギー系の関わり，という３つの視点で整理するとわかりやすい．ハイパワーの持久力には複数のエネルギー系が関わるだけでなく，連続的／間欠的という２種類の運動様式があるので，トレーニングを考える際にはより複雑となる．

　　　トレーニングの観点で考えると，ローパワーの持久力を向上させるには，有酸素系の改善に主眼を置けばよいという意味で，比較的単純です．一方，ハイパワーの持久力を向上させる場合はより複雑です．まず運動様式が連続的か間欠的かを考える必要があります．その次には，有酸素系と無酸素系とがそれぞれどの程度関わっているのかに配慮し，バランスよく改善させる必要があります．
　　　３つのエネルギー系の能力を改善するトレーニング方法はそれぞれ違います．したがって無駄のないトレーニングを行うには，上のような性質を頭に置いてメニューを考えることが必要です．優先順位の低い能力を鍛えてしまうと，労力を費やした割には競技力が向上しないという結果を招きます．
　　　本章では以下，ローパワーの持久力をとりあげて，その性質とトレーニング方法について考えます．ハイパワーの持久力については次章で考えることにします．

＜AL＞　あなたの種目は図Ⅱ-52のどのカテゴリーに当てはまるのか，また３つのエネルギー系の優先順位はどの順序となるのかを考えよう．

［B．ローパワーの持久力とそのトレーニング］

・ローパワーの持久力を生み出す仕組み

　　　ローパワーの持久力を生み出しているのは有酸素系のエネルギーです．図Ⅱ-53は，このエネルギーが産生される経路を示したものです．筋の中で，炭水化物や脂肪を，酸素を使って燃やすことでエネルギーが生じます．

〈COLUMN Ⅱ-11〉

高所トレーニング

高所トレーニングといえば，aの形が代表的です．大きな競技会の前に，海外の高地（2,000m程度）に出かけ，そこに数週間滞在して合宿をするイメージです．

一方で近年，国内に低酸素室と呼ばれるトレーニング施設が普及してきました．低酸素の空気を満たした部屋に入ることで，自然の高地と同様の刺激を得るというものです．海外で高地トレーニングを行うには，時間的にも経済的にも負担が大きく，文字通り高嶺の花でしたが，それがより身近なものになってきたのです．

著者らは過去20年間，アスリートや登山家を対象に，低酸素室を用いて様々なトレーニングを実践してきました．その結果たどり着いたのがbの形です．低地で行っている通常のトレーニングと並行して，低酸素トレーニングを補助トレーニングとして導入し，複合トレーニング化を図るという発想です．

ちょうど，アスリートが専門練習と並行してウエイトトレーニングを行うイメージです．トレーニング時間も30分〜1時間程度でよく，その後は酸素の多い通常環境で十分な休息をとれるので，設定高度や運動強度を思い切って上げ，追い込むことも可能です．このやり方は，24時間低酸素に曝されながら，運動も生活もそこでしなければならないa方式では実行しにくいことです．

a方式の場合，約2,000mの高度に数週間滞在することが必要だと言われてきました．その理由は赤血球やヘモグロビンの量を増やすためです．一方，b方式では血液性状は変化しませんが，トレーニングの内容に応じて乳酸閾値，運動効率，最大酸素摂取量，無酸素性パワーなど，他の様々な能力の改善が可能です．

考えてみれば，低酸素の刺激は血液だけではなく，呼吸器系，循環器系，筋系，内分泌系など，全身のあらゆる組織や器官に及びます．それぞれの能力向上に対して最適な低酸素刺激を与える方法を見つけていけば，高所トレーニングはさらに多様な形で発展するでしょう．そうなれば長距離系の種目だけに限らず，もっと多様な種目のパフォーマンス向上に寄与することも期待できるのです．

a　2,000m前後の高地に3週間程度滞在し，生活とトレーニングを行う

低地での生活とトレーニング　　競技会

b　低酸素室を利用して，週に数回，1回あたり1時間程度のトレーニングを行う．高度は2,000mにこだわらず，徐々に上げていく．期間も3週間にこだわらない

低地での生活とトレーニング　　競技会

（山本，2020）

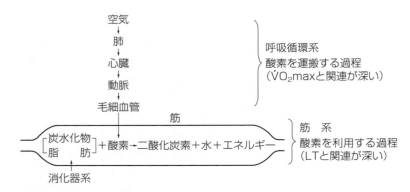

図Ⅱ-53　有酸素系のエネルギーが生み出される過程（山本，2000）

　酸素は大気→肺→心臓→筋（呼吸器系→循環器系→筋系）を経て，また炭水化物や脂肪は消化器系を経て筋に取り込まれます．そして筋内部にあるミトコンドリアの中で両者が出合い，燃焼（酸化）が起こってエネルギーが生じます．

　有酸素系のエネルギー供給能力はこの燃焼能力によって決まるのですが，その代表的な指標が最大酸素摂取量と乳酸閾値です．以後，前者を$\dot{V}O_2max$（maximal oxygen uptake），後者をLT（lactate threshold）と略記号で表します．$\dot{V}O_2max$の方は酸素を肺→筋に運搬する能力を反映し，LTの方は筋内部で酸素を利用する能力を反映する指標とされます．

　トレーニングによって$\dot{V}O_2max$やLTの能力を高めようとする場合，図Ⅱ-53に示した経路の全ての部分をまんべんなく改善する必要はありません．エネルギー産生の制限要因（律速段階）になっている部分を改善してやることがポイントとなります．

　$\dot{V}O_2max$の制限要因は心臓にあります．より詳しくいえば心拍出量，もっと詳しくいえば１回拍出量が制限要因です．したがって，トレーニングによって心臓の容積を大きくすることが，$\dot{V}O_2max$を増大させるための要点です．

　LTの制限要因には，筋内部の毛細血管の数や，ミトコンドリア内でエネルギーを生み出す酵素の働き（酵素活性）が関係しています．したがって，$\dot{V}O_2max$を改善する場合とはやや異なるトレーニングが必要となるのです．

・最大酸素摂取量（$\dot{V}O_2max$）

　$\dot{V}O_2max$について，図Ⅱ-54を使って説明します．AさんとBさんとが，運動強度を少しずつ上げていく漸増負荷運動をしていると考えてください．運動の強度が低ければ使うエネルギーも少ないので，必要な酸素は少なくて済み，１分当たりの酸素摂取量（$\dot{V}O_2$）は低い値となります．

　運動強度が上がってくると使うエネルギーが増え，$\dot{V}O_2$もそれに比例して増大します．ただし私たちの身体は，無限に酸素を取り込めるわけではなく，やがては摂取能力の上限に達します．この時の$\dot{V}O_2$が$\dot{V}O_2max$です（■脚注１）．

　運動の種類によらず，酸素１Lを摂取すると約５kcalのエネルギーが生まれます．

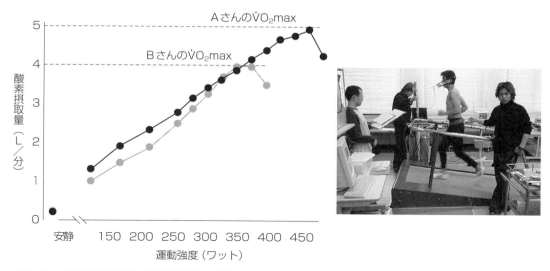

図Ⅱ-54 漸増負荷運動時の酸素摂取量の様相
　1Lの酸素を摂取すると，体内では約5kcalのエネルギーが発生するという関係がある．したがって酸素摂取量（$\dot{V}O_2$）は，体内でのエネルギー発生量の指標となる．

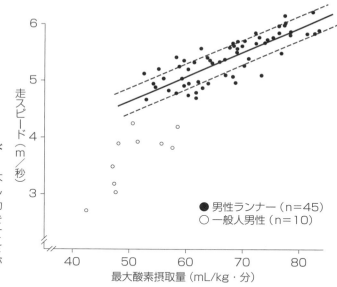

図Ⅱ-55 5,000m走時の平均スピードと$\dot{V}O_2$maxとの関係（宮下ら，1973）
　ランナーも一般人も，$\dot{V}O_2$maxの大きな人ほど走スピードは速い．ただし$\dot{V}O_2$maxが同程度でも，走技術（走効率）の影響で，走スピードにばらつきも生じる．一般人はランナーに比べて走技術が低いので，$\dot{V}O_2$maxの大きさの割にはスピードがかなり遅いことがわかる．

　Aさんの$\dot{V}O_2$maxは1分あたり約5L，Bさんは4Lなので，全力で運動した場合，Aさんは1分間に約25kcal，Bさんは20kcalのエネルギーを出せます．したがってAさんの方が，25%優れたローパワーの持久力を持っていることになります．
　自動車でいえば，$\dot{V}O_2$maxはエンジンの排気量に相当します．排気量が大きな車は，最大出力を出した場合にはより速く走れます．また同じ速さで走った場合には，より余裕を持って走れます．ただし排気量が大きくても，ダンプカーのように車体が重け

ればスピードは出ないので，$\dot{V}O_2max$は体重1kgあたりの大きさ（単位：mL/kg・分）で表すのが普通です（■脚注2）．

　図II-55は，全力で5,000mの持久走を行った時の走スピードと，体重あたりの$\dot{V}O_2max$との関係を示したものです．ランナーも一般人も，$\dot{V}O_2max$が大きな人ほど速く走れることがわかります．なお，同じ$\dot{V}O_2max$の人でもスピードにばらつきがあるのは，走る技術（走効率）のよしあしが関係しているためです．

■脚注1）$\dot{V}O_2max$が出現する強度での運動を最大運動と呼びます．そして，それよりも低い強度で行うものを最大下運動，それよりも高い強度で行うものを超最大運動と呼びます．本章の後半で扱う乳酸閾値付近での運動は最大下運動に，次章で扱うハイパワーの運動は超最大運動に該当します．

■脚注2）スピードスケートやボート競技など，空気や水の抵抗を大きく受ける種目では，体重あたりの$\dot{V}O_2max$だけでなく，絶対値の$\dot{V}O_2max$（単位：L/分）にも優れることが必要です．

〈COLUMN II-12〉

長距離走とランニングエコノミー

　長距離走の成績に影響を及ぼす要因として，①最大酸素摂取量，②乳酸閾値，③走効率（ランニングエコノミー），の3つがあげられます．本文では①と②について解説していますが，ここでは③について簡単に説明します．

　図II-55を見ると，$\dot{V}O_2max$が同じランナーでも，5,000m走のスピードにはばらつきがあります．その要因として，走り方のうまい下手，いいかえると走効率が関係しています．そして走効率には，「バネ」をどれだけうまく使えるかが関係します．

　走とは，片脚で交互にジャンプしながら前方に移動する運動です．図は，これをボールの弾み方にたとえたものです．ボールが地面に落ちて弾む時にはエネルギーの一部が失われ，もとの高さは戻りません．これを弾み続けさせるには，その都度エネルギーを補充し，もとの高さまで戻すことが必要です．

　ここで，しっかり空気が入ったボールは弾みがよいので，定位置へ復帰させるためのエネルギーは小さくてすみます．弾みが悪いボールほど，元の位置に戻すためにつぎ込むエネルギーは大きくなります．走る場合にも同じことがあてはまります．

　p74では，長距離走選手がバウンディングトレーニングを導入することで，短期間で成績が改善した事例を紹介しました．またp117では，事前にホッピング運動を行うことで，その直後のレースペース走時の効率がよくなることを示しました．

　走り込みだけに頼っていると，いたずらに身体を疲労させたり，それが重なって故障したり，オーバートレーニングに陥る可能性も出てきます．それを防ぐために，このような補助トレーニングの活用も考えることが必要でしょう．

空気の抜けた　　空気が十分に入った　　木製の
ゴムボール　　　ゴムボール　　　　　　ボール

不足分　　　不足分　　　不足分

（山本，2008）

表Ⅱ-5　$\dot{V}O_2$maxを改善するための一般的な指針
（アメリカスポーツ医学会，1978）

最高心拍数と心拍予備の説明については図Ⅱ-56を参照．

①運動強度
・$\dot{V}O_2$maxの50 ～ 85％で行う
・最高心拍数の65 ～ 90％で行う
・心拍予備の60 ～ 90％で行う
②運動時間・・・1日に20 ～ 60分
③運動頻度・・・1週間に3 ～ 5回

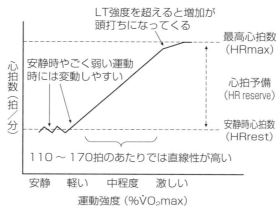

図Ⅱ-56　心拍数の性質と名称
　　　最高心拍数を簡易に求めるために，以前は「220 － 年齢」という式が使われていたが，「208 －（0.7×年齢）」という式の方がより正確とされる．

<AL>　機器を使わずに最大酸素摂取量を推定する方法がいくつか提案されているので調べてみよう．また実際にそれらを実行して，自分の能力を評価してみよう．

・$\dot{V}O_2$maxのトレーニング方法

　　　表Ⅱ-5は，$\dot{V}O_2$maxを改善するための一般的な指針です．①強度，②時間，③頻度という3条件に配慮して行いますが，最も重要なのは「強度」です．その目安は$\dot{V}O_2$maxの50 ～ 85％がよいとされますが，アスリートではこれ以上の強度で行う場合もしばしばあります．

　　　$\dot{V}O_2$maxは，図Ⅱ-54の写真のような高価な機器を用いて，実験室で測定しなければなりません．そこで簡易な指標として用いられているのが心拍数（HR：heart rate）です．$\dot{V}O_2$maxの制限要因は心臓にあるので，心拍数がトレーニングのよい指標になるのです．

　　　図Ⅱ-56は心拍数の性質を示したものです．運動強度が低すぎも高すぎもしない領

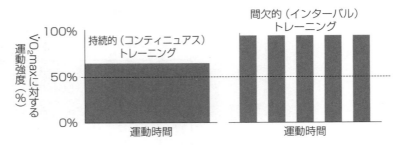

図Ⅱ-57　持久力を改善するための2つの代表的なトレーニング形態

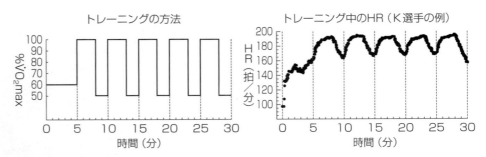

図Ⅱ-58　ボート競技選手の$\dot{V}O_2$max改善のためのトレーニング（1）（楠本ら，2001）
　　6名の大学女子ボート競技選手が行った．水上でのトレーニングとも並行して，ローイング
　　エルゴメーターを用いて高強度のインターバルトレーニングを，週に3〜4回，6週間実施した．

域では，心拍数と運動強度（≒$\dot{V}O_2$maxに対する割合）とはほぼ比例するので，この
区間では$\dot{V}O_2$maxの代替指標として利用できるのです．心拍数を使う場合には，最高
心拍数の65〜90％のところで行うとよいとされています．

　図Ⅱ-57は，持久力トレーニングを行う場合の2つの代表的な様式です．それぞれ
持続的（コンティニュアス）トレーニング，間欠的（インターバル）トレーニングと呼
びます．前者は休みがないため，長時間持続しようとすれば強度はあまり高くできま
せん．後者では休息をはさめるので，思い切って強度を上げられます．

　前述のように，$\dot{V}O_2$maxを改善するための最重要な条件は運動強度です．特に，体
力に優れたアスリートでは強度を上げることが重要です．現代のアスリートは100％
$\dot{V}O_2$maxを超える強度，つまり超最大運動を用いて高強度のインターバルトレーニン
グを用いることも多くなっています．

　図Ⅱ-58は，大学の女子ボート競技選手が$\dot{V}O_2$maxを改善するために行った高強度
のインターバルトレーニングの様相です．100％$\dot{V}O_2$maxの強度で行っていますが，
運動中の心拍数は各人のほぼ最高値に達していることがわかります．

　このトレーニングを行った結果，$\dot{V}O_2$maxは絶対値で12％，体重当たりで11％増加
しました．図Ⅱ-59は2,000m漕の成績変化で，全員で増加しています．またその後の
競技会でも，全員が前年度よりもよい成績を修めることができました．

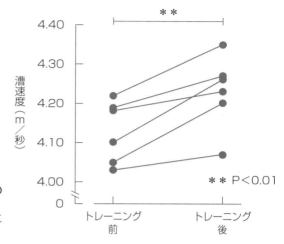

図Ⅱ-59　ボート競技選手の$\dot{V}O_2$max改善のための
　　　トレーニング（２）（楠本ら，2001）
　$\dot{V}O_2$maxの増加に同期して，全力での2,000mエ
ルゴメーター漕時の平均スピードが改善している．

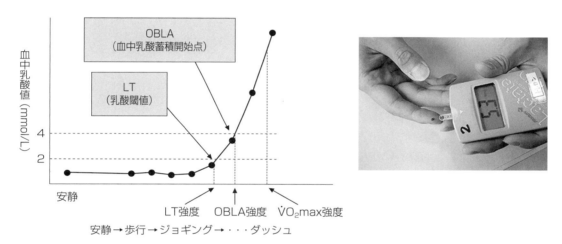

図Ⅱ-60　漸増負荷運動時の血中乳酸値の変化
　乳酸カーブテストと呼ばれ，このカーブが右側に寄っているアスリートほど，長距離系の種目では有利となる．
一般的に，乳酸値が２ミリモルのラインを横切る所をLT，４ミリモルのラインを横切る所をOBLAと呼んで
いる．なお$\dot{V}O_2$maxが出現する運動強度では，乳酸の蓄積がほぼ最大となっていることに注意．

・乳酸閾値（LT）

　　　乳酸閾値（LT：lactate threshold）とは，運動強度を徐々に上げていったときに，
血中の乳酸値（La）が増加し始めるポイントのことです．図Ⅱ-60はこの様子を図で
示したものです．歩く運動から徐々にスピードを上げて走る運動に移行し，最終的に
は全力でダッシュすることをイメージして見てください．

　　　歩く運動ならば１時間以上は楽に続けられます．スピードを少し上げてジョギング
をした場合でも，数十分は続けられるでぉう．しかしダッシュをしたとすれば，１分
も走れば疲労困憊に達し，しばらくは動けなくなってしまいます．

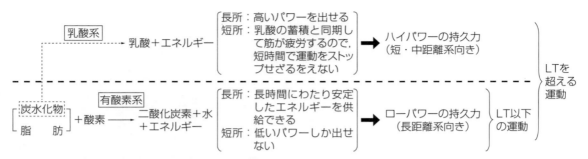

図Ⅱ-61　エネルギー代謝からみた有酸素系と乳酸系との関係（山本，2004）
　運動強度が低ければ，下段のエネルギー経路（有酸素系）だけで行われる．運動強度がLTを超えると，下段に加えて上段の経路（乳酸系）も動員される．有酸素系は炭水化物と脂肪の両方をエネルギー源にできるが，乳酸系では炭水化物しか利用できない．また乳酸系を多量に使うと乳酸が蓄積し，それが引き金となって疲労を引き起こす．

　　これらの各場面で乳酸値を測ってみると，歩行からジョギング程度の運動までは安静レベルから変化していません．しかし，ある強度を超えると急激に乳酸値が増加し始めます．これは運動強度が高くなると，有酸素系のエネルギーだけではまかないきれなくなり，無酸素系（乳酸系）も動員されるためです（■脚注）．
　　図Ⅱ-61はこの時の様子を，筋内部のエネルギー反応と関連づけたものです．LTを超えない運動の場合，下半分の経路だけが使われます．一方，LTを超える運動になると上半分の経路も参加し，両方の経路が協同で運動を遂行するのです．
　　LTと並んで血中乳酸蓄積開始点（OBLA：onset of blood lactate accumulation）という指標も使われます．LTでは血中乳酸値が2ミリモル，OBLAでは4ミリモルのレベルが対応するとされます（図Ⅱ-60）．OBLAの強度とは，乳酸がやや蓄積するものの，疲労の進行を抑えながら運動を続けられる上限の強度です．きついけれども続けられるといった感覚です．
　　ところで先に，$\dot{V}O_2max$とは有酸素系のエネルギー供給能力の最大値を意味し，有酸素系能力の代表的な指標の一つだと述べました（p126）．しかし図Ⅱ-60を見ると，$\dot{V}O_2max$が発揮される運動強度では，乳酸系のエネルギーもほぼ最大限まで動員されていることに注意して下さい．つまり$\dot{V}O_2max$の100%に相当する強度の運動（最大運動）は長続きせず，数分程度で疲労困憊に達してしまうのです．
　　一方，LT強度は$\dot{V}O_2max$強度の60〜80%程度ですが，有酸素系のエネルギー「だけ」で遂行できるので，疲労せずに数十分〜数時間の持続が可能です．OBLA強度の方は$\dot{V}O_2max$強度の90%程度で，十数分程度の持続が可能です．

　■脚注）以前は，乳酸イコール疲労物質というイメージがありましたが，乳酸自体は最終的にエネルギーとなる物質なので，いわゆる悪玉ではありません（八田秀雄，『乳酸サイエンス』市村出版，2017）．乳酸の発生に伴って疲労が進行するのは，乳酸と等量の水素イオン（H^+）が発生することをはじめ，複数の要因が考えられています．ただし乳酸が蓄積するような状況では，その値とほぼ同期して疲労や疲労感が進行するので，乳酸値が疲労度を表す指標になることも事実です．なお，乳酸の発生に伴って生じた水素イオンは，体内の重炭酸イオン（HCO_3^-）を用いて中和（緩衝）されます．この働きを担うのが緩衝系で，その能力を緩衝能力と呼びます．

・LTのトレーニング方法

　LTを改善するためには，筋線維を取り巻く毛細血管の数を増やしたり，筋細胞中のミトコンドリア内で働く酵素活性を改善することが必要です．またOBLAを改善するには，それらに加えて体内の緩衝能力を改善する必要もあります．

　具体的なトレーニング方法は，$\dot{V}O_2max$を改善する指針（表II-5）ほど明確ではな

〈COLUMN II-13〉

箱根駅伝選手のLT

　箱根駅伝の各区間は20kmほどで，1時間くらい走り続けます．このような長時間走の場合，乳酸カーブでいうとLT付近の速度で走っています．

　図は，1990年代にこの大会の常連校であったA大学チームの主力選手5名について，トレッドミルを用いて乳酸カーブテストを行った結果です．彼らのLT速度は290〜320m/分の付近にあります．中でもHI選手は，「花の2区」と呼ばれる最長区間を走るエースランナーですが，乳酸カーブが最も右側に位置しています．

　図には，この大会の出場水準に届かないB大

学の2名の選手のデータも示しました．彼らのLT速度は260m/分くらいです．仮にこの選手たちが，A大学選手のLT速度である300m/分で走ろうとすれば，乳酸値が4ミリモル付近まで上昇してしまいます．このため1時間は持たず，途中で失速してしまうでしょう．

　A大学選手のLT速度は300m/分程度，B大学の選手では260m/分程度で，どちらもその付近の速度で走る（走らざるを得ない）とすれば，1分間で40mずつ差が広がっていく計算になります．1時間走るとすれば2.4kmの差がついてしまうことになるのです．

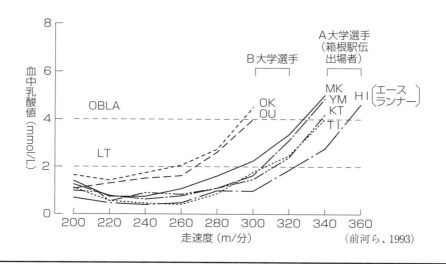

（前河ら、1993）

20	
19	非常にきつい
18	
17	かなりきつい
16	
15	きつい
14	
13	ややきつい
12	
11	楽である
10	
9	かなり楽である
8	
7	非常に楽である
6	

図Ⅱ-62　主観的運動強度（Borg, 1973の日本語訳）
ボルグが提唱した英語表現の尺度（1973）を,
小野寺・宮下が1976に日本語訳したもの.

いものの, LT付近の強度で行えばLTが, OBLA付近で行えばOBLAが改善すると考えられています. つまり運動強度の特異性に着目して行うことが基本です.

　近年では, 血中乳酸値を簡便に測定できる機器が普及してきたので, 図Ⅱ-60のような乳酸カーブテストを行ってLTやOBLAを把握し, それらに対応する運動強度や心拍数と関連づけてトレーニングが行われることも多くなりました.

　一方, このような機器が使えない場合には, 図Ⅱ-62に示した主観的運動強度（RPE: rate of perceived exertion）を指標とすることが考えられます. LTには「ややきつい」, OBLAには「きつい」のところがおおよそ対応します. ただし主観的な指標なので使い慣れる必要があります. また個人差もあることも覚えておく必要があります.

　LTやOBLAを改善するための運動量についても明瞭な指針はありませんが, $\dot{V}O_2max$の場合と比べれば, 量をより多くこなすことが必要です. LTは「ややきつい」, OBLAは「きつい」と感じる領域にあるので, 特に後者のトレーニングは敬遠されがちですが, この能力が必要な選手では意識的に取り組む必要があります.

　図Ⅱ-63は, 自転車競技選手が低酸素室の中で30分間, 段階的に強度を上げていき, RPEを最終的に20まで上げるという高強度の持続的トレーニングを行った結果です. 特にOBLA強度付近での乳酸の蓄積が低下しています. 選手たちの内省でも「レース中の苦しい場面で, 以前よりも身体がよく動いた」と述べていました.

<AL>　走・泳・自転車などの運動を用いて, 物理的な運動強度（運動のスピード）と主観的な運動強度との対応関係を, 自分の身体で調べてみよう. 心拍数が測れる場合にはそれも加え, 物理的・心理的・生理的な運動強度の相互関係を考察してみよう.

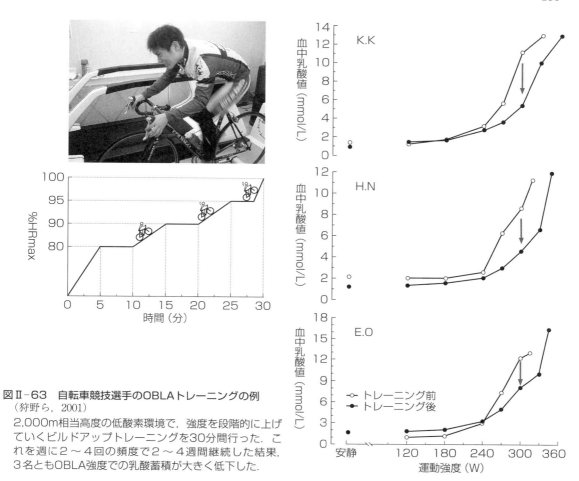

図Ⅱ-63　自転車競技選手のOBLAトレーニングの例
（狩野ら，2001）
　2,000m相当高度の低酸素環境で，強度を段階的に上げていくビルドアップトレーニングを30分間行った．これを週に2〜4回の頻度で2〜4週間継続した結果，3名ともOBLA強度での乳酸蓄積が大きく低下した．

・トレーニングゾーン

　ここまで$\dot{V}O_2$max，LT，OBLAについて説明してきました．大まかな表現ですが，LTは数十分〜数時間で，OBLAは十数分で，$\dot{V}O_2$maxは数分で全力を出しきるような競技に，特に関連する能力だと考えるとよいでしょう．

　走る運動でいえば，ハーフ〜フルマラソンではLT，5,000〜10,000m走ではOBLA，800〜1,500m走では$\dot{V}O_2$maxとの間で特に関連が高くなるといえます．したがってトレーニングを行う場合には，種目の違いに応じてLT，OBLA，$\dot{V}O_2$maxのうちどの能力を重点的に改善すべきかが違ってきます．

　ただし，マラソン選手はLTだけ，5,000m走の選手はOBLAだけ，1,500m走の選手は$\dot{V}O_2$maxだけを鍛えればよい，というわけではありません．どの種目でも，「強度×時間」の異なる様々なメニューを組み合わせて行うことが必要です．

　図Ⅱ-64は，5,000m走の選手がトレーニングで用いる強度を，乳酸カーブと関連づけて示したものです．本番で行う運動（レースペース：RP）は，乳酸が多量に蓄積す

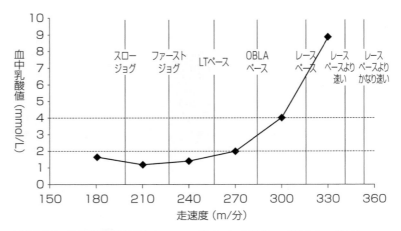

図Ⅱ-64　長距離走選手のトレーニングゾーンの考え方（家吉ら，2015）
乳酸カーブテストの結果をもとに７つのゾーンを設定し，それをもとに日々
のトレーニングの組み立てを考えていく。

る高強度領域にあります．したがってRP走（特異性）にこだわった練習だけでは，十
分な量をこなせません．また故障も起こりやすくなります．

　そこでRPだけではなく，RPよりも速く／遅く走るような，様々な速度（ゾーン）
を設定します．RPよりも速く走る場合には運動時間を短くし，遅く走る場合には長
くします．また後者については「遅いジョグ」「早いジョグ」「LTペース」「OBLAペー
ス」など，細かくゾーンを設定して組み立てを考えるのです．

　これはp80やp104で紹介した，レジステッド／アシステッドトレーニングの考え方
とも似ています．RPよりも速いペースで短時間走ればスピードへの過負荷になりま
す．遅いペースで長時間走れば持久力への過負荷となります．このような「強度×時
間」をセットにした区分のことをトレーニングゾーンと呼びます．

＜AL＞ あなたの種目で用いられているトレーニングゾーンについて調べてみよう．

・トレーニングゾーンの組み立て

　図Ⅱ-65は，2名の長距離走選手が，5,000m走のレース前に行った1カ月分のトレー
ニングの組み立てです．主目的はRP速度を上げることですが，この強度でのトレーニ
ング量（走行距離）はわずかです．そして，ジョグと呼んでいる低強度の運動での
走行距離が多いことが目を引きます．

　この理由は，低強度での練習を積んでおかないと，結果的に高強度の練習に耐えら
れないという経験則によるものです．現場では，このように低強度で走行距離を積む
練習のことをを「足（脚）づくり」と呼んでいます．

　ただし，このように低強度運動の量を確保することは重要である反面，そればかり
をたくさん行うだけではだめなのです．図Ⅱ-65を見ると，B選手の方がジョグの量

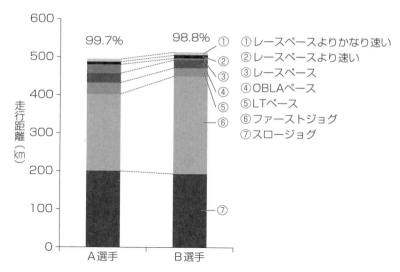

図Ⅱ-65　5,000m走選手の試合前１ヵ月間の練習の組み立て
（家吉ら，2013）
　　　トータルの走行距離はＢ選手の方が多いが，競技会では高強度練習をより
多く行ったＡ選手の方がよい成績を修めた．棒グラフの上の数字（％）は，
各選手のベスト記録に対するこの競技会でのパフォーマンス発揮率を示す．

が多く，トータルの走行量も多いことがわかります．しかし本番の競技会では，Ａ選
手の方がよい成績を出しています．
　　この図を細かく見ると，Ａ選手はRP走や，その前後での高強度練習をより多くこ
なしています．つまり，ジョグのような低強度練習の量も必要だが，そればかりを増
やしてもよい成績にはつながらないのです．最終目標であるRPでの運動を念頭に置
き，高強度領域の練習量もバランスよく配分することが重要なのです．
　　長距離系の選手なのだから，日々長時間の走り込みをするのは当たり前だと思うか
もしれません．しかし5,000mのレースは十数分なのに，なぜ毎日，何時間もかけて
それよりもはるかに長い距離を走るのか，という理由はよく考える必要があります．
これは長距離系と呼ばれる種目の全ての選手にいえることです．

・最適解は自分で見つけることが必要

　　図Ⅱ-66は，ボート競技で用いられるトレーニングゾーンです．ゾーンⅠはRPよ
りも速い速度で行いますが，その代わりに本番のレースよりもかなり短い時間で終わ
らせます．ゾーンⅡはRPと同強度ですが，やはり実際のレースよりも短い時間で打
ち切って，１本だけで疲労困憊に陥らないようにします．ゾーンⅢ～ⅥはRPよりも
遅い速度である代わりに，本番のレース時間よりも長く漕ぐようにしています．
　　図Ⅱ-67は，年間を通したボート選手のトレーニングゾーンの組み立て方，つまり
「期分け」を示したものです．シーズンオフでは低強度の練習（Ⅳ）が主体となります．
ただし最高強度の練習（Ⅰ）も少しだけ加え，力やスピードの能力の低下を抑制する

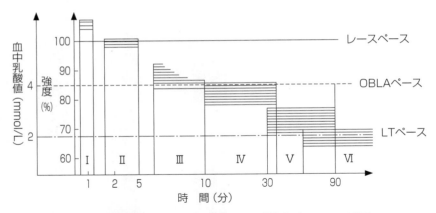

図Ⅱ-66　ボート競技選手のトレーニングゾーンの考え方（Fritsch, 1981）
　6種類のゾーン（Ⅰ〜Ⅵ）を設けている．メインのトレーニングではⅠ〜Ⅳを用いて行い，ⅤとⅥはウォーミングアップやクーリングダウンなどで用いる．

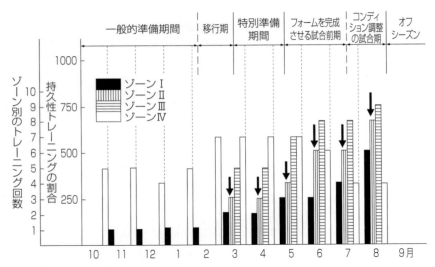

図Ⅱ-67　ボート競技選手のトレーニングゾーンの組み立て方（Fritsch, 1981）
　この図にはゾーンⅠ〜Ⅳまでしか示されていないが，ゾーンⅤやⅥのような低強度運動はウォーミングアップやクーリングダウンなどで行っている．矢印はレースペース（ゾーンⅡ）での運動を表す．

配慮もしています．
　シーズンに入ると，各ゾーンとも練習量を増やし，本番が近づくほどRP漕（Ⅱ）の量を増やします．加えて，RPの前後（ⅠとⅢ）での練習量も多く行います．その分，低強度練習（Ⅳ）は減らします．
　走やボートに限らず，泳，自転車，カヌー，スピードスケートといった種目でも，このような考え方が必要です．現代の知見では，低強度練習（LT以下）と高強度練習（OBLA以上）との比を8：2くらいにすると成功率が高いといわれています．ただし

これにも種目差があったり，同じ種目でも個人差もあるので，自身の身体に当てはめて微調整を図っていくことが必要です．

　この点について各種目の選手やコーチは，パズルを解くような感覚で試行錯誤をしているのが現状です．このような正解の見えない課題に対しては，PDCAサイクル（p40の図Ⅰ-20）の考え方を適用して，自分自身の身体の法則を自ら探って，自分としての正解に近づいていくことが必要です．

＜AL＞ 　現在の自分のトレーニングについて，トレーニングゾーンの組み立てがどのように行われているのかを書き出してみよう．そして改善すべき点はないかを考察しよう．

［まとめ］
- 持久力はほとんど全てのスポーツ種目に関わっている．ただし，「持久力」という単独の能力が存在するわけではなく，様々なタイプに分けて考える必要がある．
- 持久力のタイプ分けは，①運動強度（ハイ／ローパワー），②運動様式（連続的／間欠的），③筋が持つ３種類のエネルギー供給系，にもとづいて整理するとよい．
- 長距離走のように，比較的低強度の運動を休息なしに持続するものを，連続的なローパワーの持久運動と呼ぶ．そのエネルギーは有酸素系がほぼ単独で供給する．
- 有酸素系の代表的な能力指標として，最大酸素摂取量（$\dot{V}O_2max$）と乳酸閾値（LT）の２つがある．前者は心臓，後者は筋内部の諸能力が制限要因となる．
- $\dot{V}O_2max$は高強度で短時間の持久力に，LTは低強度で長時間の持久力に対して，より強く関連する．それぞれのトレーニング方法もやや異なっている．
- ローパワーの持久力を改善するには，様々なトレーニングゾーン（強度×持続時間）の運動を，バランスよく組み立てることが求められる．

5章 持久力のトレーニング（2）
ハイパワーの持久力

　前章で考えたローパワーの持久力は，有酸素系のみが関わるという意味でシンプルでした．本章では，有酸素系と無酸素系がともに関わるハイパワーの持久力を考えます．ハイパワーの持久力には連続的／間欠的という２つの運動様式があるため，その意味でも様相が複雑となります．

　有酸素系と無酸素系とで，その能力を改善するトレーニング方法はかなり異なります．したがって自分が行う競技では，どの場面でどのエネルギー系が使われているのかを知ることがまず必要です．あわせて，自分の弱点がどの系にあるのかを見きわめ，優先順位も考えながら強化していくことが求められます．

［C．連続的なハイパワーの持久力とそのトレーニング］

・十種競技の日本チャンピオンの能力

　　　　図Ⅱ-68は，連続的なハイパワーの持久力を実験室でシミュレーションする目的で，

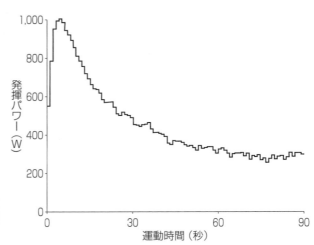

図Ⅱ-68　90秒連続の全力ペダリング時の発揮パワー（山本と山本，1990の資料より）
陸上十種競技の日本チャンピオンが運動を行っている．発揮パワーは運動開始から約５秒後に最高値に達し，その後は急速に低下する．

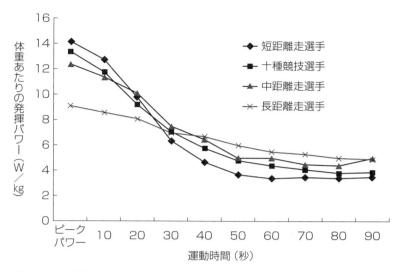

図Ⅱ-69　優秀な陸上競技選手の90秒全力ペダリングパワー（山本，2004）
　　各種目とも１名ずつ，優秀な選手が運動を行っている．90秒間の総仕事量
はほぼ同じとなるが，パワー発揮の様相（形）はそれぞれ異なっている．

自転車エルゴメーターを用いて90秒間の全力ペダリングテストを行ったものです．運動をした人は，当時の陸上十種競技の日本記録保持者です．

　ハイパワーの持久力といっても，実際の競技ではある程度のペース配分をすることが普通です．しかしここでは，スタート時から終了時までペース配分をせず，終始全力で行ってもらいました．非常にきつい運動ですが，こうすることでその人が持つ３つのエネルギー系の能力を，１回のテストで把握できるからです．

　図を見ると，スタート直後には大きなパワーを発揮できていますが，時間経過とともに急激に低下していきます．そして60秒以後になるとパワーの低下が緩やかになり，定常状態を呈します．

　これが自動車のエンジンであれば，序盤に発揮した最大パワーをずっと維持できることでしょう．しかし人間の場合には，陸上競技の王様とも呼ばれる十種競技の日本チャンピオンでさえ，このように急激に低下してしまうのです．

　機械ではなく人間なので，パワーが低下することは避けられないとしても，その低下をなるべく小さくできれば，パフォーマンスを高めることに寄与できるでしょう．ハイパワーの持久力は，著者が若い頃に力を入れて取り組んだテーマなので，そのデータも交えながら考えてみます．

・種目による特性

　図Ⅱ-69は，前記の90秒全力ペダリングテストを，競技力の高い短・中・長距離走選手に行ってもらった結果です．そして前記の十種競技選手のデータも書き加えました．発揮パワーは10秒ごとに平均して，各選手の体重あたりの値に直しました．この

142

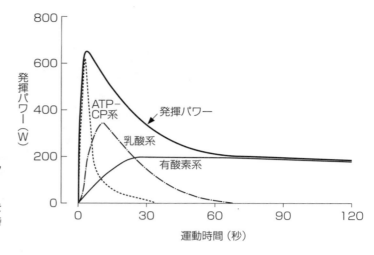

図Ⅱ-70　全力ペダリングを持続し
た時のエネルギー供給動態
（山本，1989）
　時間の経過に伴い，エネルギーを
供給する系が，重複する区間を持
ちながらも入れ替わっていく．

理由は，自分の体重を動かす能力として比較できるようにするためです．
　それぞれの発揮パワーの「形」には，各種目の特性が現れているように見えます．
短距離走選手では，スタート直後のパワーは最上位ですが，終盤では最下位となりま
す．長距離走選手はその反対の形です．中距離走選手では，中盤でのパワーが最上位
となり，序盤と終盤では短・長距離走選手の中間に位置します．
　十種競技選手ではどうでしょうか．この競技では10の種目をこなすことが必要なの
で，万能な体力を持っているのかといえば，そうではないことがわかります．スター
ト直後のパワーは上から2番目，終盤では下から2番目です．
　十種競技は，3種目の跳躍，3種目の投擲，4種目の走で構成されます．跳躍と投
擲は数秒以下，走種目のうち100m走は10秒程度，110mハードルは15秒程度ですから，
10種目のうち8つまではATP-CP系が主役となる運動です．残る2種目のうち400m
走では乳酸系，1,500m走では有酸素系も重要となりますが，総合的に見ればこのよ
うな形が最もふさわしい適応だといってよいのでしょう．

＜AL＞　あなたの種目が連続的な持久運動である場合，図Ⅱ-69でいえばどのよう
　な「形」となることが望ましいのかを考え，実際にこの図に書き込んでみ
　よう．

・3種類のエネルギー系の動員様式

　図Ⅱ-70は，全力ペダリング運動を持続したときの，エネルギー系の動員状況を調
べたものです．時間経過とともに，最初はATP-CP系，次は乳酸系，最後に有酸素系と，
主役となる系が交代していきます．ただし，使われる系がある時点から突然交代する
のではなく，重複する区間を持ちつつ徐々に変化していきます．
　p122の表Ⅱ-4に示したように，各系が発揮できる最大パワーの大きさは，ATP-
CP系＞乳酸系＞有酸素系の順となります．したがって，使われるエネルギー系が

この順で交代していけば，外界に発揮されるパワーも低下することになります．

　この図の性質を頭に置いて，改めて図Ⅱ-69を見ると，短・中・長距離走の優秀選手では，それぞれATP-CP系，乳酸系，有酸素系の能力が特に発達していると考えることができます．十種競技の選手については，ATP-CP系の能力の発達がかなり優位ですが，乳酸系や有酸素系の能力もやや発達していると見なせます．

・エネルギー系の発達に見られるトレードオフ現象

　　図Ⅱ-69を見ると，3系の全ての能力に優れる万能な選手はいません．どの選手でも，ある部分での出力に優れていると，他の部分の出力がその分だけ劣るという形に

〈COLUMNⅡ-14〉

乳酸発生から見た中距離走と長距離走との違い

　図Ⅱ-69のような90秒間の全力ペダリングテストをすると，血中乳酸値がその人の最高値に達します．この図は，800m走の選手15名がこのテストをした時の乳酸値と，ベスト記録との関係です．負の相関関係を示すことから，中距離走では乳酸をたくさん発生させられる選手ほど，速く走れる傾向にあることがわかります．

　ここで，p133のコラムⅡ-13に示した，箱根駅伝選手の乳酸カーブテストの結果を見てください．約20kmの距離を1時間程度をかけて走る

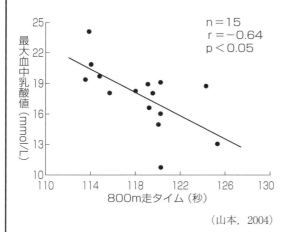

(山本，2004)

駅伝選手の場合には，優れた選手ほど運動強度を上げても乳酸が発生しにくいことがわかります．

　つまり，長距離走選手では乳酸がなるべく出ない方がよく，中距離走選手では逆に出た方がよいという，反対の性質があるのです．同じ持久力でも，ローパワーの持久力とハイパワーの持久力とでは性質がかなり違うことがわかるでしょう．

　両者がトレーニングをする場合には，いわば正反対の能力を追求する必要があるわけです．原則的に言うと，中距離走選手では乳酸を積極的に出すような高強度のトレーニングが必要です．長距離走選手ではLTレベル，つまり乳酸が蓄積するかしないかという比較的低強度でのトレーニングが重要です．

　ただし両者とも，そのようなトレーニング「だけ」をやっていればよいわけではありません．p135～p139で述べたトレーニングゾーンの考え方を用いて，様々な「強度×時間」の練習を上手に組み立てる配慮もあわせて重要です．

なっています．十種競技の日本チャンピオンでも例外ではありません．

　この図から，3つの系の能力をトレーニングによって発達させようとする場合，トレードオフの関係があることが想像できます．ある系の能力を特に高めようとすれば，別の系の能力はその分だけ犠牲にせざるを得ないということです．

　いいかえると，ハイパワーの持久力を改善しようとする場合には，①ATP-CP系を強化するための努力＋②乳酸系を強化するための努力＋③有酸素系を強化するための努力＝100と置いて，①，②，③の数値をいくつずつに配分すればよいのかを考えなければならない，ということです．

　次のようにも言えるでしょう．連続的なハイパワーの持久力が必要なアスリート，すなわち走・泳・自転車・カヌー・スピードスケートなどの短〜中距離系の選手では，図Ⅱ-69のようなテストをした場合に，自分はどのような「形」となるべきかを頭に置いてトレーニングに取り組む必要があるということです．

　以下の2つの節では，そのヒントとなるデータを紹介します．

・3系の能力とパフォーマンスとの関係

(1) ある時点での発揮パワーに対して

　図Ⅱ-70に示したように，全力でハイパワーの持続をする場合，3つの系が貢献する時間帯は，時間経過に伴いATP-CP系→乳酸系→有酸素系の順で入れ替わっていきます．したがって，運動時間がごく短い種目であればATP-CP系の能力だけが発揮パワーの大きさに影響を与えるでしょう．

　しかし持続時間がもっと長くなると，発揮パワーに対するATP-CP系の影響力はなくなり，代わって乳酸系や有酸素系の能力の影響を受けるようになるでしょう．このような時間関係を知っておくことは，トレーニングを考える上で重要です．

　そこで，全力運動の持続時に，各系の能力がどの時間帯で発揮パワーの大きさに影響力を持つのかを調べてみました．ATP-CP系，乳酸系，有酸素系のそれぞれについて，エネルギー供給能力に優れる人とそうでない人とでグループを作り，90秒間全力ペダリングのどの時間帯で発揮パワーに差が生じるのかを検討してみたのです．図Ⅱ-71はその結果です．

　ATP-CP系の能力に優れる群では，運動の開始から15秒目までのパワーには優れていますが，それ以降では差がなくなってしまいます（a）．乳酸系の能力に優れる群は15〜60秒付近のパワーには優れていますが，その前後では影響力を持ちません（b）．有酸素系の能力に優れる群では20秒目以降のパワーに優れています（c）．

　図Ⅱ-71は自転車運動での結果ですが，この図に現れた性質が走や泳などの運動にもあてはまるならば，15〜20秒以上持続するような種目では，ATP-CP系の能力に優れるだけでは不十分で，乳酸系や有酸素系の能力にも優れることが必要だということになります．

(2) ある時点までの総仕事量に対して

　図Ⅱ-71は，全力運動を続けた時に，運動開始から何秒目の発揮パワーに，どのエネルギー系の能力が関わるのかを示したものです．しかし実際の競技パフォーマンス

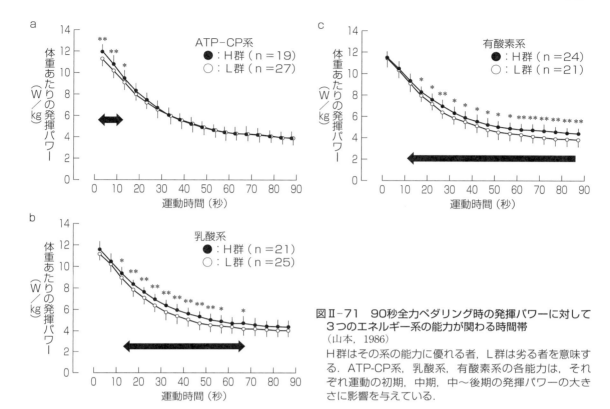

図Ⅱ-71　90秒全力ペダリング時の発揮パワーに対して
3つのエネルギー系の能力が関わる時間帯
（山本，1986）
　H群はその系の能力に優れる者，L群は劣る者を意味す
る．ATP-CP系，乳酸系，有酸素系の各能力は，それ
ぞれ運動の初期，中期，中〜後期の発揮パワーの大き
さに影響を与えている．

は，運動開始からその時点までに発揮されたパワーの総和，つまり総仕事量によって
決まります．

　たとえば図Ⅱ-71で20秒「目」のところの発揮パワーを見ると，ATP-CP系の能
力の関わりは終了し，かわって乳酸系や有酸素系が関わり始めます．しかし，スター
トから20秒「間」に行った総仕事量として考えれば，ATP-CP系の影響力はもっと
大きく，また乳酸系や有酸素系の影響力はもっと小さくなるでしょう．

　後者の意味での時間関係を知るために，図Ⅱ-71のデータを用いて，運動開始から
ある時点までに遂行した総仕事量を算出し，その値に対して各系の能力が影響力を持
つ時間帯を求めたものが図Ⅱ-72です．数学の用語で言えば，図Ⅱ-71のデータを時
間積分し，同様な検討をしたものということになります．

　この図を見ると，ATP-CP系の能力はおおよそ60秒以内の全力運動の成績に影響
を及ぼしています．同様に，乳酸系の能力は20秒〜4分の全力運動の成績に，また
有酸素系の能力は30秒以上の全力運動の成績に影響を及ぼすという結果でした．

　陸上競技の走種目をこの図にあてはめると，100m走（10秒程度）であればATP-
CP系の能力が中心に影響するといえます．400m走（1分弱）では3系の能力が全て
影響します．800m走（2分弱）では乳酸系と有酸素系が，また5,000m走（10分以上）
では主に有酸素系の能力が影響することになります．

　ある種目において，どのエネルギー系の能力を高めればよいのかを一般的に考える

〈COLUMN Ⅱ-15〉

ペース配分により仕事の出来高は変わる

連続的な持久運動を行う人では，ペース配分を考えることが重要です．同じ人が同じ時間の中で，最大の能力発揮をしようと努めても，ペース配分の違いで出来高が違ってくるからです．

図は，自転車エルゴメーターを用いて2分連続のハイパワー発揮をする際，どのようなペースが有利かを調べた実験です．①全力（漸減），②一定，③漸増という3つのペースを設けて比べました．その結果，①と②では同程度の仕事量を発揮できましたが，③では明らかに低い値（①や②の9割程度）でした．

①と②では仕事量はほぼ同じでしたが，生理的な応答は違っていました．①では，無酸素系・有酸素系ともエネルギーの発生量は大きい反面，運動の機械的効率は低くなりました．②ではその反対の様相でした．③では効率は比較的

よいものの，エネルギーの発生量が小さすぎるという結果でした．また個人的に見ると，①の方で大きな仕事量を発揮した人と，②の方が大きかった人とがいました．

同じ身体資源を持っているのに，ペース配分という「出力戦略」の違いで，エネルギー産生量，運動効率，そして最終的に出力される機械的な仕事量が違ってくるのです．そして，そこには個人差もあるということです．

この結果は，自転車を用いた2分間の運動で得られたものです．運動時間がもっと長く／短くなれば，結果も違ってくるでしょう．また，走や泳といった運動様式の違いによっても変わるでしょう．自分の種目特性や自身の個性も考慮して，どのようなペースが最良かは，試行錯誤しながら求めていく必要があるのです．

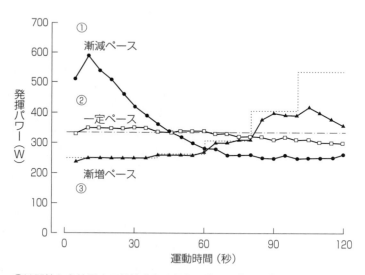

①は開始から終了まで終始全力で行う．②は，①の運動時の平均パワーを求め，それよりもやや高い運動強度から開始して持続する．③は，①におけるパワーの低下カーブを逆になぞって，徐々にパワーを上げていく．

（山本ら，1988）

147

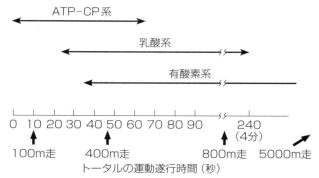

図Ⅱ-72 様々な時間で行われる全力運動において各系の能力が関わりを持つ時間領域
(山本，1998)
20秒以下の全力運動に対してはATP-CP系，4分以上の全力運動に対しては有酸素系の能力が，主として作業成績に影響を及ぼす．その中間の運動では，2つあるいは3つの系の能力が同時に関わっている．図の下部には，陸上の走競技の位置を示した．

のであれば，この図Ⅱ-72を参考にするとよいでしょう．一方，レベルの高いアスリートが成績をわずかでも上げたいといったデリケートな課題を考える場合には，図Ⅱ-71もあわせて参考にするとよいでしょう．

＜AL＞ あなたの種目が連続的な持久運動である場合，各系の改善に対してそれぞれどの程度の重点を置くべきかについて，努力度の合計を100として割り振りを考えてみよう（現時点でのあなたの長短所も考慮した上で考えよう）．

・トレーニング時に配慮すべきこと

図Ⅱ-72の性質を考えると，100m走選手であればATP-CP系を中心に鍛えればよく，5,000m走選手ならば有酸素系を中心に鍛えればよいことになります．問題はその中間に位置する400m走，800m走，1,500m走の場合です．ここでは400m走を例に考えます．

図Ⅱ-72を見ると，400m走選手では3つの系を全部鍛えるべきだということになります．しかし図Ⅱ-69に示したように，ある系の能力を改善しようとすると，他の系の能力が低下してしまうという，トレードオフの問題にぶつかります．このため，各系の改善にどの程度の重点を置くのか，という戦略を考えることが必要です．

自分の弱点となっている能力を強化するという考え方もあるでしょう．逆に，長所をさらに伸ばすという考え方もあるでしょう．両者をともに改善するにしても，優先順位や重点配分を考えて行う必要があります．そのための単純明快な答えはなく，図Ⅱ-71や図Ⅱ-72を参考に，各自で試行錯誤することが必要です．

その際，これらの図に示した時間の区切りは，絶対的なものではなく目安だと考えてください．この実験は，自転車エルゴメーターを用いた全力運動での結果です．走，泳，スピードスケートといった種目の違いにより，時間の区切りは前後にずれる可能性があります．全力ではなくペース配分をすることによっても変わるでしょう．また，対象者の体力レベルによっても変わる可能性があります．

148

〈COLUMN Ⅱ-16〉

運動時間との関連から見た疲労要因のちがい

　だいぶ昔に，様々な運動強度で疲労困憊まで運動をした時の様子を，エネルギー供給の観点から調べたことがあります．論文にすることなく埋もれてしまった研究ですが，本章の参考になる部分を紹介します．

　体育大学生8名の協力を得て，6種類の強度で，自転車エルゴメーターでの連続的な運動を疲労困憊まで行いました．強度は，①全力，②全力の8割，③全力の6割，④V̇O₂maxとOBLAとの間，⑤OBLAとLTとの間，⑥LTの下，としました．

　疲労するまでの時間は，①が8秒，②が32秒，③が100秒，④が9分，⑤が70分，⑥が140分と，非常に幅広く分布しました．作業遂行に用いられた全エネルギーのうち，有酸素系の貢献度を計算すると，①が2%，②が22%，③が50%，④が94%，⑤と⑥では100%でした．

　図は，疲労困憊時の血中乳酸値と血糖値を測定し，安静値からの変化量で示したものです．乳酸値は③と④の運動が最大で，その前後では低くなりました．血糖値は①〜④ではあまり変化せ

ず，⑤ではやや低下，⑥では著しく低下しました．

　これらのデータから次のような推察ができます．①の運動では，有酸素系の貢献度がごくわずかで（2%），乳酸値もあまり増加していないので，ATP-CP系のエネルギー枯渇が疲労の主要因と考えられます．

　③や④では，乳酸の蓄積が疲労の大きな要因と考えられます．なお④では有酸素系の貢献度が94%もあって有酸素系主体の運動に分類されるといえますが，疲労の要因としては乳酸の蓄積による影響力が大きいと考えられます．

　⑥の運動になると，乳酸値は安静レベルなのに疲労が起こっています．その代わりに，血糖値が大きく低下していることから，炭水化物が枯渇することで疲労が起こっていることが推察できます．

　このように，疲労の要因は運動の強度と時間との関係で違ってきます．疲労と持久力とは表裏の関係にあるので，自分が行う持久運動では何が疲労の要因となっているのかを考えることは，持久力の向上を考えることにつながるのです．

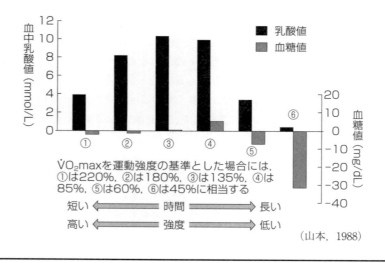

V̇O₂maxを運動強度の基準とした場合には，①は220%，②は180%，③は135%，④は85%，⑤は60%，⑥は45%に相当する

短い ⟸ 時間 ⟹ 長い

高い ⟸ 強度 ⟹ 低い

（山本，1988）

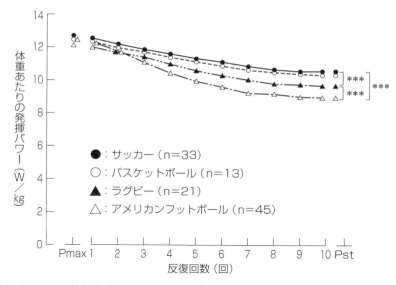

図Ⅱ-73　間欠的なハイパワー種目の持久力特性（山本，2004）
　　　 ４種目の球技選手が，５秒の全力ペダリング運動を20秒の休息をはさんで10セット
　　　 行っている．Pmaxとは，５秒間の全力運動を別途単発で行って求めたもの．Pst
　　　 とは，10セットのペダリング時の８〜10セット目の平均パワー（stはsteadyの略）．

［D．間欠的なハイパワーの持久力とそのトレーニング］

・種目による特性

　　ここまでは連続的なハイパワーの持久力について，自転車エルゴメーターを用いた
シミュレーション実験を用いて説明してきました．ここからは，間欠的なハイパワー
の持久力について，同様の実験を紹介します．
　　図Ⅱ-73は，サッカー，バスケットボール，ラグビー，アメリカンフットボールと
いう４種目の球技選手が，全力ペダリング運動を「間欠的」に行った時の発揮パワー
の様相です．５秒全力で運動し，20秒の休息をはさんで，再び５秒の全力運動をする
ことを，10セット反復しています．
　　図を見ると，各種目の特性がよく現れているように見えます．まず瞬発力（Pmax）
ですが，種目によらず同程度の値を示しています．この理由については，どの種目で
もダッシュやジャンプといった瞬発力が重要なので，その発達度も同程度なのだろう
と説明できます．
　　次に後半のパワー（Pst）ですが，種目により発達度が違っています．最も高い値を
示したのはサッカーとバスケットボールの選手で，次がラグビー，最も低いのがアメ
リカンフットボールの選手です．
　　サッカーやバスケットボールでは，ゲーム中の休止時間が他の種目よりも短く，よ
り高い持久力を求められるために，Pstも高値を示していると説明できます．一方，
アメリカンフットボールでは攻守を別々の選手が行い，ゲーム中の休止時間も頻繁か

150

〈COLUMN II-17〉

間欠的なハイパワーの持久力テスト

　図II-73で紹介した間欠的な全力ペダリングテストは，サッカー，ラグビー，バスケットボールといった球技種目，また柔道（p32）やレスリングのような格闘技種目で，選手の体力特性を短時間で簡易に評価できます．このテストの性質を，データを使ってもう少し説明します．

　aの図は，陸上の短・中・長距離走選手およびサッカー選手が実施した結果です．Pmaxが短＞中＞長距離の順となるのは，90秒の連続的なペダリングテストと同じです（図II-69）．しかしPstについては順序が変わってきます．90秒連続のテストでは長＞中＞短距離でしたが，間欠的なテストでは中＞長＞短距離となります．そしてサッカー選手は，中距離走選手と同等のPstを示します．

　bの図は，サッカー選手と長距離走選手とが，間欠的なペダリングテストと12分間の全力走テ

ストを行った結果です．サッカー選手ではPstに優れ，長距離走選手では12分間走に優れています．aとbの図から，Pstがローパワーの持久力ではなく，ハイパワーの持久力を評価していることがうかがえます．

　間欠的ペダリングテストは次のように利用できます．たとえば図II-77に示したように，優れた選手と比較すれば自分の瞬発力と持久力の現在地がどの程度かがわかります．また瞬発型，持久型，両方を兼備した型など，自分のタイプの評価もできます．

　トレーニング効果の評価にも使えます．あるトレーニングをした時に，瞬発力が改善したとか，持久力に効果をもたらしたといった判断ができます（図II-78～79）．また体力トレーニングそのものとしても活用できます（図II-80）．

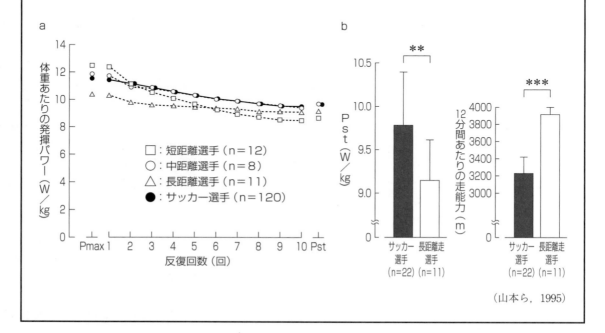

（山本ら，1995）

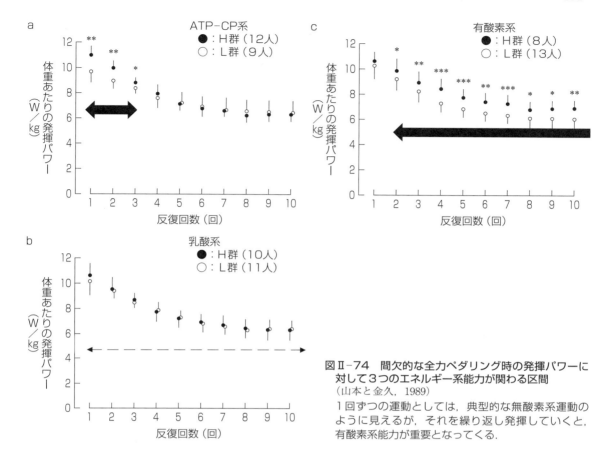

図Ⅱ-74　間欠的な全力ペダリング時の発揮パワーに
対して３つのエネルギー系能力が関わる区間
（山本と金久，1989）

１回ずつの運動としては，典型的な無酸素系運動の
ように見えるが，それを繰り返し発揮していくと，
有酸素系能力が重要となってくる．

つ長いので，持久力はあまり要求されず，Pstも低くなるものと考えられます．ラグビー
はその中間の性質を持っているといえるでしょう．

<AL>　あなたの種目が間欠的な持久運動である場合，図Ⅱ-73のどの「形」に近い
のかを考え，実際にこの図に書き込んでみよう．また，あなたのポジション
や競技スタイルも考慮した場合には，さらにどのような特性が望まれるの
かも考えよう．

・３系の能力とパフォーマンスとの関係

図Ⅱ-74は，図Ⅱ-71にならって，間欠的な全力ペダリング運動時の発揮パワーに
対し，各系の能力指標がどのように関わっているのかを調べた結果です．10秒の全力
運動を，20秒の休息をはさんで10セット反復するという条件で行いました．

ATP-CP系の能力に優れる群では，３セット目までは高いパワーを発揮できてい
ますが，それ以降は関係が見られなくなります（a）．一方で，有酸素系の能力に優
れる群では，２セット目以降から高いパワーを発揮できるようになります（c）．乳酸

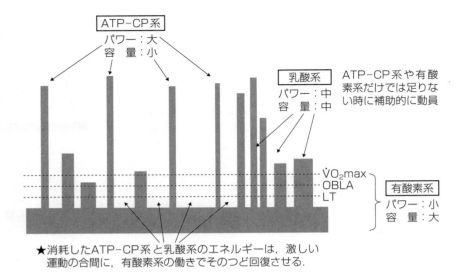

★消耗したATP-CP系と乳酸系のエネルギーは，激しい
運動の合間に，有酸素系の働きでそのつど回復させる.

図II-75　間欠的運動におけるエネルギー系の動員
各エネルギー系の適性にふさわしい場面で，合目的に動員されている.

系については終始関わりが見られません（ｂ）.

　10秒間の全力運動といえば，典型的な無酸素系（特にATP-CP系）の運動です．し
かしこれを反復した場合，ATP-CP系の能力の影響は３セット目までで終了し，か
わって有酸素性能力の影響力が強くなるという，興味深い現象が起こっています．ま
た連続的な運動の場合とは異なり，乳酸系がパワーに影響力を持つ時間帯が見られな
い，という特徴も見られます.

　ただしこの結果から単純に，間欠的なスポーツ種目ではATP-CP系よりも有酸素
系能力の方が重要だとか，乳酸系は不要だと即断することはできません．間欠的運動
の中核はジャンプやダッシュといった瞬発的な運動なので，ATP-CP系の能力は何
をおいても重要です（このことは図II-73からもうかがえます）.

　また，柔道（p32）やレスリングの激しい試合では乳酸値がかなり上昇します．サッ
カーのような球技スポーツでも，レベルの高いチームの試合ほど乳酸値は上昇しま
す．したがって間欠的な種目でも乳酸系は一定の貢献をしています.

・間欠的な運動におけるエネルギー系の役割分担

　　図II-75は，前記の問題を説明するために，間欠的な種目におけるエネルギー供給
の様相を概念図にしたものです.

　　間欠的な種目では，要所で短時間のハイパワー発揮をします．球技でいえばダッ
シュやジャンプなどです．これらの運動の強度は，LTはもとよりOBLAや$\dot{V}O_2max$の
レベルも上回るので，無酸素系を動員しなければ遂行できません.

　　他方，低強度の運動は絶えずしなければならないので，有酸素系によるエネルギー
供給は常に行われています．また，ハイパワーの発揮によって消耗した無酸素系の

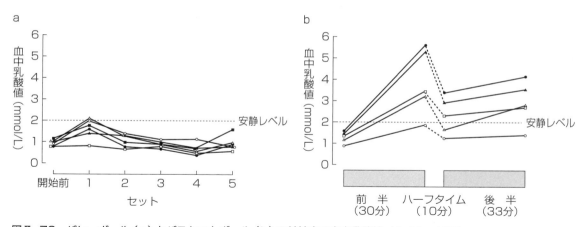

図Ⅱ-76 バレーボール（a）とバスケットボール（b）の競技中の血中乳酸値（山本ら，1991）
　バレーボールでは乳酸値が安静値から変化しないので，ATP-CP系と有酸素系との協同作業で遂行されていることがうかがえる．一方，バスケットボールの場合には乳酸系も動員されており，動きの激しいポジションほどその傾向が顕著となる．

　　エネルギーを，その都度回復させることも有酸素系の役目です．
　　つまり，激しい運動時には無酸素系のエネルギーを使い，その合間の低強度運動時や小休止時には，消耗した無酸素系のエネルギーを有酸素系のエネルギーで回復させて次の激しい運動に備えるという，いわば自転車操業をしているのです．ガソリンエンジン（有酸素系）とバッテリーモーター（無酸素系）とが協同で働くハイブリッド車に似ているともいえるでしょう（p123）．
　　図Ⅱ-76aは，バレーボールのゲーム中の血中乳酸値です．全力のジャンプを何十回となく繰り返しているのに，乳酸値は安静値から変化しません．したがって，運動時にはATP-CP系を用いて遂行され，休息時には消費したATP-CP系のエネルギーを有酸素系により再合成する，ということが繰り返されていると判断できます．野球のピッチャーもこれと同じタイプです．
　　また図Ⅱ-76bは，バスケットボールのゲーム中の血中乳酸値です．値はやや上昇しており，動きの激しいポジションほどその傾向が顕著です．この種目では，ジャンプに加えて頻繁なダッシュが加わるので，バレーボールに比べて運動している時間は長く，休息時間は短くなります．このため，ATP-CP系だけではまかないきれず，乳酸系のエネルギーも動員されると説明できます．

・トレーニング時に配慮すべきこと

　　表Ⅱ-6は，間欠的運動における各系の関わりを整理したものです．いずれにも重要な役割がありますが，全ての能力を最高水準にまで改善することは，トレードオフの性質により不可能です．これを受けて，一般論としてその重要度に順位をつけるとすれば，ATP-CP系＞有酸素系＞乳酸系となるというのが著者の考えです．
　　したがって，トレーニング時にも優先順位を考える必要があります．図Ⅱ-77はあ

表II-6　間欠的運動におけるエネルギー系の関わり方（山本，1998）
　ATP-CP系は種目によらず重要である．有酸素系も必要だが，その重要度は種目によって異なる．乳酸系は両系を補助する役割を担っている．

＜ATP-CP系＞
間欠的運動の中核をなす能力であり，種目によらず重要．

＜有酸素系＞
低強度の運動部分を担う，消耗したATP-CP系や乳酸系のエネルギーをその都度回復させる，という2つの意味で重要．特に，厳しい運動条件下（運動強度が高い，運動時間の割合が大きい，休息時間の割合が小さい）では重要性が高まる．一方，アメリカンフットボールのように運動時間が短く，休息時間が長い種目では，それほど高いレベルは要求されない．

＜乳酸系＞
1回あたりの運動時間が長い場合や，休息時間が不十分な場合に，ATP-CP系や有酸素系の働きを補助するために動員される．ただし，多量に乳酸を発生させれば疲労困憊に達し，正常な運動は続けられなくなるので，この系への依存度はあまり高くはない（高くすることができない）と考えられる。

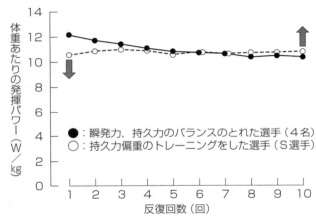

図II-77　サッカー選手のトレーニングの失敗例（著者研究室資料，1994）
　S選手は持久力のトレーニングを偏重したことにより，そのトレードオフとして瞬発力が低下してしまったことがうかがえる．

　る大学サッカー選手の失敗事例です．この選手に間欠的な全力ペダリングテストをしてもらうと，持久力は非常に優れている反面，瞬発力が著しく劣っています．この選手は実際の試合でもこのとおりで，爆発力を求められる重要な局面で貢献することができないため，レギュラーにはなれませんでした．

　サッカーの試合で最重要な条件とは，ダッシュ・ジャンプ・キックといった瞬発力，すなわちATP-CP系の能力に優れることです．この能力がまず十分にあることが大前提で，その上でそれを90分間維持させるために有酸素系の能力が求められるのです．この選手は高校時代，持久性を強調しすぎるトレーニングをしていたため，逆の適応をしてしまったといえます．

　このことに関連して，ある系のエネルギーがたくさん使われていることと，その系のトレーニングに重点を置くこととは別問題だということにも注意してください．

　たとえばサッカーでは，競技中のエネルギーの90％以上は有酸素系から供給されます．しかしだからといって，有酸素系のトレーニングに努力度の90％をつぎ込むとい

うのは正しくありません．反対に，ATP-CP系の貢献度は数％程度ですが，トレーニングの重点はそれよりも大きくすべきです．

　ただし，ダッシュやジャンプの能力には優れているが試合の後半になるとそれを発揮できなくなる選手や，混戦状態となり激しい動きが続くと疲労してしまう選手などでは，有酸素系や乳酸系の能力をより優先的に強化すべきだといえるでしょう．

＜AL＞ あなたの種目が間欠的な持久運動である場合，各系の改善に対してそれぞれどの程度の重点を置くべきかについて，努力度の総和を100として割り振りを考えてみよう（現在のあなたの長短所も考慮した上で考えよう）．

〔E．ハイパワーの持久力を効果的に改善するために〕

・エネルギー系の優先順位を考える

　連続的／間欠的によらず，ハイパワーの持久力のトレーニングを考える場合には，3つのエネルギー系との関係を意識することが重要です．ここでは3つの系に分けてトレーニング方法を整理してみますが，それに先だって共通する留意点をあげてみると，以下の2つがあります．

　第1には，種目の特性に応じて，3つの系の発達度が異なることを意識することです（図Ⅱ-69，図Ⅱ-73）．その上で，自分の競技スタイルやポジションの特性などにも配慮して，どの系の能力をどの程度改善するかを考えるのです．

　第2には，エネルギー系の改善時に起こるトレードオフ現象への配慮です．3系の能力の全てを最高レベルにまで高めることは不可能です（図Ⅱ-69）．努力度の総和を100％と考えて，ATP-CP系に50％，乳酸系に10％，有酸素系に40％といった具合に，どう重点配分するのかを考えることが必要です．

・ATP-CP系のトレーニング

　ATP-CP系の能力とは，瞬発力と呼ばれる能力と同義です．この能力を改善するには，筋力トレーニングやパワートレーニングを行います．これらについてはⅡ部の2章と3章で説明したので，そちらを参照してください．

　図Ⅱ-78は，サッカー選手がウエイトトレーニング，つまりATP-CP系のトレーニングをしたときの効果を，間欠的な全力ペダリングテストを用いて評価したものです．トレーニング後には前半のパワー発揮能力が改善しています．コーチや選手の報告でも，試合で力強いダッシュや強い当たりができるようになったとのことです．

　なお，最大筋力や最大パワーを増大させると，最大下運動時の筋力や筋パワーの発揮がより余裕を持ってできるようになり，持久力の改善にもつながります（p88）．したがって，①持久力のトレーニング→持久力の改善という考え方のほかにも，②瞬発力のトレーニング→持久力の改善という考え方でアプローチすることにも一考の価値があるでしょう．

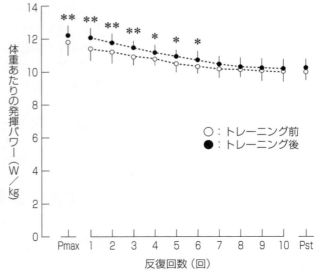

図Ⅱ-78　サッカー選手のトレーニング例
（1）（山本ら，1995）
　A大学サッカーチームが一定期間，各種の
ウエイトトレーニングを重点的に実施し
た際の，間欠的ペダリングテスト成績の
変化．

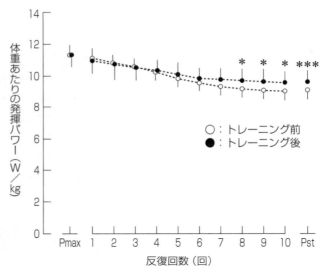

図Ⅱ-79　サッカー選手のトレーニング例
（2）（山本ら，1995）
　A大学サッカーチームが一定期間，日々の
練習後に補助トレーニングとして12分間
全力走を行った際の，間欠的ペダリング
テスト成績の変化．

＜AL＞　あなたの場合，前頁で述べた①と②のどちらの戦略がふさわしいのか（あ
　　　　るいは別のやり方があるのか）について考えてみよう．

・有酸素系のトレーニング

　　　　Ⅱ部の4章で述べた，$\dot{V}O_2max$，LT，OBLAを改善するためのトレーニングが該当
します．3つの能力の守備範囲は少しずつ違うことに注意してください．おおよそ次
のような対応関係があると考えておけばよいでしょう（p135）．
　　　・「短時間（数分）×高強度」の持久力を改善したければ$\dot{V}O_2max$を重視する

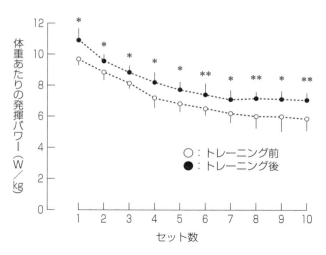

図Ⅱ-80　サッカー選手のトレーニング例（3）（金久と山本資料，1994）
　5名の大学サッカー選手が，10秒の全力ペダリングを20秒の休息をはさんで10セット行うトレーニングを，1日1回，週に3回，7週間継続した．全力でのインターバルトレーニングは，無酸素・有酸素両系の能力を改善させる効果がある．

・「長時間（数十分～数時間）×低強度」の持久力を改善したければLTを重視する
・その中間の能力（十数分程度）を改善したければOBLAを重視する
　図Ⅱ-79は，サッカー選手が12分間の全力走を用いて有酸素系のトレーニングをした時の効果を，間欠的な全力ペダリングテストを用いて見たものです．運動後半の発揮パワーが改善しています．コーチや選手の報告では，試合の最後までスタミナが維持できるようになったとのことでした．

・乳酸系のトレーニング

　p121の図Ⅱ-51に示すように，乳酸系が単独で動員される運動は存在しません．乳酸系は，ATP-CP系あるいは有酸素系のエネルギーだけでは不足する場面で，それを補うために動員されるという性質があるからです．この意味で，乳酸系の能力だけを改善するようなトレーニングはありません．
　最近，アスリートの間でよく行われるようになった高強度のインターバルトレーニングは，もともとは$\dot{V}O_2max$の改善を狙いとしたものです．ただし，このような運動をすれば乳酸もかなり蓄積するので，乳酸系能力の改善にもつながります．また，持続型のトレーニングで乳酸系の能力を改善したければ，数分～10分程度の時間を設定して，高強度～全力の運動を持続しても同様な効果が得られるでしょう．

・インターバルトレーニング

　運動の強度と持続時間とは，そもそもトレードオフの関係にあります．ハイパワーの持久力を改善することとは，この相反する条件を両立させなければならないことを意味します．これに適した運動様式がインターバルトレーニングです．
　図Ⅱ-80は，サッカー選手が自転車エルゴメーターを用いて，間欠的な全力運動を10セット行うトレーニングを実施した結果です．瞬発力・持久力のどちらもが改善し

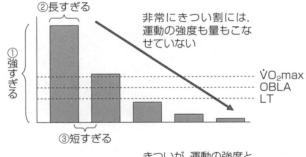

②長すぎる

非常にきつい割には，
運動の強度も量もこな
せていない

①強すぎる

V̇O₂max
OBLA
LT

③短すぎる

悪い例
①高すぎる運動強度，②長すぎる運
動時間，③短すぎる休息時間を設定
してしまうと，すぐに疲労してしまう
ことになり，きつい割には十分な強度
と量をこなせない．

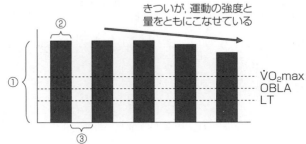

②

きついが，運動の強度と
量をともにこなせている

①

V̇O₂max
OBLA
LT

③

よい例
①適度な運動強度，②適度な運動時間，
③適度な休息時間を設定し，苦しいけ
れども規定の運動がなんとか続けられ
るようにして，乳酸がかなり蓄積した
状態で，高強度の運動を反復する．

図Ⅱ-81　ハイパワーの持久力改善のためのインターバルトレーニングの留意点
　①，②，③の３条件に配慮し，最後まで高いパワー発揮を維持できるような組み合わせを考える．

ています．

　ウエイトトレーニングでは運動の前半だけ（図Ⅱ-78），持久走トレーニングでは後
半だけ（図Ⅱ-79）のパワーが改善していました．しかし全力でインターバルトレーニ
ングを行うと，全領域の発揮パワーを改善させるのです．トレーニング時間から見て
も，５分程度という短時間で実行できるので効率的です．

　ただし高強度のインターバルトレーニングといっても，単にきつい運動をすればよ
いと考えると失敗します．図Ⅱ-81は，それを概念図にしたものです．上段のような
やり方では，最初は大きな負荷で運動ができていても，急激に疲労して，後半では苦
しい割には負荷がかかっていません．

　下段のように，①運動強度，②１回あたりの運動時間，③休息時間という３条件を
適切に組み合わせて，苦しいながらも強度と量とを両立させるような設定にしない
と，意味が小さくなります．

・自分でトレーニングの戦略を考えてみよう

　　　以上，ハイパワーの持久力のトレーニングについて述べてきましたが，複雑でどう
してよいかわからないという人もいるかも知れません．ただしこれについては，本書
の各所で述べてきたように，一律な正解というのはそもそもないのです．それを自覚
した上で，自分で試行錯誤をしなければ解決できない問題です．

　　ハイパワーの持久力には３系の能力がいずれも関わりますが，その全てを最高レベ
ルにまで強化することは不可能です．そこで，三者をできるだけ高いレベルで共存さ

せるための方策として，期分けを用いてトレーニング内容を移行させていくのが効果的でしょう（p87，p137～138参照）．

たとえば，まずローパワーの持久力のトレーニングを行って有酸素系能力の土台を作った上で，ATP-CP系や乳酸系を強化するという考え方もあるでしょう．反対に，筋力トレーニングでATP-CP系能力の土台を作ってから，有酸素系や乳酸系を強化するという考え方もできるでしょう．

両者のどちらがよいのかについては，種目の特性や個人の特性によって異なり，正解はないと考えた方がよいでしょう．自分のトレーニングが意図した通りに進行しているかは，定期的にPDCAサイクルを用いて確認することが必要です（p40の図Ⅰ-20）．この作業を根気よく続けることで，無駄を最小限にして正解に近づけるでしょう．

<**AL**> あなたの場合，年間でどのような期分けをすればよいのかを考えてみよう．
また球技スポーツのようにある時期に対外試合が続く場合，その期間中にどのようなトレーニングを行えばよいかについても考えよう．

〔まとめ〕
・ハイパワーの持久力には，無酸素系能力（ATP-CP系，乳酸系）と有酸素系能力のいずれもが関わるので，ローパワーの持久力よりも様相が複雑になる．
・走・泳・自転車・スピードスケート・カヌー競技などの短～中距離種目のように，ハイパワーを連続的に持続する種目では，運動強度が高くて持続時間が短い種目ほど，無酸素系の貢献度が大きくなる．
・球技や武道などの間欠的なハイパワーの持久種目では，有酸素系は常時使われ，要所での瞬発的な運動時にはATP-CP系が使われる．乳酸系は両系を補助する役割を担う．
・間欠的なハイパワーの持久種目には3系がいずれも関わるが，トレーニング時の一般的な優先順位としては，ATP-CP系＞有酸素系＞乳酸系の順となる．
・3系の能力発達にはトレードオフの関係があり，全ての能力を最大限まで改善することはできない．したがって，種目や個人の特性を考慮した上で，優先順位を考えながらトレーニングを組み立てる必要がある．

Ⅲ部 トレーニングを記述する

　トレーニングを実行すれば，うまくいった部分だけでなく，課題が残った部分も出てきます．その両面をどれだけきちんと把握できるかで，あなたの今後の進歩が左右されます．それを把握するためには，トレーニングの前・中・後の様子を，文章や表や図を用いて記述することが必要です．

　自分の頭の中にあって他の人にはのぞけない思考内容を，文字や数字といった形式にあてはめ，誰の目にも見えるように可視化しようと努力することで，自身をより客観的に見つめ直すことができます．他者との意見交換もできるようになります．その結果，第三者が活用できる実践知を残すこともできます．

　1章では，トレーニングの課題を見出したり，成果を確認するための，測定と評価のあり方について考えます．2章では，実行したトレーニングの全体像をレポートにまとめる方法を紹介します．Ⅲ部の内容は，科学的なトレーニングを自分で使いこなせるようになるための総集編だと考えてください．

審判の暗黙知による評価を可視化する

1章　測定と評価のリテラシー

　アスリートで体力測定をした経験のない人はいないでしょう．しかし，それは競技力向上のために役立てられているでしょうか？　彼らに状況を尋ねてみると，測定をしただけに終わっていることも多いように見えます．そもそも測定にはどのような意義があるのでしょうか．そして，どう活用すればよいのでしょうか．

　科学的なトレーニングとは，記述→説明→予測→操作の順で行われると，Ⅰ部で述べました．測定することは「記述」，その結果を読み解くことが「説明」に該当します．両者を的確に行えば，トレーニングを選ぶ際の「予測」に役立つのです．本章では，そのための考え方や判断のあり方（リテラシー）について考えます．

・なぜ測定をするのか？

　アスリートが体力測定（■脚注）をする目的は何でしょうか．①トレーニングの課題を見いだすこと，②トレーニングが順調に進行しているかを確認すること，③トレーニングが予想どおりの成果を上げたかを検証すること，の3つがあげられます．

　①・②・③はそれぞれ，トレーニングの前・中・後に測定を行うことで把握できます．測定をしても，このうちの少なくとも一つが満たされていなければ，測定のための測定に終わっていることになります．

　競技会の成績そのものが最良の測定である，という考え方もあります．しかしそれは，選手の体力，技術，戦術，心理に加えて当日の環境条件など，多数の要因が絡んで出力された最終結果です．関わる要素が多すぎて，次の競技会に向けて行うべきトレーニング課題を的確に抽出することは難しくなります．

　100m走の競技でいえば，スタートダッシュ，第一次加速期，第二次加速期，トップスピードの維持期といった複数の局面があります．どこに課題があるのかは，総合タイムだけからではわかりません．局面ごとのタイムを調べて劣っている部分を見つけたり，筋力，筋パワー，バネといった基礎体力を測って走能力と関連づけ，何が当面の課題なのかを考えていくことが必要です．

　高価な機器を使って測定をすれば，選手の全体像がまるごとわかり，競技会の成績も高い確率で占えるといった考え方は誤りです．測定とは，全体像を構成する個々

　■脚注）本章では体力測定を例として説明していきますが，技術，心理，戦術といった能力の測定についても同じ考え方をあてはめることができます．

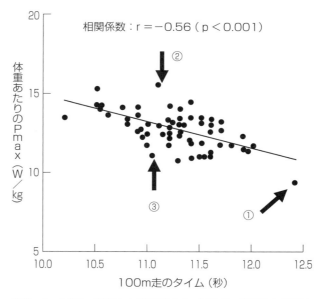

図Ⅲ-1　100m走能力と5秒間全力ペダリングテスト成績との関係（山本，1995）
64名の大学男子短距離走選手が行っている．100m走タイムは，各選手の近い過去のベストタイムを用いた．

の要素を可視化するものであって，正解ではなくヒントを得ることに意義があるのです．以下，具体例を示しながら考えていきます．

<AL> 自分の種目ではどのような基礎体力や技術の測定が行われているのかについて，①実験室などで機器を用いて測定する方法（ラボラトリーテスト），②現場で簡易に測る方法（フィールドテスト）の2つの観点で調べてみよう．そして，実行できる項目については自分でも測定し，どの程度の水準にあるのかを確認しよう．

・データからどのように情報をくみ取るか

　　　陸上の100m走選手のデータを例に考えてみます．図Ⅲ-1は，64名の短距離走選手が，5秒間の全力ペダリングテストを行い，そこで得られた最大パワー（Pmax）と100m走のベストタイムとの関係を示したものです．あなたはこのデータからどのような情報をくみ取るでしょうか（■脚注）．

　　■脚注）データとは，ある現象の様子を数値，記号，言語，映像などを用いて可視化したもののことです．しかしそれだけでは現場にとって価値のあるものにはなりません．情報とはこれらのデータを読み解いて，何らかの意味を取り出したもののことです．つまり測定結果があるだけでは役に立たず，それを解読して隠されている意味をつかみ取る作業が必要なのです．

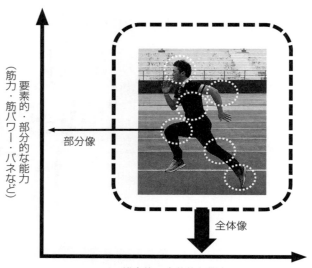

図Ⅲ-2　データを読み解く際の視点
　　総合的な能力と要素的な能力（全体と部分）とを組み合わせ，
　　全体→部分，部分→全体と繰り返し見ることで，全体の傾向
　　がわかるとともに，個人の特性も見えてくる.

　　まず全体的な傾向に目を向けてみます．タイムが速い人ほどPmaxが高いという相
関関係があります．したがって普遍性という視点から説明すれば，成績をよくするに
はPmaxの改善が必要条件だといえます．たとえば①の選手には，もっとPmaxを増
大させるトレーニングが必要だとアドバイスできます.

　　次に，一人ひとりの選手の散らばりに目を向けてみます．全体的には相関を示しつ
つも，個々に見ればかなりのばらつきがあります．この点に着目することで，個別性
という視点からの説明ができます.

　　たとえば②の選手は，Pmaxは全選手の中で最大なのに，タイムは11秒台です．し
たがって，基礎体力は高いが他の能力（たとえば走技術）に問題があるのではないか
とアドバイスできます.

　　一方で③の選手は，Pmaxが低い割にはタイムがよい選手です．②の選手とは反対
に，基礎体力の低さを技術でカバーして，比較的よいタイムを出している可能性があ
ります．そこでこの選手には，体力をもっと改善すればタイムも改善するのではない
か，とアドバイスできます.

　　図Ⅲ-1の横軸は，100m走タイムという総合的・全体的な能力です．縦軸はペダリン
グパワーという，下肢を中心とした，そして走技術の影響も排除した，要素的・部分
的な能力です．この両者，つまり全体と部分とを可視化して組み合わせ，全体→部分，
部分→全体というように，何度も行き来しながら読み解いていくことで，各人の課
題が見えてきます．測定の意義はここにあるのです.

　　図Ⅲ-2はこれを概念図にしたものです．横軸と縦軸とを作って，一方には全体的

〈COLUMNⅢ-1〉

測定の難しさと，測定結果の解釈の難しさ
～ 体温の計測を例に ～

機器を用いて測定し，数値で結果が出てくると，私たちはその値を絶対視しがちです．また，より簡便な機器があれば，そちらを使う人が多いでしょう．しかし，このような考え方には注意が必要だということを，簡単な実験で示してみます．

著者の家には腋下用の電子体温計が2つあります．Aは旧型，Bは新型で，前者は測定値が出るまでに3分ほどかかり，後者は30秒程度で出てきます．ある日の午前中に，AとBとを交互に用いて，自分の体温を10回ずつ計ってみました．体温計が常温に戻るまでの時間も確保したので，3時間近くかかりました．

図はその結果です．Bの方が高めの値を示し，ばらつきも大きめです．腋下温を正確に計るには，水銀体温計で5分以上をかけて計ります．A，Bがそれより短時間で値を出せるのは，温

度上昇のカーブを予測式に当てはめて推定しているからです．

この図からは，より短時間で推定値を出してくるBの方が測定精度は落ちるといえそうです．つまり簡便さと正確さとは相反するのです．

ただしAについても，1回では正確には計れたとはいえません．では何時間もかけて何度も測ればよいのかといえば，そうでもありません．体温は日内変動をしているので，人間側の値が変わってしまうからです．そう考えれば，水銀体温計を使って5分間で1回だけ計った方が正確で早いともいえます．

身近な体温計ひとつをとっても，正しい測り方や，データの解釈の仕方は難しいことがわかると思います．アスリートの測定，特にトレーニング前後で測定値を比べる場合には，慎重さが必要なことが想像できるでしょう．

たとえば，測定機器の精度確認，測定を何回行えばよいのか，複数回の測定で得られたデータをどう処理して代表値を決めるのか，対象者の体調をトレーニング前後で同じにするための配慮など，多くの問題を考えることが必要です．

一定の約束事が決められている測定法もありますが，それも絶対的な正解を示したものではありません．自分で何度も予備測定を行って，自家薬籠中のものとしておくことが不可欠なのです．

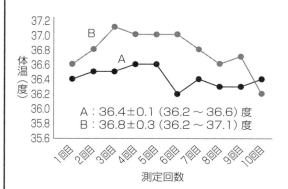

A：36.4±0.1（36.2〜36.6）度
B：36.8±0.3（36.2〜37.1）度

<AL> 体脂肪計を用いて，1日のうちの様々なタイミング（朝と晩，運動・食事・入浴の前後など）で測定し，体重，体脂肪率，体脂肪量，除脂肪組織量の値がそれぞれどのように違うのかを調べてみよう．体脂肪計がなければ，体温計で行ってみよう．

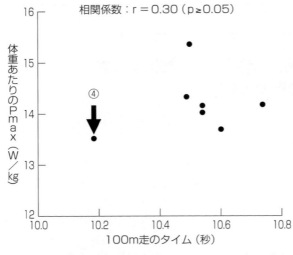

相関係数：r＝0.30（p≥0.05）

・意見A：脚のパワーが不十分なので，もっと強化すべき．
・意見B：脚のパワーは必要とされる水準に達していると解釈できるので，他の部分（体幹や腕など）のパワーを強化すべき．
・意見C：体力の要素は十分にあるから，技術の要素を磨くべき．
・意見D：そもそも走る能力を，自転車のパワーで正しく評価できるのか？

図Ⅲ-3　競技力の高い集団でのパフォーマンスと基礎体力との関係（山本，1995）
　データは1つでも，その解釈には多義性がある．測定してデータを示せば，解釈が1つに決まるわけではない．

　　　な能力を，もう一方には部分的な能力をとり，各選手のデータをプロットします．その結果，図Ⅲ-1に見られるように，個人の特性が集まることで全体の傾向が現れ，その傾向がわかることで，逆に個人の特性がより明確になるのです．

＜AL＞　p163のアクティブラーニングで測定したデータを用いて，それをどのように活用すれば自身の競技力向上に役立てられるのかを考えよう．また視点を逆にして，自分の競技力向上に役立てるためには，どのような測定データが必要となるのかも考えてみよう．

・データの解釈は一通りには決まらない

　　　次のような場合はどうでしょうか．図Ⅲ-3は，図Ⅲ-1の中から10秒台で走る選手を抽出したものです．図Ⅲ-1では，10秒台から12秒台まで幅広い能力の選手が集まっていたので，タイムとPmaxとの間には相関関係が見られました．しかし，レベルの高い選手だけを取り出したこの図では，相関は消失しています．
　　　ここでは④の選手に注目してみます．この選手は，当時の日本タイ記録保持者です．図Ⅲ-1の中で見ればPmaxは優れている方ですが，図Ⅲ-3の中で見れば7名中で最低です．このデータを踏まえ，このトップアスリートに対して，今後どのようなトレーニングをすべきだと提案できるでしょうか．
　　　図の右側に書いてあるのは，体育大学生に対してこの問題をどう考えるか，と質問した時に出された4つの意見です．あなたはどれが正しいと考えるでしょうか．
　　　実は，どれが正しいのかは決められません．データはこの図のように一つであっても，そこからくみ取る情報は人（視点）によって違ってくるので，答えは一つに決ま

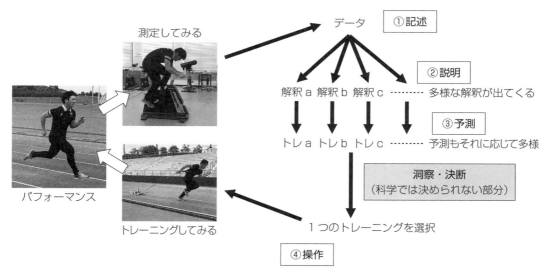

測定してみる

パフォーマンス

トレーニングしてみる

①記述

データ

②説明

解釈a 解釈b 解釈c ‥‥‥ 多様な解釈が出てくる

③予測

トレa トレb トレc ‥‥‥ 予測もそれに応じて多様

洞察・決断
（科学では決められない部分）

1つのトレーニングを選択

④操作

図Ⅲ-4　データを参考にトレーニングメニューを決めるまでの流れ
　科学の第1段階である測定（記述）を行っても，その結果をどう解釈（説明）し，どうトレーニング（予測・操作）
に結びつけるかの段階では，多様な選択肢が出てきて一意的には決まらない．それを補完するのが経験や勘
である．科学的なトレーニングといっても，経験や勘を排除しては成り立たない．

　　　らないのです．別の測定を行ってさらに検証していくか，実際にトレーニングを実行
　　　して確認してみるしか手立てはないのです．
　　　　どの意見が正しいのかを，測定を重ねて洗い出すには時間がかかります．そこであ
　　　る段階で見切りをつけ，よさそうな選択肢を選んでトレーニングを実行してみるのが
　　　現実的です．その際に重要なのが，あなたがこれまでに培ってきた経験や勘です．ど
　　　の選択肢を選ぶかを決断する場面では，科学の力は及ばないのです．
　　　　図Ⅲ-4はこれを概念図にしたものです．①記述→②説明→③予測→④操作のう
　　　ち，①→②の段階で複数の解釈が出てきます．それに対応して③でも複数の選択肢
　　　が出てきます．しかし④の段階ではどれかに絞りこんで実行しなければなりません．
　　　この部分では，経験や勘を踏まえた「洞察」や「決断」が求められるのです．
　　　　経験や勘は非科学的なものと考え，排除しようとしてきたのが従来の科学でした．
　　　しかしアスリートのトレーニングにおいては，科学が役立つ部分と，そうでない部分
　　　とがあることをはっきりと自覚し，後者の部分では自分の経験や勘を十分に活用する
　　　ことが重要なのです．

<AL>　図Ⅲ-3に示した4つ以外にも，解釈できる可能性がないかを考えてみよう．

・ある短距離走チームの取り組み事例

　　　　　ここまでに述べてきたことを踏まえて，K大学の短距離走チームが行った取り組み
　　　を紹介します．このチームではこれまでにも体力テストを行い，その結果は各選手に

返却されてきましたが，十分な活用にはつながっていませんでした．

　そこで4年生の選手兼コーチがとりまとめ役となって，図Ⅲ-1のような図を作り，チーム全員で検討することにしました．図Ⅲ-5は，その資料の一部です．横軸には各選手の100m走のシーズンベストタイムを，縦軸には様々な体力テストの成績をとって，各人の能力の特性を可視化しています．

　12名の選手がいますが，ここではチーム内で最も能力が高く，10秒台の成績を持つA選手に着目して話を進めます．aの図を見ると，この選手は膝関節の伸展筋力では最も優れています．しかしbの図を見ると，バネの能力を表すリバウンドジャンプ指数では最下位です．

　このようなデータをもとに，まずコーチとA選手とで意見交換をしました．するとA選手からは「疾走時に一歩ごとの接地時間が長く，弾んでいる感覚がないと以前から感じていたが，この図を見てそれが納得できた」という意見が得られました．

〈COLUMNⅢ-2〉

データとコーチの「眼力」

　箱根駅伝は正月の風物詩ともなっている代表的な大学スポーツです．順天堂大学はその常連校の一つですが，そこで監督を長く務めた沢木啓祐氏の講演を聴いて，印象に残っている言葉があります．氏は2度のオリンピック出場経験も持つなど，国際的にも活躍した長距離走選手です．

　1970年代の初頭，氏が大学で駅伝選手の指導を始めた頃には，データといっても年齢，身長，体重しかありませんでした．そこでそれらを参考に，個々の選手のニーズを洞察して，トレーニングメニューを作っていたそうです．

　時代が進むにつれて参考にできるデータが増えていきました．まず最大酸素摂取量を測れるようになり，その後は順次，体脂肪率，血中乳酸閾値，筋力，免疫能力と，種類が増えていったとのことです（図）．

　著者が興味深いと思ったのは次の点です．データが少なければ少ないで，それを参考に個々の選手のニーズに合ったメニューを作る．またデータが増えれば，それらをいずれも活用して読み解き，同様のことを行う．しかし，どの時代にも共通して重要だったことは，指導者としての眼力（洞察力）だということでした．

　この話を聴いて，本文中の図Ⅲ-4に示したことそのままであると感じました．データは大切ですが，それが正しい方向性を自動的に示してくれるわけではありません．データを読み込んで，様々な選択肢の中から最良の道を選ぶための洞察や決断を行うことが不可欠です．そしてそれは，科学ではなく人間の仕事なのです．

昔　→　現在

- ・年齢，身長，体重だけの時代
- ・上記プラス最大酸素摂取量の時代
- ・上記プラス体脂肪率の時代
- ・上記プラス血中乳酸値の時代
- ・上記プラス筋力の時代
- ・上記プラス免疫能力の時代

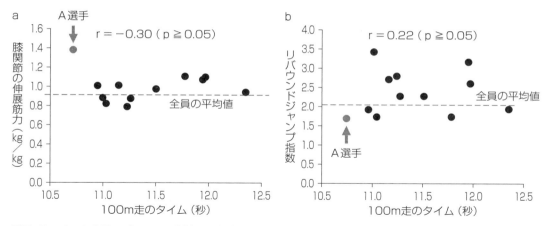

図Ⅲ-5　チーム全員のデータとの対比から個人のトレーニング課題を抽出する（宮本ら，2017）
　　個人と全体のデータとを対比させることで，各選手の長短所がより明確になる．a，bの図とも相関関係が
　　あるわけではないのに，個人に対しては有益な情報が得られていることにも注意．

　　　次に，チームメイトにもA選手の走り方の長所や短所について尋ねたところ，や
はりバネの能力不足を指摘する意見が多く出されました．そこでA選手とコーチと
で，バネの能力を改善するための具体的なメニューを作り，それに取り組むことで，
A選手はよりよい走りができるようになりました．

・データを活用するためのポイント

　　　上記の取り組みを，もう少し一般的な言葉で整理すると，次のようになります．
1）図Ⅲ-1のように1種類ではなく，図Ⅲ-5のように2種類以上のデータから評価
　　した方が，課題を発見しやすい．図Ⅲ-5ではa，bとも相関関係は見られないの
　　に，個人に対しては有益な情報を提供できていることも注目される．
2）図Ⅲ-5のような基礎体力のデータ（客観）に，本人の内省感覚や周りの人から見
　　た印象（主観）も組み合わせて考察すると，さらに得られるものが多い．
3）体力要素は簡易に測定できるので客観データとして捉え，技術要素は測定がより
　　難しいので主観データとして捉えることにすれば，現場でも実行しやすい．
4）コーチはとりまとめ役となってこれらのデータを整理し，選手にその読み取り方
　　も教えながら意見交換をすることで，選手の考えも深まっていく．
　　　従来はともすると，データはコーチだけが持っていて，選手には実行すべきメ
ニューを指示するだけ，といった状況がありました．あるいは，選手にデータを渡し
ても，その読み方を指導しないために，選手はただ結果を見るだけで終わってしまう
ことも多くありました．
　　　これではせっかく測定をしても意義が小さくなります．選手の方でも考える力がつ
きません．大学生にもなれば，コーチやトレーナーの協力も得て，上記のような取り
組みを実行することは可能です．科学的なトレーニングをもっと活用するためにも，
このようなあり方を普及させていくことは大切なことだと思います．

表Ⅲ-1 バスケットボール選手に必要な能力を評価するための二つの視点 (小原ら, 2020)
a は従来から行われてきた一般的な体力・技術テストの項目。b はこのチームの指導者が、競技中に発揮されている体力・技能の水準を評価するための項目。

a

基礎体力・技術	測定項目
身体組成	・身長 (cm)
	・体重 (kg)
	・体脂肪率 (%)
	・除脂肪体重 (kg)
ダッシュ力	・5秒間かがみリング時の最高回転数 (rpm)
	・同・平均パワー 体重割 (W/kg)
	・同・ピークパワー 体重割 (W/kg)
	・10m走 (秒)
アジリティ力	・プロアジリティテスト (秒)
	・全身反応時間 (秒)
	・T-Test (秒)
ジャンプ力	・垂直跳び (cm)
	・両脚リバウンドジャンプ指数
	・片脚リバウンドジャンプ指数 右
	・片脚リバウンドジャンプ指数 左
	・助走あり垂直跳び
筋力	・上体起こし (回)
	・背筋力 体重割 (kg/kg)
	・ベンチプレス 体重割 (kg/kg)
	・スクワット 体重割 (kg/kg)
	・デッドリフト 体重割 (kg/kg)
持久力	・Yo-Yo Test (往復回数)
ドリブル・ハンドリング力	・クロスオーバー (回)
シュート力	・フックシュート (本)
	・フリースロー (本)

b

競技中の能力	評価項目	定義
筋力・フィジカルパワー	・一回で当たる強さ	得点シーンやボストアップなどでの身体の当たりの強さや上手さ
	・連続して当たる強さ	リバウンドやボストアップなどで連続して身体を当てる強さや上手さ
スピード力	・一歩目の反応 (クイックネス)	ドライブや速攻で相手よりも一歩速く出せる能力
	・重心の移動の速さ (スピード)	競技中に相手選手よりも速く走ることやドリブルをしながら速く走る能力
	・切り返しの速さ (アジリティ)	競技中に身体をうまくコントロールしながら進行方向とは逆に切り返す能力 (Ex) バックカットの速さやディフェンスのスライドの切り替えの速さ
ジャンプ力	・ジャンプの高さ	レイアップシュート、シュートブロックなど、競技中で行うジャンプの高さ
	・ジャンプの速さ	最高到達地点に達する速さ
持久力	・ハイパワー	速度を落とさず何回も往復できる能力
	・ローパワー	長い時間走り続けることができる能力
シュート力	・ペイントエリア内のシュート能力	試合中で決めるべき時や打つべき時にペイントエリア内でシュートを決めたり打ったりする能力
	・ペイントエリア外のシュート能力	試合中で決めるべき時や打つべき時にペイントエリア外でシュートを決めたり打ったりする能力
	・スリーポイントの能力	試合中で決めるべき時や打つべき時にスリーポイントを決めたり打ったりする能力
ドリブル・ハンドリング力	・ドリブルのキープ力	競技中の動きに応じてドリブルを保持するか
	・ドリブルの強さ	相手ディフェンスにカットされないようなドリブルの強さ
	・ドリブルをしている状態での対応力	相手ディフェンスの動きに応じて、様々なドリブルの技を発揮することができる能力
	・ボールコントロールの正確性	相手ディフェンスのプレッシャーに負けずに、ボールを保持したコントロールする能力 (ドリブルをしていない状態)
リバウンド力	・ポジショニングの上手さ	シュートを打って外れた、ボールが落ちる場所を予測し、相手よりも有利なポジションを獲得する能力
	・リバウンドの高さ	リバウンドをジャンプして取る時の高さ
パス力	・シュートの打ちやすさ	競技中に相手がシュートを打ちやすいと感じるパスを供給できる能力
	・パスの適切さ	ディフェンスの位置に応じて(ワンハンドパスなど様々なパスを使い分けることができる能力
	・パスの強さ	競技中におけるパスの強さ
ディフェンス力	・一歩目の反応の速さ	相手オフェンスの動きに反応し、一歩で止めることができる能力
	・粘り強さ	競技中において相手に抜かれかけても粘り強く守ることができる能力
コート内での対応力	・相手のプレーの予測	相手の攻めを予測して守る能力
	・プレイ・戦術的理解度	競技中、指導者の求めていることを正しく理解し、体現できるか
	・判断力	競技中におけるその場に応じたパスやプレーの判断
	・コミュニケーション能力	競技中やそれ以外でのチームのためになる声かけや声出し

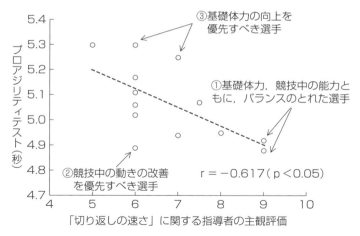

図Ⅲ-6　基礎体力と試合中の技能レベルとを組み合わせた評価
（小原ら，2020）
　ここではアジリティ能力の評価例を示した．主観評価と客観評価との間には，ある程度の相関が見られるが，同時にばらつきもある．その両面に着目することで，各選手の長短所を把握でき，トレーニングのヒントが得られる．

＜AL＞ ここまでの内容を参考に，自分たちのチームではどのようなデータによる可視化を行うとよいのかを考えよう．各自の案を持ち寄って，チーム内でも検討してみよう．

・客観データと主観データとを組み合わせて読み解く

　次に，バスケットボール選手の例を紹介します．この種目は対人競技ですから，競技中に求められる能力は100m走よりも複雑です．ダッシュ，ジャンプ，切り返し，持久力といった体力要素の強い能力，ドリブル，パス，シュートのような技術要素の強い能力，さらには相手の動きに対応する判断力なども関わってきます．

　このため筋力，ジャンプ力，持久力といった基礎体力の測定をしても，それらの優劣が競技能力と相関しないこともよくあります．その結果，体力測定は役立たないものと見なされて，測定データが活用されずに埋もれてしまいがちです．

　そこで，次のような手法を考案しました．考え方の基本は，前記の100m走選手の場合と同じです．各種の体力・技術テストから得られた客観的なデータ（a）と，指導者が試合中の各選手の動きを見て主観的に評価したデータ（b）とを組み合わせて，両方向から考えていくのです．

　表Ⅲ-1はa，bそれぞれの評価項目を示したものです．aには基礎的な体力・技術のテスト項目が並んでいます．bは，試合中に必要な体力・技術要素を27項目に分け，それぞれのレベル（技能）を指導者が10段階で評価するものです．aが客観的なデータ，bが主観的なデータということになります．

　図Ⅲ-6は，アジリティ能力について，両者を組み合わせて評価した例です．横軸

Feedback sheet

F選手

基礎体力・技術テスト

	測定項目	F選手の値	ガード平均	平均との差
身体組成	・身長 (cm)	161	159.5	0.9%
	・体重 (kg)	53.2	55.5	−4.3%
	・体脂肪率 (%)	22.1	23.8	−1.7%
	・除脂肪体重 (kg)	41.4	42.1	−1.7%
ダッシュ力	・5秒間全力ペダリング時の最高回転数 (rpm)	134	142.3	−6.2%
	・同 平均パワー 体重割 (W/kg)	7.22	7.99	−10.7%
	・同 ピークパワー 体重割 (W/kg)	9.85	10.36	−5.1%
アジリティ力	・10m走 (秒)	2.08	2.05	1.4%
	・プロアジリティテスト (秒)	4.94	4.9	1.1%
	・全身反応時間 (秒)	0.273	0.271	0.7%
	・T-Test (秒)	9.04	9.40	−3.9%
ジャンプ力	・垂直跳び (cm)	33.4	33.9	−1.4%
	・両脚リバウンドジャンプ指数	2.337	1.992	14.7%
	・片脚リバウンドジャンプ指数 右	—	0.609	—
	・片脚リバウンドジャンプ指数 左	0.746	0.625	16.3%
	・助走あり垂直跳び	51	48.5	5.2%
	・上体起こし (回)	31	30.0	3.2%
筋力	・背筋力 体重割 (kg/kg)	1.48	1.43	3.1%
	・ベンチプレス 体重割 (kg/kg)	0.56	0.69	−22.3%
	・スクワット 体重割 (kg/kg)	0.85	1.07	−26.9%
	・デッドリフト 体重割 (kg/kg)	1.41	1.41	0.1%
持久力	・Yo-Yo Test (往復回数)	43	39.0	9.3%
ドリブル・ハンドリング力	・クロスオーバー (回)	94	92.7	1.4%
シュート力	・フックシュート (本)	7	7.0	0.0%
	・フリースロー (本)	8	8.0	0.0%

競技場面における主観的な評価

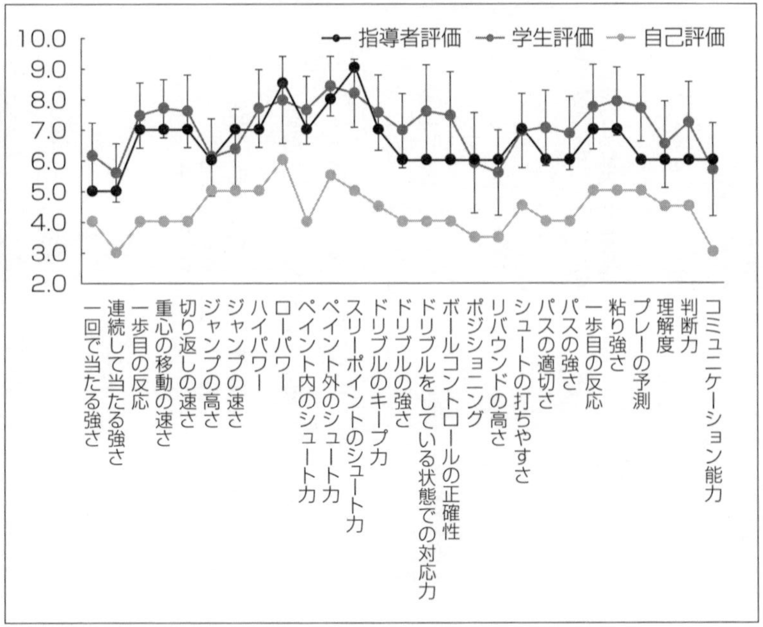

凡例: ● 指導者評価　── 学生評価　── 自己評価

（縦軸目盛：10.0, 9.0, 8.0, 7.0, 6.0, 5.0, 4.0, 3.0, 2.0）

長所
・ディフェンス力
・持久力
・シュート力

短所
・ダッシュ力
・筋力

トレーニング課題
・ダッシュ力・スピードの向上

図Ⅲ-7 個々の選手へのフィードバックシート (小原ら, 2020)

F選手の例を示している。右上の主観的評価は、①指導者評価、②学生評価、③自己評価の3通りで行っている。②はF選手を周りの学生選手6名が評価した結果だが、①の結果とも一致度が高い。

表Ⅲ-2　F選手に処方したトレーニング内容（小原ら，2020）

　図Ⅲ-7のフィードバックシートを用いて，トレーナーとF選手とで話し合いを行い，選手も納得した上でトレーニングメニューを決めている．

トレーニングメニュー	目　　的	運動内容（強度・回数・セット数など）
全力ペダリング	無酸素性パワーの向上	3.9kp（体重の7.5%の重さ）で7秒の全力運動を40秒の休息をはさんで4セット
ハーフコート（14m）でのスプリント走	無酸素性パワーの向上	最大速度の95%以上の速さで3～5本
パラレルスクワット	下肢筋群の強化	1RMの50%，60%，70%，80%でそれぞれ8回，5回，3回，3回の反復
デッドリフト	体幹筋群と下肢筋群の強化	1RMの60%以上の負荷で8回を4セット
カーフレイズ	下腿筋群の強化	自体重負荷で20回を2セット
動的な体幹トレーニング（2種類）	体幹筋群の強化	股関節の伸展・屈曲を含む動的な種目を日替わりで実施

は試合中の「切り返しの速さ」に関する指導者の主観評価値，縦軸はプロアジリティテストの測定結果です．両者は中程度の相関を示しますが，同時にばらつきもあります．この関係を，図Ⅲ-1の100m走選手の例のように解釈していくのです．
　たとえば①の2選手では，a，bとも評価値が高く，バランスがとれています．②の選手では，プロアジリティテストの成績は①の選手たちと同じなのに，試合中の切り返し能力は低く評価されているので，基礎体力よりも試合での動きの改善が優先課題だといえます．一方，③の2選手のように回帰直線よりも上に離れて位置する選手では，基礎体力の改善が優先課題だという判断ができます．

・フィードバックシートとその活用

　図Ⅲ-7は，上記の結果をまとめて選手に返却するためのフィードバックシートで，F選手の例を示しています．左側には基礎体力・技術の測定結果，右上には競技能力に対する主観評価の結果を示しています．右下には両者を組み合わせてトレーナーが読み解いた，F選手の長短所やトレーニング課題が書かれています．
　表Ⅲ-2はこのシートをもとに，トレーナーとF選手との間で個人面談を行い，作成したトレーニングメニューです．「ダッシュ力」「スピード」の向上という2つの課題があがりましたが，選手の要望にも配慮して，筋力を強化しながら，ダッシュ力とスピードの改善に力を入れることにしました．
　図Ⅲ-8は，このトレーニングを8週間行った結果です．aはダッシュ力と関連の深い基礎体力である全力ペダリングパワーの測定結果，bは競技中のダッシュ能力を反映する「スピード」についての指導者の主観評価値です．前者では16%の増加，後者でも2ポイントの改善が見られました．

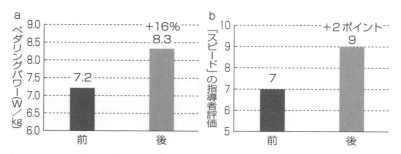

図Ⅲ-8　F選手のトレーニング後の体力変化と競技能力の変化
（小原ら，2020）

　aでは，ダッシュ能力に関わる基礎体力として，5秒間の全力ペダリングパワーを評価に用いた．bには，競技場面での「スピード（重心の移動の速さ）」に対する指導者の主観評価値を示した．

　F選手も「トレーニング後，ダッシュ時の走りだしが良くなった」「足腰の筋力も強くなってきた」と述べていました．また「フィードバックシートには，自分の長所や短所などが分かりやすく示されており，今後どのようなことに取り組めばよいのかが理解しやすかった」「自分の伸ばしたい能力を集中的に鍛えることができたので，モチベーションを保ちやすかった」とも述べていました．

　人から言われたままにトレーニングをするのではなく，自分の体力特性や試合での技能レベルを認識し，自分でも納得できるメニューを設定したことが，積極的な取り組みにつながり，短期間で大きな効果を上げる要因になったといえるでしょう．

＜AL＞　上記の取り組みを参考に，自分の場合にはどのような主観／客観データを収集し，どのように組み合わせて評価すれば，競技力向上に役立つのかを考えよう．

・ルーブリック評価

　球技系のスポーツで，体力測定の結果が十分活用されていないという場合，その大きな要因は客観データの測定のみにとどまっているからでしょう．しかし，そこに指導者の主観評価も加えることで，選手の側では努力すべきポイントが明確になり，納得して取り組める，といった利点が生じます．

　図Ⅲ-7のような可視化をすれば，選手は指導者の主観評価，すなわち暗黙知を知ることができます．指導者の方でも，自身の暗黙知を選手に開示することが求められます．このような手法は「ルーブリック評価」と呼ばれ，近年，教育の現場で重視されています．

　ペーパーテストだけでは測れない，より高次な能力を評価する際に，評価する者とされる者との間で，あらかじめ評価の視点を明示し，可能な限り共有しておこうという考え方です．このような可視化の作業をすることで，両者の間には普段とは違う視点に立って新たなコミュニケーションが成立する，という利点も生じます（p54で紹

〈COLUMN Ⅲ-3〉

主観評価の信頼性

　剣道では，面，小手，胴に有効打突が決まることで１本となります．打突が有効か否かは，竹刀がその部位を打っているかだけでなく，刃筋，姿勢，気勢，残心といった多くの要素も加わります．前者は素人目にもわかりますが，後者の諸要素は熟練した審判の主観的な判断によって決定されます．

　フェンシングでは剣先が相手の身体に触れれば１本となり，射撃やアーチェリーでは的に当たった位置で得点が決まるので，機械でも判定できます．しかし剣道の場合，このような方法だけでは判定できません．それを科学のまな板にのせるには，どうしても主観を可視化することが必要となります．

　図は，この問題を考えるために，剣道競技に必要な技能を19項目立て，大学トップレベルのＡ選手の能力を10段階で評価した結果です．①は指導者（１名）による評価，②は周りの選手（11名）による評価，③は当該選手による自己評価です．

　①と②とは一致度が高いことがわかります．つまり主観による評価といっても，一定の鍛練を積んだ人の目で見れば，似たような評価が可能なのです．

　③の値は，①や②と比べて全般的に低値です．これは自己評価という性質上，謙遜して表現するためでしょう．それを考慮すると，折れ線グラフの相対的な高低が①や②と同じ傾向ならば，的確な自己評価ができているといってもよいでしょう．

　一方，自己評価が他者の評価と乖離していれば，自己認識を修正する必要があります．たとえば図の「仕掛け技のレベル」を見ると，他者評価は高いのに自己評価はかなり低くつけています．そこで，この能力にはもっと自信を持つようにと助言できます．またこの図では見られませんが，他者評価が低いのに自己評価が高い部分があれば，自信過剰ということになるので，これも修正が必要です．

　主観をデータ化するというと曖昧な感じを受けますが，実際にやってみるとそうではないことは，図Ⅲ-7からもわかります．著者らはこれら以外にも，体操やなぎなたを対象とした検討もしてみましたが，やはり同様な結果でした．

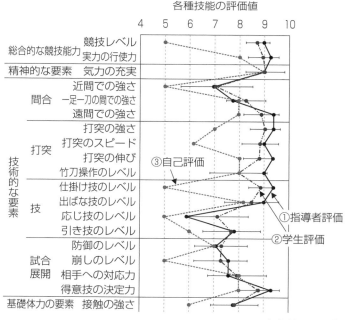

（石川ら，2018）

表Ⅲ-3　トレーニング科学で測定データを活用するための独自の視点

1）～3）とも，一方だけに偏らず両者を補完させて考えることにより，初めて現場にとって有用な示唆が得られる．

1）部分と全体
　測定データとは，選手の部分的・要素的な能力を可視化したものに過ぎない．一方で現場では，パフォーマンスを全体的・総合的に考えなければならない．したがって測定データに頼るだけでは，選手を局所的にしか見ていないことになり，問題は解決しない．

2）普遍性と個別性
　従来型の科学では，ばらつきを排除して普遍性を見いだすために，平均値を求めたり，相関関係を見たりする．しかし現場では，個人の能力をどう伸ばすのかが最終の問題である．したがって，平均値や相関関係だけに着目していては，個別性の問題の解決にはつながらない．

3）客観と主観
　現場では，日常的に主観的な用語を使って判断したり，コミュニケーションをしている．したがって，機器を用いて測定した客観的なデータに着目するだけでは，現場に役立つヒントは得られない．これまでは扱いにくかった主観を，積極的にデータ化（可視化）していく努力が不可欠である．

介したQCシートを用いた成功例もこれと同じことです）．

　指導者の主観というと，独断的な評価になるのではないのか，という疑問もあるかもしれません．しかし図Ⅲ-7の右上を見れば，ある選手に対して指導者が下した評価と，その選手に対して周りの複数の選手が下した評価とは，一致度が高いことがわかります．大学生レベルのアスリートが同じチームで活動しているのであれば，主観評価をかなりの部分まで共有できるのです．

　逆に，指導者の主観評価と選手たちの主観評価とが，全く食い違っている場合を想像してみるとよいでしょう．それは，普段の練習や試合で行われている言語によるコミュニケーションが機能していないことを意味します．この方がむしろ大きな問題だといえるでしょう．

・トレーニング科学に独自の３つの立脚点

　物理学に代表される従来型の自然科学では，対象（全体像）を要素に分けて調べていく（分析する）ことが特徴です．その際，個々の現象のばらつきは排除し，それを超えた所に成立する普遍的な法則を求めようとします．また，自然科学とは人間の主観を切り離した所に成立すべきもの，とも考えてきました．

　トレーニングの現場で測定や評価を行う際にも，これまでは従来型の科学の影響が強かったといえるでしょう．しかしこのような考え方に縛られてしまうと，肝心の実践現場からは遊離してしまうことを，本章では例をあげて説明してきました．

　表Ⅲ-3は，トレーニング科学の独自性として認識しておかなければならない，3つの立脚点を示したものです．もっと適切な用語もあるかもしれませんが，ひとまず部分と全体，普遍性と個別性，客観と主観と名づけました．

　このうち「全体」「個別性」「主観」という性質はいずれも，従来型の科学では低く見られてきたものです．しかしトレーニングの現場を科学的に扱っていこうとするの

であれば，これらを排除すれば偏った見方になってしまうのです．

　著者が主張したいことは，３つの立脚点のいずれについても，片一方だけを偏重しては，現場にとって役立つものにはならないということです．両者に対等の価値があると考え，両者を補完させて利用する態度が必要です（■脚注）．

　このような方法論を用いることには，慣れるまでは戸惑いもあり，限界もあるでしょう．しかしそれを自覚した上で，積極的に踏み込んでいく姿勢が必要です．普遍的な正解のない世界で，各人にとっての最適な解を求めていく作業は，トレーニングの最も魅力的な部分です．全体，個別性，主観という要素が入ってくるからこそ，その魅力が大きくなるのだと著者は考えています．

■脚注）レベルの高いアスリートであれば，全体・個別性・主観の方を中心に据え，それを要素・普遍性・客観という視点から補正していくことで，現状をさらに正しく認識できるようになる，と表現した方がより適切かもしれません．

〔まとめ〕
- 測定の結果から選手の能力がまるごとわかるわけではない．しかし普段とは違う視点が提供されるので，ヒントと捉えて考察することで有益な情報が得られる．
- 測定データとは，全体像から一部を取り出した部分像である．全体像と部分像とを関連づけ，様々な視点で読み解くことにより，初めてヒントをつかむことができる．
- 測定結果を読み解いても，答えが一つに決まる訳ではなく，複数の解釈が生じてくることが多い．その絞り込みの段階では，科学ではなく経験や勘が重要となる．
- スポーツ現場では日常的に，主観を言語で表現しながら活動している．これを記述によりデータ化した上で，機器などで測定したデータとも組み合わせて考察することにより，現場に密着した説明や予測が可能となる．
- トレーニング科学を実践現場で活用するには，要素と全体，普遍性と個別性，客観と主観という，相反する要素を補完させながら考える姿勢が求められる．

2章　トレーニングのレポートを作成する

　　自分が実行したトレーニングの過程を文章で記述することによって，頭が整理され，それまで気づかなかったことに気づかせてくれます．成功した場合には，今まで隠れていた次の課題が見えてくるでしょう．不成功だった場合でも，その要因を書き表そうと努力することで，どこに盲点があったかに気づくことができます．

　　一連のトレーニング過程を文章化する際には，科学論文の基本構造である目的→方法→結果→考察という順でまとめていくと，自分の考えを整理しやすくなります．この形式は他者にとっても理解しやすいので，周りの人からもらえるアドバイスも豊かになるでしょう．本章ではその手順を説明します．

・トレーニングを言語化することの意義

　　トレーニングを実行した後，よかった点や課題の残った点について，言葉で人に説明してみてください．それも話し言葉ではなく，文章を使ってです．

　　頭ではわかっているつもりでも，それを文章化しようとすると，思うようにいかないことに気づくでしょう．頭の中にある暗黙知を，文字という形式知に変換しようとする時に，わかっていない部分がたくさんあることに気づかされるのです．

　　これは，スポーツ技術の習得とよく似ています．スポーツ技術は，頭ではわかっているつもりでも，実際にやってみると，うまくできないことがよくあります．これは結局のところ，自分の身体のことが本当にはわかっていない，ということです．意識と身体とが乖離している状態，といいかえてもよいでしょう．

　　文章を書くことも同じです．身体を動かすわけではなく，頭で考えていることを文字にするのは簡単そうに思えますが，そうではありません．自分の頭にある考えを，文字という形式にあてはめ，外界にいる他者にも具体像が見えるようにする行為です．この意味では，スポーツ技術を外界に発揮することと似ています．

　　スポーツ技術を身につけるには反復練習が必要です．最初は思い通りにいきませんが，何度も繰り返すことで少しずつうまくなります．そして，その努力を継続するほど，さらに上達していきます．赤ん坊が立って歩けるようになる過程を思い浮かべてみるとよいでしょう．文章を書くこともこれと同じなのです．

＜AL＞　あなたが行ったトレーニングについて，よかった点と課題が残った点とを，話し言葉と書き言葉で他の人に説明してみよう．そして両者の表現能力の可能性と限界とを比べてみよう．

・書こうと努力することで，わからなかったことがわかってくる

　　　自分が最初に書きおろした文章を読むと，自分の表現したい大事なことが表現でき
ていないことに気づいて，がっかりするでしょう．しかし何度も書き直すうちに少し
ずつ，自分が本当に言いたいことに近づきます．その過程で，あなたの頭の中で漠然
としていたことが明瞭になり，思いがけない発見をすることになるでしょう．

　　　書くことには，自分のパフォーマンスを映像で見るのと同じ効果がある，と著者は
考えています．映像で見ることで，自分の理想とする動きに対して，どこが問題なの
かが把握できます．自分が書いた文章を読むこともこれと同じで，自分の考えがどこ
でうまく表現できていないのかがわかるのです．

　　　そう考えれば，頭にあることを文章に1回だけ書けば終わり，とはいかないことが
理解できるでしょう．自分の考えをまず書いてみて，それが本当にそうなのか？と
自問自答を繰り返しながら，何度も書き直すことに意味があるのです．

　　　画家や音楽家といった芸術家は，「作ってみないと，どんなものができるのかはわ
からない」と言います．アスリートが文章を書くこともこれと同じです．書いてみる
ことで，書かれた文章と自分との間で触媒作用が起こり，それを繰り返すことで思考
が深まり，新たな発見につながっていくのです．

・書くことで，他者からのアドバイスを受けられる

　　　このような努力の結果，あなた自身にとって納得できる文章が書けたら，他の人に
見せて意見を聴くことが可能になります．しかしそこでまた，思わぬ盲点を指摘され
るでしょう．それを修正していくことで，さらに考えが整理されます．

　　　ギリシアの七賢人であり，最初の哲学者とも呼ばれるタレスは，「最も困難なこと
は自分自身を知ることであり，最も容易なことは他人に忠告することである」という
言葉を残しています．この性質を最大限に活用して知を生み出していくのがレポート
であり，論文だといえるのです．

　　　文章を書くことは面倒だと感じる人も多いでしょう．実際にたいへんな作業です．
しかしあなたが書く努力をしなければ，あなたの頭の中は整理されません．また，他
者からアドバイスをもらうこともできません．

　　　図Ⅲ-9は以上を整理したものです．言語という媒体を使って，第三者にもわかる
ように可視化しようと努めることで，自分自身を第三者的な目で見つめ直せます（メ
タ認知）．アスリートは，自分の意図通りに身体を動かさなければなりませんが，書
くことも意識と身体の乖離を修正するトレーニングの一助となります．

　　　Ⅰ部に戻って，図Ⅰ-27（p56）を見てください．そこではデータで表すことにより，
自分を第三者的な目で見つめ直せると述べました．ここで言いたいことも同じです．
トレーニングの全過程を文章化してみることで，自分の全体像を第三者的に見つめ直
せるのです．

　　　二つの図を比べると，文章を書くこととは，その文章をコーチに見立てて対話をす
ることだということがわかるでしょう．セルフコーチングという言葉がありますが，

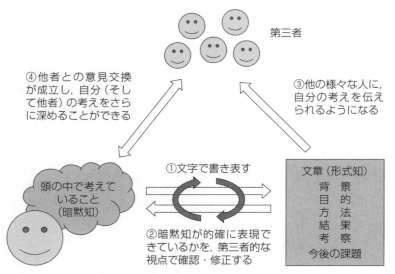

第三者

④他者との意見交換
が成立し，自分（そし
て他者）の考えをさら
に深めることができる

③他の様々な人に，
自分の考えを伝え
られるようになる

①文字で書き表す

頭の中で考えて
いること
（暗黙知）

文章（形式知）
　背　　景
　目　　的
　方　　法
　結　　果
　考　　察
今後の課題

②暗黙知が的確に表現で
きているかを，第三者的な
視点で確認・修正する

図Ⅲ-9　トレーニングの過程を文章化することの意義
　まず，①と②とを根気よく繰り返す．そうすることで自分の考えが次第に整理
され，他の人にも伝えることが可能になる（③）．その結果，他者との意見交換
が成立し（④），自分の考えがさらに深まるとともに，他者の参考にもなる．
①と②は自分を相手にディスカッションする部分で，最重要部分である．

　自分の考えを文章化することには，まさにそのような効果があるのです．書くことは
よい机上トレーニングになる，と表現してもよいでしょう．

・会話と文章

　文章ではなく，会話でのコミュニケーションにも独自の利点があります．身振り手
真似，擬音語も駆使して，自分の身体感覚についての考えを相手に直接伝えれば，文
字だけを使うよりも，はるかに多くの情報を伝えることができます．

　相手も，わからない部分があればその場で質問でき，意見交換を重ねることもでき
ます．選手とコーチの関係というのは，このような形が多いでしょう．このようなコ
ミュニケーションはもとより大切なことです．

　しかし会話の場合，雑多な情報が整理されずに交錯して，お互いになんとなくわかっ
たつもりになってしまうことがあります．何かについて会話で相談したが，あとで文
字に書き残そうとした時に，肝心な部分がどのような結論に到達したのか，うまく書
けないことはよくあります．文字で書くことには，このような曖昧さを排除する効果
があるのです．

　また文章に書き残すことで，当事者が生み出した実践知を，同時代あるいは後代の，
未知の第三者にも伝えることが可能になります．それが優れた実践知であれば，利益
は計り知れないでしょう．このことは，人類が文字の使用により，莫大な叡智を集積・
発展させてきたことを思い浮かべればわかることです．

　一方で，スポーツ界ではこれまで，このような努力を十分にしてきたとはいえません．

書く努力をしなかったために，実に多くの実践知が埋もれてしまっていると感じます．

長い目で見れば，自他のトレーニングを進歩させるという意味で，身体を動かすトレーニングに劣らぬ労力を，文章を書くことにもつぎ込む価値があると著者は考えています．以下，この作業をできるだけ効率よく行うための手順を説明します．

＜AL＞ 優れたスポーツ選手の身体感覚を言語化した文章を探して読んでみよう（たとえば，腰を入れる，切れがよい，伸びがあるなど）．そしてその表現が，自身の身体感覚ではどの程度までイメージすることが可能かを試してみよう．

〈COLUMN Ⅲ-4〉

現象を言語化することの限界

人間は話し言葉でコミュニケーションをするだけでなく，それを文字でも記録することで，個人が得た知を集積させ，膨大な知の体系を築いてきました．その結果，ほかの生き物にはない文化・文明の発展をなしとげました．

スポーツの世界でも同じことがいえます．アスリートの身体運動を言葉で表現し，さらに文字でも記録することで，個人の身体知を他者に伝えることが可能となります．またそれを集積することで，知の活用がさらに進みます．

本文ではこのような言語化の重要性について述べていますが，一方で，そこには限界があることも覚えておかなければなりません．つまり可視化できないことや，可視化することで逆に失われてしまうものもある，ということです．

たとえば，自分の運動パフォーマンスの映像があったとして，その特徴を100％言語化することはできません．言語化するには，自分の判断で，その特徴だと考える部分を切り取る作業が必要です．他の部分は捨てられてしまうわけですが，その中にも大切なものが含まれているかも知れません．

また他者は他者で，あなたが言語化した情報を受けても，その人が理解できる範囲内でしか理解できません．そもそも言葉とは普遍化（平均値化）された概念なので，個別性は排除されています．たとえば「腰を入れて打つ」と表現した場合，自分が伝えたいニュアンスが，相手には別のニュアンスで伝わる可能性もあります．

しかしこれは悲観すべきことではなく，むしろよいことだと著者は考えます．可視化できることとできないことが半々，可視化できた部分についても，相手に伝えられる部分と伝えられない部分とが半々くらいだと考えておけば，情報をうのみにせず，自分で再整理してから活用しようとする態度が自ずと生まれるからです．

現代では，トレーニング科学の情報が絶対的な正解のように伝えられがちです．しかし，何を伝えることができ，何を伝えることができていないのか，と考えて受け取るようにすれば，情報に振り回されることはなくなるでしょう．

表Ⅲ-4　トレーニングレポートの構造
この形式にまとめることで，自分にとっても，また周りの人にとっても主張が理解しやすくなる．

1. トレーニング課題（タイトル）：
   何のためにどんなトレーニングをするのかを一文でタイトル化する．
2. 背景：自分の現状を振り返って，課題を提示する．
3. 目的：その課題解決のために，どんなことをするのかを宣言する．
4. 方法：具体的なトレーニング方法を示す．
5. 結果：得られたデータ（事実）をわかりやすい図や表にまとめる．
6. 考察：結果に対して自分が考えたこと（意見）を書く．
7. 今後の課題：次はどの点を改善すればよいかを展望する．

・トレーニングレポートの組み立て

　　表Ⅲ-4は，自分が実行したトレーニングを，他の人にもわかるように記述するためのレポートの形式です．まず，どのようなことをしたのかがわかるタイトルをつけます．次には本文が来ますが，そこでは背景→目的→方法→結果→考察→今後の課題という項目を立てて書きます．

　　この流れは，様々な科学分野で書かれている論文の組み立て方と同じです．この形式は，科学という営みによってある人が得た成果を，自身で整理する上でも，また他者に伝達する上でも効果的な構造なのです．

　　レポートといっても，一連のトレーニングが終了してから書くのではなく，それに取り組む以前から書き始めることが重要です．これから取り組もうとしているトレーニング課題について，頭を整理するための演習になるからです．

　　自分1人でもできますが，周りの人とも意見交換をしながら行えば，より効果が高まります．著者のゼミナール（ゼミ）では，8～9月の夏休み期間の宿題として，3年生に取り組んでもらいます．2カ月あれば，あるテーマのトレーニングに取り組んで，一通りの成果を出すには十分です．集中力も維持できるでしょう．

　　表Ⅲ-4のうち，トレーニングの課題，背景，目的，方法の部分については，トレーニングに取り組む前（7月）にゼミで発表してもらいます．そして，周りの人からの質問に受け答えをすることで，取り組むべき内容を整理します．その後，夏休みにトレーニングを実行します．

　　夏休み明け（10月）には，トレーニングの成果を発表してもらいます．結果をわかりやすい図にして，それを皆に示しながら考察を述べます．考察では，よかった部分と課題が残った部分とを示し，よい結果が出た／出なかった理由について自分の意見を述べ，最後に今後の課題についても展望してもらいます．

　　そしてここでも，他者の質問や意見に受け答えをし，自分だけでは気づかなかった点を押さえるようにします．それを踏まえて次のトレーニングに取り組むことで，競技力の向上に成功した例が，実際に多くあります．またその取り組みを卒業研究にし

たり，さらには学術誌に事例研究の論文として発表することにもつながりました.

　　以下，その例をいくつか紹介します．いずれも普段の専門練習を行うかたわらで，新たな補助トレーニングを導入して効果を検討したものです.

<AL> 以下の３つの事例（例１～例３）を参考に，自分でも改善すべき課題を設定し，それを解決する取り組みを一定期間にわたり行い，その成果をレポートにまとめてみよう.

・バスケットボール選手の例（例１）

　　図Ⅲ-10は，女子のバスケットボール選手が作成したレポートです．１と２はトレーニングに取り組む前にゼミで発表した計画，３と４はトレーニングの終了後に結果と考察をまとめて発表したものです.

　　１と２ではまず，これから自分がどんな課題の解決に取り組もうとしているのかを，トレーニング課題，背景，目的，方法に分けて示しています．ゲーム中に動きながら打つシュートの成功率が低いという課題を改善するため，シュート練習の工夫をするとともに，体幹・上肢・下肢の筋力トレーニングを行う，と書かれています.

　　３は，このトレーニングを３週間行った時の推移をグラフにしたものです．ゲームを想定し，疲労している状況下で，動きを伴いながらのシュートを100本打って，その成功率を折れ線グラフにしています．シュートの成功率は日々変動しながらも，次第に高まっていることがわかります.

　　４には，この結果をふまえた考察（自分の意見）が書いてあります．本人の感覚では２週間目くらいから身体の軸が安定してよいシュートが打てる実感を持てたが，それと同期してシュートの成功率もよくなってきたなどの内省報告も加えて，実行したトレーニングに一定の成果があったと考察しています.

　　また，４の最下段には今後の課題が書いてあります．折れ線グラフで所々値が低下している部分があることに着目し，特に強い疲労を感じている日にはシュートの成功率が悪くなる傾向にあると考察し，今後はその点を克服できるトレーニングの工夫をしたいと述べています.

・剣道選手の例（例２）

　　図Ⅲ-11は，男子の剣道選手が作成したレポートです．例１と同様に見てください.

　　剣道では激しい打突や，相手とのぶつかり合いがあるので，体幹の強さが求められます．この選手は，体幹の弱さが課題であると自分でも自覚し，周りの仲間や指導者からもそう指摘されていました（１）．そこで２に示すような体幹強化のトレーニングに取り組みました.

　　その結果をまとめた３の図では，トレーニングの前後で稽古や試合時の動きがどう変わったのかを，７つの要素に分け，主観を数値化することで評価しています．本人の主観評価だけでは偏りがある可能性を考え，周りの５名の選手にも評価してもらっ

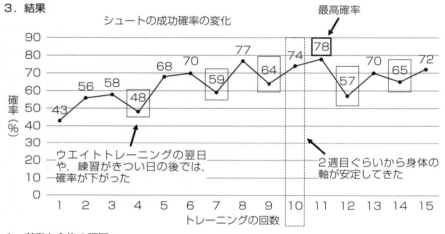

<トレーニング課題>
・バスケットボールにおいて動きの中でのシュート能力を向上させるトレーニング.

1. 背景と目的
・ゲームなどの動きの中で行うシュートが,本数を多く打っている割には入らない.
・そこで,工夫したシュート練習と筋トレを行い,動きの中でのシュート力を向上させる.

2. トレーニングの方法
・シュートのトレーニング
 練習後の疲労がある時に,動き(大きくミートしたり,ドリブル,フェイクなど)の中でシューティングを行う.10本打ちを10カ所から行う(100本打ち).これを週5回で,3週間継続する.
・体幹トレーニング
 クランチ系2種(20回×2set),背筋系(30回×2set),プラス1個を毎日,3週間継続する.
・ウェイトトレーニング
 ベンチプレス30kg(10回×3set),スクワット60kg(10回×3set)を週2回で,3週間継続する.

3. 結果

シュートの成功確率の変化

最高確率

確率(%)

43 56 58 48 68 70 59 77 64 74 78 57 70 65 72

ウエイトトレーニングの翌日や,練習がきつい日の後では,確率が下がった

2週目ぐらいから身体の軸が安定してきた

トレーニングの回数

4. 考察と今後の課題
・トレーニングを3週間行って,シューティングの成功確率は日に日に上がっていった.体幹トレーニングとウェイトトレーニングを入れることで,下半身が安定し,大きくぶれずにシュートを打てるようになったと感じる.
・練習中の自分の感覚としても,以前より楽によいシュートが打てるようになったと思う.
・ウェイトトレーニングの次の日や,体が重い日には確率が下がったことから,試合中でも非常にきつい時や,身体が動かなくなってきた時にはシュートは入らないと思う.そこで今後は,このような時に役立つトレーニングをしたい.

図III-10　女子バスケットボール選手が作成したトレーニングレポート(著者研究室資料,2015)

ています.その結果,課題としていた「体勢の安定」については,自他ともに一定の効果が上がったという評価となりました.

4には,結果に対する考察(自分の意見)が書いてあります.3の図に示した成果に加え,高度な技術である「一拍子の面打ち」が改善したと指導者から評価されたことや,レギュラー選手も含む部内戦で全勝できたといった実績も示し,このトレーニングには一定の成果があったと考察しています.

<トレーニング課題>
・体幹トレーニングによる剣道パフォーマンスの改善.

1. 背景と目的
・これまで自分でも，周りの人からの意見でも，体幹が弱いと言われていた．試合でも自分より小さい相手に体幹の弱さをつかれて負けた試合があった.
・そこで，体幹を鍛えることで自分の剣道がどのように変化するのかを検討した.

2. 方法
・夏季休暇中のスケジュール
　8月1日〜18日　　オフ
　8月19日〜31日　　夏合宿（2部練）
　9月1日〜20日　　通常練習期間（1部練）
　＊この期間はほぼ毎日体幹トレーニングを行う．プランク（1分），サイドブリッジ（左右1分ずつ）を1セットとして1日に3セット行う
　＊上記の体幹トレーニング以外にも，トレーニング室で腹筋台を使って追い込む

3. 結果

自分自身でのパフォーマンス評価　　　他者（5名の部員）によるパフォーマンス評価

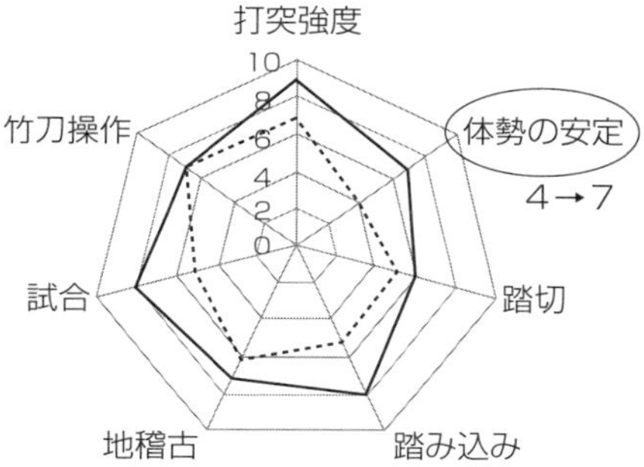

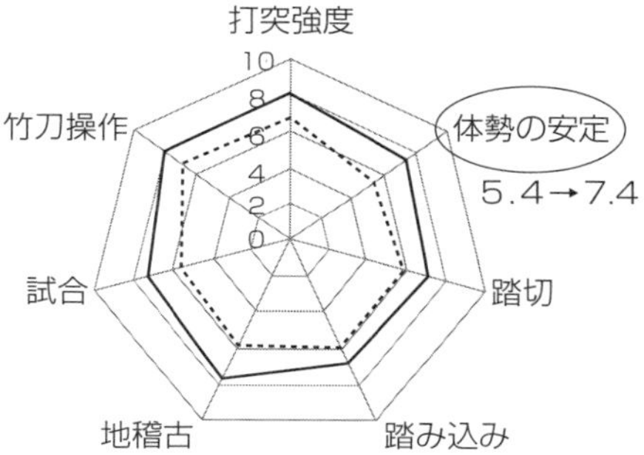

体勢の安定　4→7

体勢の安定　5.4→7.4

‥‥‥ トレーニング前　—— トレーニング後

その他，1拍子の面打ちの上達，夏合宿中の部内戦全勝（全日本学生のレギュラーにも勝利）

4. 考察と今後の課題
・体幹トレーニングを行った結果，これまで弱点と感じていた体幹の弱さが気にならないくらい姿勢が安定した（左の図）．また，他者からの評価でもそれを確認することができた（右の図）.
・自己評価と他者評価とを比べると，自分では伸びていると思っていた項目が他者の評価では思ったより伸びていなかったり，その反対の評価となっていた項目もあった．そこで今後は，両者の食い違いを確認しながらトレーニングを継続することで，さらにパフォーマンスの改善につながると考えられる.

図Ⅲ-11　男子剣道選手が作成したトレーニングレポート（著者研究室資料，2015）

　この図で，自他ともに評価がよくなった項目を見ていくと，当初の課題であった体勢の安定だけではなく「打突強度」「試合」「地稽古」といった項目でも改善しています．これは今回のトレーニングで体幹が強化されたことによる副次的な効果と捉えることもできるでしょう.
　一方で「踏み込み」については，本人は大きく改善したと感じているのに，周りの人はそれほど評価していません．また「竹刀操作」では，本人は改善したとは感じていないのに，他者は一定の改善があったと評価しています.
　この選手は，このような図を作ることで，自己評価と他者評価との間には相違があ

ることに気づきました．そして今後の課題として，自他の評価のずれに着目しながら自己認識を修正することで，より競技力を改善できるだろうと考察しています．

・長距離走選手の例（例３）

　　　図Ⅲ-12は，男子の長距離走選手が作成したレポートです．この選手はバネの効いた走りができていないという自覚があり，周りの仲間や指導者からも同じことを言われていました．そこで，よりバネのある走り方を身につけることを目的として，縄跳

〈COLUMNⅢ-5〉

トレーニング科学とトランスサイエンス問題

　現代は科学万能の時代です．実際，科学がなければ私たちの生活は成り立たないでしょう．しかし，科学を使えばどんな問題でも解決できるとか，科学でわかっていないことは信じてはいけない，といった行き過ぎた認識も広まりつつあります．

　本書では，皆さんがトレーニングを行う際に，科学は万能ではないことに注意しようと述べてきました．この注意は，人間が関わる全てのものごとに当てはまります．以下，ほかの世界に目を向けて考えてみます．

　科学に問うことはできても，科学だけでは答えることのできない問題が存在するということは，1972年にアメリカの物理学者ワインバーグが提唱し，トランスサイエンス問題（科学領域を超えた問題）と名づけました．そしてこのような問題を扱う科学技術社会論という研究分野もできています．

　日本でのトランスサイエンス問題の典型例として水俣病事件があります．1950年代，熊本県の水俣湾に工場排水が流れ込み，周辺の住民が発病し始めました．しかし工場側は「工場排水が直接の要因である，という因果関係が科学的に証明されない限り，受け入れられない」と反論しました．そしてその証明が難航したため，

行政も傍観しているしかなく，その間に被害が大きく拡大してしまいました．

　現代では，地球温暖化問題がその典型です．人間が排出する二酸化炭素がその要因として疑われています．しかし因果関係が証明されているわけではなく，その証明もすぐにはできないでしょう．かといって，それが証明されるまでは好きなだけ排出してもよい，と考えては手遅れになる可能性があります．

　上記の論法をトレーニング科学に当てはめるとすれば「科学的に証明されていないトレーニングは，その効果を認めるわけにはいかない」となるでしょう．しかし，このような考え方が本末転倒であることは言うまでもありません．トレーニング科学が扱う対象は，典型的なトランスサイエンス問題なのです（p50）．

　科学技術社会論ではこのような問題を考える際に，科学者が持つ合理性（科学的合理性）と，社会の人々が持つ合理性（社会的合理性）とはそもそも食い違うもの，という前提に立って両者の調整を図ろうとします．トレーニング科学の場合も，科学者の合理性とトレーニング現場の合理性とは食い違って当然，という認識を両者が共有することで，より建設的に考えていけるでしょう．

<トレーニング課題>
　・バネのある走りを習得するための縄跳びを活用したトレーニング．

1．背景
　・私はランニングの際にバネをうまく使った走行ができていない．
　・周りの人からも同様の指摘をされることが多い．

2．目的
　・バネをうまく使って走れるようにし，ランニングエコノミーを良くしたい．

3．トレーニング方法
　・毎日縄跳びを行う（50回以上）．

4．トレーニング前後での測定項目
　・バネの能力の評価として，リバウンドジャンプテストを行う．これとあわせて，一般的なジャンプ能力を評価するための垂直跳びテストも行う．
　・ランニングエコノミーの評価として乳酸カーブテストを行う．

5．結果

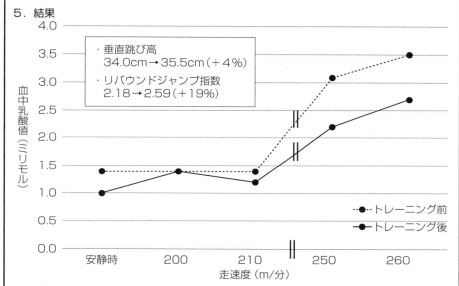

6．考察と今後の課題
　・垂直跳び高はやや改善しただけだったが，バネの能力指標であるリバウンドジャンプ指数は大きく改善した．縄跳びのトレーニングは，特にバネの能力を改善することがわかる．
　・乳酸カーブテストの成績も改善し，ランニングエコノミーが改善したことがわかる．
　・主観的には，1歩1歩が弾むようになり，走行に余裕ができた．
　・今後の課題として，縄跳びは上方にジャンプする運動なので，前方にジャンプしていくようなトレーニングも考案し，導入していけば，さらに走能力を改善できるのではないか．

図Ⅲ-12　男子長距離走選手が作成したトレーニングレポート（著者研究室資料，2017）

びを補助トレーニングとして導入しました．
　結果のところに示した折れ線グラフは，トレーニング前後での乳酸カーブテストの成績です．走速度が250m/分と260m/分の所を見ると，トレーニング前では血中乳酸値が3ミリモル台まで上昇していましたが，トレーニング後では2ミリモル台となっており，乳酸閾値（LT）が改善したことがうかがえます．

また，バネの改善が起こったのかを見るために，垂直跳びとリバウンドジャンプとを行いました（図の左上の欄）．前者は通常のジャンプ能力，後者はバネを用いたジャンプ能力を評価するテストですが，前者の改善はあまり大きくなかったのに対し（＋4％），後者では大きく改善していました（＋19%）．

考察では，同じ走速度での血中乳酸値が低下したことは効率のよい走りができるようになったことを意味すること，その要因としてバネの改善が寄与している可能性があると述べています．加えて本人の内省感覚でも，バネのある走りができるようになったと記し，一定の成果をあげたとまとめています．

今後の課題として，今回のトレーニングでは垂直方向のジャンプ動作を用いていたが，ランニングは水平方向への移動であることから，その特異性にも配慮し，水平方向へのジャンプ動作を用いたトレーニングも工夫したいと述べています．

<AL>　例1〜例3の当事者になったつもりで，発表者と質問者という役割分担を決め，質疑と受け答えをしてみよう．その際，どの例についてもさまざまなトレーニングも併用しながらの成果であることに留意し，新たに導入したトレーニングが一定の効果をもたらしたということを，相手にどのように説明すれば，説得的に伝えられるのかを考えてみよう．

・図や表を使うことの効果

例1〜例3ではいずれも，トレーニングの結果を数値化し，図で表現しています．図を使う第1の利点は，自他ともに結果を一目で把握できることです．しかしそれだけではなく，第2の利点として，それまでは見えていなかった今後の課題も見えてくる，という点があげられます．

例1（図Ⅲ−10）でいうと，折れ線の全体的な傾向を見ることで，シュートの成功率が上がっていることがまずわかります．しかしもっと細かく見ていくと，強い疲労を感じている日には成功率が下がっていることもわかります．図を作らなければ，このような気づきは得られにくいでしょう．

例2（図Ⅲ−11）では，自他の主観評価を数値化して比べることで，両者の評価が一致している所と，していない所とがあることに気づきました．一致していない部分では，自己認識の修正が必要です．なぜならば剣道では，打突のできばえを審判という他者が，主観を用いて評価することで勝敗が決まるからです．

例1でも例2でも，トレーニング前後の様子をこのような図で可視化しなかったとしたらどうでしょうか．「なんとなくよかった」と思うことはできても，どこがどうよかったのかがはっきりわかりません．したがって，次の課題を把握することも難しくなってしまいます．

ここでは図を例に説明しましたが，表についても同じことがいえます．図とはそもそも，表をもとに作られます．主張したい目的によって，図で表した方が分かりやすい場合と，表の方がよい場合とがあります．データが得られたら両方で表してみて，どちらの方が訴えかける力が強いのかを比べてみるとよいでしょう．

<AL> 図Ⅲ-10〜12のデータを表にも書き改めてみよう．そして両者を比較し，
それぞれの長短所をあげてみよう．

・レポートは科学論文の卵

　　　例1〜例3はいずれも，自分自身を対象とした1回分のトレーニング実験の形に
なっています．これを1回だけで終わらさずに，課題点を修正して2回目のトレー
ニングを行えば，1回目と2回目とが自身を対象とした対照実験の形になります．

　　　これをさらに繰り返していけば，回を増すほどトレーニング内容が的確なものにな
り，自分にとっての正解に近づいていけます．これがⅠ部の図Ⅰ-20（p40）で述べた
PDCAサイクルの考え方です．そして，誰にでも実行できる科学的なトレーニング（第
2種の科学，p42）の形でもあるのです．

　　　ここでp182の表Ⅲ-4に戻ってください．トレーニングレポートは，課題を表すタ
イトルが来たあと，背景→目的→方法→結果→考察→今後の課題という形となっ
ています．この形式は，トレーニング科学を含めて，様々な科学分野で研究者が書く
論文と同じ構造だということを覚えておいてください．

　　　科学とは，自分の考えを言語で相手に伝え，相手からも意見を聴いて，その分野の
知を発展させていく行為です．そのコミュニケーションの基盤となるのが，このよう
な形式で考え，書くことなのです．

　　　例1〜例3は，トレーニング科学の論文ジャンルでいうと「事例研究」に相当します．
本人たちにとっては初めての取り組みだったので，足りない点もありますが，その原
型に相当するものといってもよいでしょう．

　　　事例のレポートを書く時に心がけることは，他者が自分の論文をヒントとして同様
な取り組みを行うことを想定し，それが円滑にできるような配慮をすることです．つ
まり，論文を読む第三者の気持ちになって書くということです．

　　　たとえば図Ⅲ-12では，毎日縄跳びを50回以上行うと書いてあります．しかしこれ
だけでは，他の人が参考にするときに困るでしょう．回数，セット数，跳び方の注意
点（運動意識）など，もう少し細かな情報を盛り込むことが必要です．

　　　このようなレポートを作り慣れていれば，事例研究の論文を書くところまではあと
一歩です．スポーツ系の分野で学んでいる大学生で，選手としても4年間努力をした
のであれば，自身を対象とした事例研究を行って卒業研究にし，さらにそれを磨いて
学会や学術誌に発表してみることを勧めます．

<AL> 例1〜例3を参考に，自分も同じトレーニングに取り組むと仮定した場合，
もっと示しておいてほしい情報にはどのようなものがあるかをあげてみ
よう．

・レポートから論文へ

　　　臨床医学や臨床心理学の分野では，事例研究が重視されています．たとえば，それ

図Ⅲ-13　実践研究に焦点を当てた研究雑誌とテキスト
　aの『スポーツパフォーマンス研究』は，実践現場に直接的に寄
与できるような研究論文を掲載することを主旨としており，イン
ターネット上から自由に閲覧できる．運動やトレーニングを動画
で見られるという特長もある．bは実践に役立つ研究を推進する
ために制作されたテキストで，本書の内容をより発展させて考え
たい場合に参考になる．

まで誰も治せなかった患者を，ある医師が手当を工夫して治すことができたとすれば，
1人の事例であっても医学界全体にとって貴重な共有財産となります．実際に，この
ような事例研究を集めた論文集が刊行され，役立てられています．

　スポーツ選手のトレーニングにも同じことがいえます．たとえば前人未到の記録を
打ち立てた選手のトレーニング過程を事例研究の論文にすれば，後に続くアスリート
にとって財産となるでしょう．

　しかし現在のトレーニング科学界では，臨床医学などで行われているほどには事例
研究が出されていないのが残念です．このことは，様々なアスリートが大きな労力を
費やして得た実践知や身体知が当事者だけのものにとどまり，他者が受け継げないこ
とを意味します．その分だけこの世界全体の発展も進まないでしょう．

　一流アスリートの取り組みだけに価値があるのではありません．例1〜例3のよ
うに，一般的なアスリートによる身近な取り組みを，事例研究として残すことも重要
です．自分と同レベルの人の取り組みの方が，より当てはまりやすいからです．

　成功例だけではなく，失敗例も貴重なヒントになります．失敗例は公表されること
が少なく，埋もれてしまいがちです．しかし，他の人が同じ失敗をしないようにする
ためにも，記録を残す価値は大きいのです．

　最近，トレーニング科学やスポーツ科学の分野でも，事例研究を積極的に公表しよ
うとする学術雑誌が発刊されています．たとえば『スポーツパフォーマンス研究』は，
インターネットから自由に閲覧できます（図Ⅲ-13a）．著者のゼミの学生が行った研
究もこの雑誌に多く発表しているので，参考にしてみてください．

<AL> 『スポーツパフォーマンス研究』を閲覧し，自分の種目に関連する論文を
いくつか読んでみよう．そして現在の自分にとって役立つ知見がないかを
探してみよう．

・事実と意見とを区別しよう

本格的な論文の書き方については姉妹書に譲りますが（図Ⅲ-13b），最も大切な点

〈COLUMN Ⅲ-6〉

指導者から選手への声かけに置き換えた本書のまとめ

　本書も終わりに近づきました．最後のコラムでは，ここまでに述べてきたことを，指導者から選手への声かけに置き換えるとどう表現できるか，という視点で表に示してみました．これは本書全体のまとめにもなっています．

　①何がだめだったのかを可視化し，それを選手に示して修正すべき点を指示する（そして選手にも考えさせる）ことが大切です．このように，目に見えるデータで表して考えることが，科学的なトレーニングの出発点だということを，Ⅰ部をはじめ本書の随所で述べてきました．

　②がむしゃらに頑張るのではなく，力，スピード，バネ，持久性，技術，戦術，心理，栄養など，改善すべきポイントを明示した上で，的確な補助トレーニングやコンディショニングを処方しよう，という意味です．これはⅡ部で述べました．

　③ただ反省しろといっても，やり方を知らずに一生懸命考えても実効は上がりません．結果を可視化した上で，PDCAサイクル（Plan, Do, Check, Act）に当てはめ，よい方向に向かって少しずつ進んでいく，という方法論を教えてあげることが大切です（Ⅰ部の2〜4章など）．

　④数値が示されていて具体的に見えますが，これだけではただのかけ声に過ぎません．本番の大会から逆算して，1カ月前にはこのような状態になるべき，2カ月前にはこのようになるべき…というように，長期的な見通しを持って，トレーニングを最適化（期分け）することが必要です（Ⅱ部の2章，4章など）．

　指導者に求められることの第1は，選手の現状を可視化し，それをわかりやすく示してあげることです．第2は，答えを教えること以上に，自分で考えることの大切さと，具体的な実行方法を教えてあげることです．その選手が独立した時にも，自分で同じ作業ができるように育てることが大切だと，著者は考えています．

① 「だめじゃないか」
　→何がだめなのかを具体的なデータで示そう
② 「頑張ろう」
　→どの能力に過負荷をかけて頑張るのかを明示しよう
③ 「反省しろ」
　→よい反省ができるような方法論を教えよう
④ 「○○大会まであと何日」
　→だから今日は何をすべきなのかを考えさせよう

を一つだけあげると，事実（結果）と意見（考察）とを明確に区別して記述する，ということです（■脚注）．これはレポートでも同じことです．

　事実とは，その研究で得たデータのことで，これを「結果」の部分に書きます．意見とは，その結果をもとに，従来からある知見も参考にしながら様々な視点で考え，自分が組み立てた主張のことです．これは「考察」の部分に書きます．

　前章の図Ⅲ-4（p167）で見たように，測定から得られたデータ（事実）は一つでも，そこから引き出せる説明や予測は一つに決まることは少なく，複数の可能性が出てくるのが普通です．そして各人の視点の違いによって，どの説明や予測を選ぶのかも違ってきます．

　測定データを考察した結果，あなたはＡという選択肢を選び，それを論文の結論にしたとします．しかし別の人は，同じデータから別の考察をして，Ｂという選択肢を選び，別の結論を導くかも知れません．

　このような状況で相手と意見交換をする場合に，結果と考察の区別が曖昧だと，水掛け論になってしまいます．せっかく得たデータをもとに，他者と実り多い意見交換をし，よりよい実践知を生み出すためには，結果（事実）と考察（解釈や意見）とをはっきり区別して書くことが必要なのです．

＜AL＞ あなたが現場で体験した興味深い出来事について，事実と意見の区別に注意しながら，周りの人にその状況（事実）と意義（解釈や意見）とを説明し，意見交換をしてみよう．

■脚注） 木下（1981）は，事実と意見との区別について，アメリカの小学校の教科書中の記述を引用し，「事実とは証拠をあげて裏づけすることのできるものである．意見というのは何事かについてある人が下す判断である．ほかの人はその判断に同意するかもしれないし，同意しないかもしれない．」と，分かりやすく紹介しています（木下是雄，『理科系の作文技術』中公新書，1981）．スポーツ現場で議論を行う場合にも，この点を意識することで問題を整理しやすくなり，議論もより実りのあるものとなるでしょう．

〔まとめ〕
- 成功／失敗に関わらず，自分が工夫して行ったトレーニングの過程を言語化することで，自身はもとより，他者にとっても有益な実践知が得られる．
- 頭の中にある暗黙知を的確な文章で表現するには，スポーツ技術の習得と同じく反復練習が必要だが，その過程で自己をより客観的に把握し直すことができる．
- 図や表を作ることで，文章だけでは見えないものが見えてくる．
- トレーニングレポートは，背景 → 目的 → 方法 → 結果 → 考察 → 今後の課題という順序で作成すると，自分でも整理しやすく，また他者にも理解しやすくなる．
- 上記のレポート作成の流れは，一般的な科学論文の構造とも同じである．つまり，ある問題を合理的に考えていく上で，基本となる形式である．

［図表の出典］

　本書で紹介した図表や写真の出典を示しました．（参考）と表記したものは補足的な文献です．本欄に記載のない図表は本書が初出です．なお学術論文の形で発表された図表は，一般の読者にも理解しやすいように，一部を改変したものもあります．

Ⅰ部．トレーニングを始める前に
1章．トレーニングに普遍的な正解は存在しない
・図Ⅰ-1．小林寛道：スポーツ科学は人間の限界をどこまで伸ばすか．体育科教育 54(9)：14-17, 2006.（参考 小林寛道：東大式 世界一美しく正しい歩き方．日本文芸社，2018）
・図Ⅰ-2．Pitts GC, Johnson RE, Consolazio FC.：Work in the heat as affected by intake of water, salt and glucose. Am J Physiol 142：253-259, 1944.
・COLUMN Ⅰ-2.：坂本ゆかり：運動時の水分摂取をめぐる史的背景．Jpn J Sports Sci 2：452-458, 1983.（写真はDill DB.：Life, Heat, and Altitude：Physiological Effects of Hot Climates and Great Heights. Harvard Univ Press, 1938.）
・図Ⅰ-3．伊藤静夫，黒田善雄，塚越克己，雨宮輝也，金子敬二，松井美智子：運動時における体温の動的様相 第5報 競歩における水分補給について．昭和57年度日本体育協会スポーツ科学研究報告，No.Ⅶ，pp. 1-10. 1982.（参考 伊藤静夫：長距離走・マラソンレース中の暑さ対策．ランニング学研究 7：39-53, 1996.）
・表Ⅰ-3．伊藤静夫：マラソンレース中の適切な水分補給について．ランニング学研究 23：57-72, 2012.

2章．トレーニングとは何だろうか
・図Ⅰ-4．浅見俊雄：スポーツトレーニング．朝倉書店，1985.
・表Ⅰ-4，図Ⅰ-5．山本正嘉：体力とトレーニングの関係．北川薫編，トレーニング科学，文光堂，pp. 28-35, 2011.
・COLUMN Ⅰ-4．写真は，伊藤浩志，本間三和子：シンクロナイズドスイミングのバイオメカニクス．バイオメカニクス研究 16：169-174, 2012. より
・図Ⅰ-6，図Ⅰ-7，表Ⅰ-5．金高宏文，山本正嘉，西薗秀嗣，池之上良和：中学生期におけるサッカー選手のトレーニング研究．スポーツトレーニング科学 5：1-53, 2004.
・表Ⅰ-7．ヘッティンガー，T.（猪飼道夫，松井秀治訳）：アイソメトリックトレーニング；筋力トレーニングの理論と実際．大修館，1970.
・COLUMN Ⅰ-5．小林惠智：4行日記，2002，オーエス出版．（参考 図はヒューマンサイエンス研究所ホームページから引用，欄外は著者が加筆）
・表Ⅰ-8．McArdle WD, Katch FI, Katch VL.（田口貞善，矢部京之助，宮村実晴，福永哲夫監訳）：運動生理学；エネルギー・栄養・ヒューマンパフォーマンス（第2版）．杏林書院，1992.
・図Ⅰ-9．→図Ⅰ-4と同じ（参考 オゾーリン NG.（岡本正己，酒井一之訳）：ソ連のスポーツ・トレーニング．ベースボール・マガジン社，1965.）

3章．科学とは何だろうか

・図Ⅰ-10．新聞記事は南日本新聞記事より（2020年5月22日付）
・表Ⅰ-10．Christensen LB.：Experimental Methodology（7th Ed.）．Allyn Bacon, 1997.
・図Ⅰ-11．図Ⅰ-12．福永哲夫：ヒトの絶対筋力；超音波による体肢組成・筋力の分析．杏林書院，1978.
（参考 Ikai M, Fukunaga T.：Calculation of muscle strength per unit cross-sectional area of human muscle by means of ultrasonic measurement. Int Z angew Physiol 26：26-32, 1968.）
・図Ⅰ-13．a は国際武道大学・越野忠則氏の提供による
・図Ⅰ-14．図Ⅰ-15．佐藤雄太，森寿仁，奥島大，小山田和行，藤田英二，山本正嘉：間欠的な全力ペダリングテスト時の発揮パワーによる柔道選手の瞬発力および持久力の評価．スポーツパフォーマンス研究 9：227-237, 2017.
・図Ⅰ-16．図Ⅰ-17．佐藤雄太，森寿仁，小山田和行，藤田英二，山本正嘉：補助トレーニングとして行う自転車エルゴメーターを用いた高強度インターバルトレーニングは柔道競技に必要とされる持久力を向上させる．スポーツパフォーマンス研究 10：175-187, 2018.
・図Ⅰ-18．亘理俊次，牧野晩成，清水清：植物の観察図鑑．小学館，1967.
・COLUMN Ⅰ-8．福永哲夫，山本正嘉編著：体育・スポーツ分野における実践研究の考え方と論文の書き方．市村出版，pp. 8-30, 2018.
・COLUMN Ⅰ-10．表の左側はウィキペディアより引用．右側と欄外は著者が加筆.

4章．科学的なトレーニングの具体例

・図Ⅰ-21．中島康晴：運動強度から見た大学生の自転車競技選手におけるトレーニングの問題点；1名の優秀な選手を対象とした事例研究．2006年度鹿屋体育大学卒業研究.
・COLUMN Ⅰ-11．図はウィキペディアより引用
・図Ⅰ-22．甲斐智大，堀尾郷介，青木竜，高井洋平：大学サッカー選手における試合時の移動を改善させるフィードバック方法の事例．スポーツパフォーマンス研究 10：270-281, 2018.（参考 藤原昌，千足耕一，山本正嘉：ウインドサーフィン競技におけるレース戦略の改善を目的としたGPSの活用．トレーニング科学 21：57-64, 2009.）
・図Ⅰ-23．松村勲：陸上競技女子長距離選手の体調確認の実践事例；VAS法の活用．スポーツパフォーマンス研究 1：110-124, 2009.
・COLUMN Ⅰ-12．川原貴：オーバートレーニングに対する予防と対策．臨床スポーツ医学 9：489-495, 1992.
・図Ⅰ-24．森寿仁，濱田幸二，坂中美郷，礒野祐輔，山本正嘉：バレーボール競技におけるスパイクジャンプの動作フォームをVisual Analog Scaleを用いて定量的に評価する試み；パフォーマンス改善の可能性にも触れて．スポーツパフォーマンス研究 10：145-161, 2018.
・COLUMN Ⅰ-13．写真は朝日新聞記事より（2009年1月1日付）
・図Ⅰ-25．小原侑己，吉野史花，木葉一総，山本正嘉：大学女子バスケットボール選手の体力と技術を客観および主観の両面から評価して競技力向上に結びつける手法の開発．スポーツパフォーマンス研究 10：334-353, 2018.
・図Ⅰ-26．→図Ⅰ-6と同じ（参考 西島尚彦：トレーニング戦略としてのスポーツライフマネジメントの検討．平成7年度日本体育協会スポーツ医・科学研究報告Ⅳ，pp. 43-54, 1995.）
・図Ⅰ-28．→COLUMN Ⅰ-8と同じ

・図Ⅰ-29. 山本正嘉：登山の運動生理学とトレーニング学. 東京新聞, 2016.
・図Ⅰ-31. a：日本気象協会のホームページより転載. b：著者撮影

Ⅱ部. トレーニングを実行する
1章. 専門練習と補助トレーニング

・図Ⅱ-2. 森寿仁, 鍋倉賢治, 山本正嘉：市民マラソンの成績を推定する上でどのような回帰式が妥当か？；年齢, 体格, 経験, 練習量を指標として. ランニング学研究 27：11-20, 2016.
・図Ⅱ-3. Dintiman GB.：Effects of various training programs on running speed. Res Quart 35：456-463, 1964.
・COLUMN Ⅱ-1. 山口大貴, 照内明良, 金高宏文, 山本正嘉：瞬発系競技の引退者が6週間で垂直跳の跳躍高を62.8cmから75.1cmに向上させた事例. 九州体育学研究（投稿中）
・図Ⅱ-4. 図Ⅱ-5. 図Ⅱ-6. 金子公宥：パワーアップの科学. 朝倉書店, 1988.
・COLUMN Ⅱ-3. 梶原一騎原作・川崎のぼる画,『巨人の星』講談社より
・図Ⅱ-8. 知念諒, 山本正嘉：「めんこ」を利用した素早い腕振り動作のトレーニングが大学生バレーボール選手のスパイク速度に及ぼす影響. スポーツトレーニング科学 13：9-13, 2012.
・図Ⅱ-9. 田中耕作, 山本正嘉：中学生長距離選手における短期間のバウンディングトレーニングが跳躍能力およびランニングエコノミーに及ぼす影響. 第29回トレーニング科学会大会, 桐蔭横浜大学, 2016.
・図Ⅱ-10. 田中耕作, 吉岡利貢, 高井洋平, 山本正嘉：水平面での走動作における「膝のつぶれ」の改善に及ぼす一過性の上り坂走の影響. 第30回日本トレーニング科学会大会, 日本体育大学, 2017.
・図Ⅱ-11. 田中裕己：三次元映像を用いたスポーツビジョン測定とそのトレーニング効果. 2008年度鹿屋体育大学修士論文.（参考 前田明：打撃運動と視覚. バイオメカニクス研究 3：294-299, 1999.）
・表Ⅱ-1. 小田伸午：筋力とパフォーマンスの間にあるもの. Sportsmedicine 22：11-19, 1998（参考 小田伸午：心技体はひとつのもの；スポーツ科学のとらえ方. トレーニング科学研究会編, 競技力向上のスポーツ科学Ⅱ, 朝倉書店, pp. 237-248, 1990.）
・図Ⅱ-12. →図Ⅱ-8と同じ
・図Ⅱ-14. 左は鹿屋体育大学・村田憲亮氏の提供による
・図Ⅱ-15.（参考 ①田原瞭太ほか：陸上での補助トレーニングの工夫によりパドリング技術を改善した大学カヌースプリント選手の事例. スポーツトレーニング科学 21：1-9, 2020. ②末次航平ほか：大学漕艇競技選手の基礎体力および漕技術の改善を目的としたローイングエルゴメータによる補助トレーニングの工夫. スポーツパフォーマンス研究 12：371-382, 2020.）
・COLUMN Ⅱ-4. 写真は土門拳：腕白小僧がいた. 小学館文庫, 2002より.（参考 なぎら健壱：下町小僧；東京昭和30年, ちくま文庫, 1994.）
・図Ⅱ-17. 猪飼道夫：運動生理学入門. 杏林書院, 1963.

2章. 力（ちから）のトレーニング

・図Ⅱ-19. 矢部京之助：人体筋出力の生理的限界と心理的限界. 杏林書院, 1977.（参考 Ikai M, Yabe K.：Training effect of muscular endurance by means of voluntary and electrical stimulation. Int Z angew Physiol 28：55-60, 1969.）
・表Ⅱ-2. 松尾昌文：アイソメトリックスとウエイト・トレーニング. 現代体育・スポーツ体系 8：トレー

ニングの科学. 講談社, pp. 148-171, 1984.
・COLUMN II-5. Fleck SJ, Kraemer WJ.：Designing Resistance Training Programs. Human Kinetics, 1987.
・図II-20. 山本正嘉：登山の運動生理学百科. 東京新聞. 2000.
・図II-21. 兼行英二：プライオメトリックトレーニングがバスケットボール選手のフィットネスに与える影響. 2002年度鹿屋体育大学修士論文.
・図II-22, 図II-23. トレーニング科学研究会編：レジスタンストレーニング, 朝倉書店, 1994.（石井直方：レジスタンストレーニングと骨格筋の肥大, pp. 19-31.）
・図II-24. →図I-11と同じ
・図II-25. Kraemer WJ, Marchitelli L, Gordon SE, Harman E, Dziados JE, Mello R, Frykman P, McCurry D, Fleck SJ.：Hormonal and growth factor responses to heavy resistance exercise protocols. J Appl Physiol 69：1442-1450, 1990.
・図II-26. Weibel L, Follenius M, Spiegel K, Gronfier C, Brandernberger G.：Growth hormone secretion in night workers. Chronobiol Int 14：49-60, 1997.
・COLUMN II-6. 図II-28. COLUMN II-7. →図II-20と同じ
（COLUMN II-7の元の資料はSahlin K.：Metabolic changes limiting muscle performance. In：Biochemistry of Exercise VI, Human Kinetics, pp. 323-343, 1986.）
・図II-30. 山本正嘉, 湯田一弘：長期間の体力トレーニング実施時における成功例と失敗例の追跡調査. 武道科学研究センター年報, 7：61-64, 1995.（参考 山本正嘉ほか：同じ内容のトレーニングによって競技力の向上した選手と低下した選手の体力, 食生活, 精神面に関する調査. 武道科学研究センター年報 6：55-60, 1994.）

3章. スピードとパワーのトレーニング

・図II-31. 著者研究室資料（セミナー資料, 1994）
・COLUMN II-8. Sale DG.：Influence of exercise and training on motor unit activation. Exer Sport Sci Rev 15：95-151, 1987.
・図II-34. 勝田茂編著, 和田正信・松永智著：入門運動生理学（4版）, 杏林書院, 2015.
・図II-35. 森本吉謙, 伊藤浩志, 川村卓, 村木征人：野球の投球運動におけるアシスティッドおよびレジスティッドトレーニングがボールスピードと正確性に及ぼす影響. トレーニング科学 15：171-178, 2004.
・図II-36. 写真は, BARCELONA '92, ベースボール・マガジン社, 1992. より
・図II-37. 山本利春, 山本正嘉, 金久博昭：陸上競技における一流および二流選手の下肢筋出力の比較；100m走・走幅跳・三段跳選手を対象として. Jpn J Sports Sci 11：72-76, 1992.
・図II-39. 吉本隆哉, 高井洋平, 金久博昭, 山本正嘉：事前のミニハードルドリルにより陸上競技短距離選手の疾走能力は改善する. 日本体育学会第64回大会, 立命館大学, 2013.（参考 Yoshimoto T, et al.: Acute effects of different conditioning activities on running performance of sprinters. Springer Plus 5：1203, 2016.
・図II-40. 小松崎朋子, 高井洋平, 金久博昭, 山本正嘉：アジリティエクササイズが直線走および方向転換走のタイムに与える一過性の影響. トレーニング科学 23：321-328, 2012.
・図II-41. 後藤拓人：サッカー選手における静的体幹トレーニングと動的体幹トレーニングが方向転換

能力およびサッカーのパフォーマンスに及ぼす効果. 2016年度鹿屋体育大学卒業研究. (参考 小森大輔ほか：平台車を用いた体幹トレーニングが体幹筋群の筋厚に及ぼす影響. スポーツパフォーマンス研究 9：197-210, 2017.)

・図Ⅱ-43. 深代千之, 内海良子：身体と動きで学ぶスポーツ科学；運動生理学とバイオメカニクスがパフォーマンスを変える. 東京大学出版会, 2018.

・表Ⅱ-3. 著者研究室（磯野祐輔）資料, 2015.

・COLUMN Ⅱ-9. 椿武, 前田明：剣道における踏み切り足のトレーニングが連続打突時の打突速度と打突姿勢に及ぼす影響. トレーニング科学 18：339-344, 2006.

・図Ⅱ-44. 図子浩二, 高松薫："ばね"を高めるためのトレーニング理論. トレーニング科学 8：7-16, 1996.

・図Ⅱ-46. Sale, DG.：Neural adaptation to resistance training. Med Sci Sports Exer 20：S135-S145, 1988.

・図Ⅱ-47. 松尾彰文：スピード向上に関するバイオメカニクスの最新情報. コーチングクリニック 221：16-19, 2007.

・COLUMN Ⅱ-10. 楠本達也, 森寿仁, 山本正嘉：事前のホッピングエクササイズにより陸上競技長距離走選手のstretch shortening cycle能力とrunning economyは改善する. スポーツパフォーマンス研究 5：237-251, 2013. (参考 宮脇悠伍ほか：腹部圧迫ベルトの装着が陸上競技長距離選手のstretch shortening cycle能力およびrunning economyに及ぼす影響. スポーツパフォーマンス研究 4：93-104, 2012.)

4章. 持久力のトレーニング （1）ローパワーの持久力

・図Ⅱ-48. 写真の出典は図Ⅱ-36と同じ

・図Ⅱ-49. a：森寿仁, 山本正嘉：若年男性市民ランナーにおけるフルマラソンのペース低下率とレース後の筋肉痛, 関節痛および筋力の関連性. 第28回ランニング学会大会, 環太平洋大学, 2016. b：藤原昌, 萩原正大, 山本正嘉：Differential-GPSを用いたカナディアンカヌー競技の500m全力漕における艇の移動特性の解明. コーチング学研究 26：155-165, 2013.

・図Ⅱ-50. 甲斐智大, 青木竜, 堀尾郷介, 金久博昭, 高井洋平：サッカーの試合での攻撃場面の違いがスプリントの回数に与える影響. 第28回日本トレーニング科学会大会, 鹿屋体育大学, 2015.

・図Ⅱ-51. フォックス, E.（朝比奈一男監訳, 渡部和彦訳）：選手とコーチのためのスポーツ生理学. 大修館, 1982.

・図Ⅱ-52. 西薗秀嗣編著：スポーツ選手と指導者のための体力・運動能力測定法；トレーニング科学の活用テクニック. 大修館, 2004.（山本正嘉：持久力を測る, pp. 27-35.）

・COLUMN Ⅱ-11. 山本正嘉：アスリートのための低酸素トレーニング. 生体の科学 71：200-205, 2020.（参考 山本正嘉：高所トレーニングのこれまでとこれから；増血パラダイムからの転換を考える. トレーニング科学 21：339-356, 2009.）

・図Ⅱ-53. →図Ⅱ-20と同じ

・図Ⅱ-55. Miyashita M, Miura M, Kobayashi K, Hoshikawa T.：A study on relations between physical performance and physical resources. Med Sport vol 8, Biomechanics Ⅲ, Karger, pp. 349-353, 1973.（参考 宮下充正：トレーニングの科学的基礎. ブックハウスHD, 2007.）

・COLUMN Ⅱ-12. 山本正嘉：トレイルランニング（3）. 岳人 727：163-169, 2008.

- 表II-5. American College of Sports Medicine: Position statement on the recommended quantity and quality of exercise for developing and maintaining fitness in healthy adults. Med Sci Sports Exer 10：vii-x, 1978.（参考 山地啓司：改訂 最大酸素摂取量の科学．杏林書院，2001.）
- 図II-56. 著者作図→（参考 山地啓司：こころとからだを知る心拍数．杏林書院，2013.）
- 図II-58. 図II-59. 楠本恭介，国分俊輔，前川剛輝，山本正嘉：ローイング・エルゴメーターを用いた"Maximal Interval Training"が漕艇競技選手の身体作業能力に及ぼす効果．スポーツトレーニング科学 4：8-15, 2003.
- 図II-61. →図II-52と同じ（乳酸を測る，pp. 43-49.）
- COLUMNII-13. 前河洋一，山本正嘉，山本利春，大塚正美：箱根駅伝出場選手の体力特性．国際武道大学研究紀要 9：55-60, 1993.
- 図II-62. 小野寺孝一，宮下充正：全身持久性運動における主観的強度と客観的強度の対応性；Rating of perceived exertionの観点から．体育学研究 21：191-203, 1976.（参考 Borg G.: Perceived exertion: a note on "history" and methods. Med Sci Sports Exer 5：90-93, 1973.）
- 図II-63. 狩野和也，前川剛輝，大村靖夫，山本正嘉：常圧低酸素室を用いた"living low, training high"方式の高所トレーニングが自転車競技選手の身体作業能力に及ぼす効果．トレーニング科学 13：81-92, 2001.
- 図II-64. 家吉彩夏，増本和之，森寿仁，松村勲，山本正嘉：長距離走選手のトレーニング評価指標としての「ランニングポイント」の検討；生理応答および選手の感覚との対応性について．ランニング学研究 26：21-29, 2015.
- 図II-65. 家吉彩夏，松村勲，山本正嘉：長距離走選手のトレーニング評価指標としての「ランニングポイント」の提案．ランニング学研究 25：29-37, 2014.
- 図II-66. 図II-67. Fritsch W.: Zur Entwicklung der Speziellen Ausdauer im Rudern. In：Informationen zum Training：Rudern (Beiheft zu Leistungssport, Heft 26), pp. 4-32, 1981. （参考 ノールテ，V.：日本漕艇競技のスポーツ科学からの考察．Jpn J Sports Sci 3：772-782, 1984.）

5章. 持久力のトレーニング （2）ハイパワーの持久力

- 図II-68. 山本正嘉，山本利春：十種競技選手の筋パワー特性．Jpn J Sports Sci 9：247-252, 1990.
- 図II-69. →図II-52と同じ
- 図II-70. 田畑泉，山本正嘉（宮下充正監修）：身体運動のエナジェティクス，高文堂，1989. （pp. 113-205.）（参考 →図II-72と同じ）
- COLUMNII-14. →図II-52と同じ（乳酸を測る，pp. 43-49.）
- 図II-71. 山本正嘉：エネルギー供給からみた最大努力作業時の疲労；ハイパワーの持続能力に関する基礎的研究として．疲労と休養の科学 1：17-24, 1986.
- COLUMNII-15. 山本正嘉，前河洋一，山本利春，金久博昭：2分間の運動におけるペース配分の影響；エネルギー代謝の観点から．国際武道大学研究紀要 4：49-54, 1988.
- 図II-72. 山本正嘉：高強度の運動を持続する能力に関する研究（博士論文），東京大学学術機関リポジトリ，1997.
- COLUMNII-16. 山本正嘉：オールアウト時間が10秒以下から2時間以上までの運動における呼吸循環応答と糖代謝．日本運動生理学会第1回大会，筑波大学，1993.
- 図II-73. →図II-52と同じ

- COLUMN Ⅱ-17. 山本正嘉, 山本利春, 湯田一弘, 安ケ平浩, 前河洋一, 岩壁達男, 金久博昭：自転車エルゴメーターの間欠的な全力運動時の発揮パワーによる無酸素性, 有酸素性作業能力の間接評価テスト. トレーニング科学 7：37-44, 1995.
- 図Ⅱ-74. 山本正嘉, 金久博昭：間欠的な最大努力作業時におけるパワーの持続能力とエネルギー供給能力の関係. 疲労と休養の科学 4：87-96, 1989.
- 図Ⅱ-76. 山本正嘉, 石井兼輔, 黒川貞生, 奥山秀雄, 金久博昭：ハイパワーの持続能力と乳酸発生の関係；武道, 球技における乳酸発生. 武道科学研究センター年報 3：62-68, 1991.（参考 図Ⅱ-52と同じ）
- 図Ⅱ-77. 著者研究室資料（セミナー資料, 1994）
- 図Ⅱ-78. 図Ⅱ-79. 山本正嘉, 山本利春, 湯田一弘：間欠的パワーテストを用いたサッカー選手の体力評価. サッカー医・科学研究 15：45-50, 1995.
- 図Ⅱ-80. 山本正嘉：AnaerobicsとAerobicsの二面性をもつ運動をとらえる；間欠的運動のエナジェティクス. Jpn J Sports Sci 13：607-615, 1994.

Ⅲ部. トレーニングを記述する

1章. 測定と評価のリテラシー

- 図Ⅲ-1. 図Ⅲ-3. 山本正嘉：武道に科学をどう生かすか；科学の有効性と限界. 月刊武道 342：54-59, 1995.
- 図Ⅲ-5. 宮本怜旺, 山本正嘉：大学生の陸上短距離走選手の個別課題を見出すための方法論とトレーニング事例. スポーツトレーニング科学 19：13-22, 2018.
- 表Ⅲ-1, 図Ⅲ-6, 図Ⅲ-7, 表Ⅲ-2, 図Ⅲ-8. 小原侑己, 前坂董, 木葉一総, 山本正嘉：大学女子バスケットボール選手の体力と技術を客観および主観の両面から評価して競技力向上に結びつける手法の開発（第3報）. スポーツトレーニング科学 21：27-43, 2020.（参考 小原侑己ほか：大学女子バスケットボール選手の体力と技術を客観および主観の両面から評価して競技力向上に結びつける手法の開発（第2報）. スポーツパフォーマンス研究 11：289-307, 2019.）
- COLUMN Ⅲ-3. 石川貴典, 徳田祐貴, 後藤健介, 竹中健太郎, 前阪茂樹, 山本正嘉：優秀な男子大学生剣道競技者の体力特性（第2報）. スポーツパフォーマンス研究 10：39-59, 2018.（参考 ①千布彩加ほか：なぎなた選手の打突における「気剣体」のできばえを定量的に評価する試み. スポーツパフォーマンス研究 9：1-14, 2017. ②辻村晃慶ほか：体操競技選手において演技の技能と基礎体力とを関連づけて課題を見出す評価法の考案. スポーツパフォーマンス研究 11：73-76, 2019. ③森寿仁ほか：Visual Analog Scaleを用いたスポーツ動作の定量的な技術評価の信頼性. スポーツトレーニング科学 17：13-19, 2016.）

2章. トレーニングのレポートを作成する

- 図Ⅲ-10. 著者研究室（吉野史花）資料, 2015.
- 図Ⅲ-11. 著者研究室（石川貴典）資料, 2015.（参考 田中彩子ほか：なぎなた競技における打突の評価をvisual analog scale（VAS）を用いて定量化する試み；審判と競技者間の判定の食い違いに着目して. スポーツパフォーマンス研究 4：105-116, 2012.）
- 図Ⅲ-12. 著者研究室（毛利公建）資料, 2017.

おわりに

　私は「トレーニング科学」をキーワードとして，二つの体育大学で40年近く教育と研究に携わってきました．そこで悩み続けてきたことは，選手のことを考えるほど科学からは離れてしまう，また科学のことを考えるほど選手からは離れていってしまう，という二律背反の問題でした．

　長い年月を費やしましたが，最近ようやく一つの結論にたどり着きました．その考え方を用いると，座学でも学生が話をよく聴くようになり，彼らの競技力の向上にも寄与できることが多くなりました．研究でも，自分がより納得できるような形になってきました．このような変化が起こったのは，学生に正解を教えようとするのではなく，正解に近づくための「考え方」を教えようと努めるようになってからです．

　本書は，体育大学生にトレーニング科学を教えるとはどういうことか，また体育大学でトレーニング科学の研究をするとはどういうことかについて，長らく反問（かつ煩悶）してきた末に到達した私の考えを書いたものです．Ⅰ部とⅡ部では，大学2年生向けの「トレーニング科学概論」の講義内容を整理しました．Ⅲ部は，3・4年生を対象としたゼミナール（ゼミ）で行う内容の一部です．

　本書一冊でトレーニング科学の全てがわかる，という性質のものではありません．体系立てて書かれた教科書や専門書を読む以前の，導入書に相当するものと考えて下さい．トレーニングに関する情報が誰にも収拾のつかないほど巨大化してしまった現代において，自分に必要な情報を自分で取捨選択する能力を養うための手助けになるものと考えています．

　トレーニングに普遍的な正解はない，というのが本書の趣旨です．これと同じ意味で，トレーニングの教科書にも決まり切った正解はないと考え，私の個性も出すようにしました．このようなタイプの本が，研究者や実践者の手でもっと著されるとよいと考えています．

　そうすることで，実践の学としてのトレーニング科学のあり方についての議論が起こり，停滞している現状を打ち破れると思えるからです．その意味では研究者や，研究者を目指す大学院生にもぜひ読んで頂き，意見を頂きたいと思います．

　私が体育・スポーツの学問に入門してから40年あまりが経ち，ようやくこの小著をまとめることができました．ここに至るまで，最初の師である宮下充正先生（東京大学名誉教授）をはじめとして，多くの師や同僚のお世話になったことはいうまでもありません．そして先人の膨大な研究成果や実践知にも裨益されています．これら全ての方々に深く感謝します．

　本書の成立に直接的に寄与した，体育大学の学生諸君のことを少し書き加えます．まず，私の講義を聴いてくれた学生諸君のことです．100人あるいは200人を超える教室で，種目も違い，レベルも違うアスリートを前にして，どうすれば一人ひとりに満足してもらえるのか，ということがずっと課題でした．彼らは私にとって最も厳しい師であり，本書はそのおかげで育てられ，また鍛えられました．

　次に，私のゼミの学生諸君のことです．彼らが自身の競技力向上を目指して実践と

研究を行う中で，本書の骨や肉ができてきました．国内外で選手として活躍しつつ，実践現場に役立つ論文も書いた学生がたくさんおり，このような論文は200編を超えます．本書ではその一部しか紹介できませんでしたが，それ以外の論文も本書を作るための基礎体力となりました．紹介できなかったものは別の機会に整理したいと考えています．

　最後に，出版元の市村近社長にお礼申し上げます．氏は，日本におけるスポーツ科学の黎明期である1950年代から，出版を通じて学術振興に尽力されてきた斯界の恩人です．80歳を超えてなお矍鑠と仕事を続けておられる氏の手によって，本書を世に出せることは感無量です．また私事ながら，この数十年，明けても暮れても書くことに呻吟している私を，明るく励まし続けてくれた妻に感謝します．

著　者

索　引

〔著者略歴〕
1957年　神奈川県横須賀市生まれ
1976年　埼玉県立浦和高等学校卒業
1982年　東京大学教育学部体育学健康教育学科卒業
1984年　東京大学大学院教育学研究科（体育学専門課程）修士課程修了
1984年　国際武道大学体育学部助手および講師を経て助教授
1997年　博士取得（教育学，東京大学）
1998年　鹿屋体育大学助教授を経て2005年より教授，現在に至る
2001年　秩父宮記念山岳賞を受賞
2006年　鹿屋体育大学スポーツトレーニング教育研究センター長を兼任
2021年　日本山岳グランプリを受賞

体育・スポーツ・健康科学テキストブックシリーズ
アスリート・コーチ・トレーナーのための
トレーニング科学
～トレーニングに普遍的な正解はない～

定価（本体2,700円＋税）

2021年 2 月11日　　初版 1 刷発行

著者
山本　正嘉

発行者
市村　近

発行所
有限会社 市村出版
114-0003 東京都北区豊島2-13-10
TEL 03-5902-4151 ・ FAX 03-3919-4197
http//www.ichimura-pub.com ・ info@ichimura-pub.com

印刷・製本
株式会社 杏林舎

ISBN978-4-902109-57-3　C3037
Printed in Japan

乱丁・落丁本はお取り替えいたします